龍馬を守った新撰組

禁断の幕末維新史

加治将一

祥伝社文庫

はじめに
歴史の上書き

世の中をこう見せたいとたくらむ支配者。粉飾、改竄《かいざん》古文書、偽装古墳、インチキ構造物……私たちは長い間、彼らが都合よく創った仮想世界を、ただ面白がって眺めていただけであって、肝心なシナリオ・ライターや監督、そしてスポンサーをまったく見落としている。

本物の歴史とはなにか？　商業映画ではなく、かつてあった世界をひっぺがし、めくって割り込み、どう分析するかだ。それには常識を洗い、メディアや地元の観光業者が作り上げたクズ情報を掃除する脳を持つ必要がある。その結果どうなるのか？　たんに歴史観が変わるだけではない。真実を認識することによって、あなたが住み、思い描いている仮想世界の見方が変わり、パラダイム・シフトが起こりはじめる。より正しい認識が未来を変えてゆくのである。

私は『龍馬の黒幕』『幕末　維新の暗号』『西郷の貌《かお》』『幕末　戦慄の絆《きずな》』（すべて祥伝社文

庫）の幕末シリーズで、より本物へ肉薄した。

今回は、いわば禁断の幕末維新史Ⅱ。取り上げたのは、龍馬と人気を二分する、新撰組。

これまで通りでは、すまない。新事実、新真実の連続で180度のひっくり返り。どんどん尻上がりに面白くなるので覚悟して読んでいただきたい。

2022年11月　加治将一

【目次】

第1章　新撰組は尊皇攘夷の組織だった

御用学者ども、歴史をなめるんじゃねえ！

「キャー素敵！」

鬼の近藤勇《こんどういさみ》を筆頭にアイドル系の土方歳三《ひじかたとしぞう》、沖田総司《おきたそうじ》。加えて剣豪の永倉新八《ながくらしんぱち》、斎藤《さいとう》一《はじめ》……幕末を彩《いろど》る多士済々の面々。新撰組の絶望的なバイオレンス、滅びの美学は艶《あで》やかだ。

幕末好きはむろんのこと、テレビやマンガのせいで、歴史の外側にいるギャルたちのハートすらドキュンと撃ち抜き、人気はゲイの方々にも及んでいる。

サディスティックな特攻、粛清につぐ粛清、残虐非道な暴力の嵐。彼らを統制するきびしい掟が、SM趣味の方にはゾクゾクッとたまらないのだという。

かの有名な鉄の戒律、『局中法度《きよくちゆうはつと》』。

一、士道に背《そむ》きまじきこと

二、局を脱するを許さず

三、勝手に金策いたすべからず

四、勝手に訴訟取り扱うべからず

五、私闘を許さず

右の条々あい背き候《そうろう》者は、切腹申しつくべき候なり

背けば切腹。容赦のない制裁が待っている。このおっかない掟《おきて》こそ、クールでシビレる男の世界だ。

しかしである。のっけからがっかりさせて悪いが、この「局中法度」はフェイクだ。つまり存在しない。生き残りの隊士、永倉新八、斎藤一、島田魁《しまだかい》の3名すら口にすることはなく、後世の創りものである。

『局中法度』は、どこから出現したのか？

犯人は作家子母澤寛《しもざわかん》（1892〜1968）。本名、梅谷松太郎《うめたにまつたろう》。北海道は石狩厚田村《いしかりあつたむら》の顔役の家に生まれ、大きくなって釧路《くしろ》毎日から読売新聞の記者になり、東京日日新聞（後の毎日新聞）に移る。1928年に『新選組始末記』など「新選組三部作」を発表。その中で「局中法度」をひねり出したのである。

余談だが、子母澤は同じ厚田村出身の創価学会二代目会長・戸田城聖《とだじょうせい》とは幼馴染みで、親友だ。

したがって、創価学会の『聖教新聞』の印刷を毎日新聞が引き受けているのは二人の間柄も関係しているのだろうが、「新選組三部作」の素材を引き継いだのが司馬遼太郎《しばりょうたろう》、池波正太郎《いけなみしょうたろう》といった流行作家だ。子母澤の「新選組」を拝借して、自分の本に躊躇《ちゅうちょ》なく織り込んでいる。しかしこれらもまた、創作読物だからそれでいい。

問題はその後だ。

数ある「歴史本」が、『局中法度』はじめ脚色されたヒーロー像をマンマ、史実の領域に引っぱり込んでしまったのである。

こうしてマンガのような新撰組が、「歴史」としてどんどんと世に広まってゆくことになる。

もう一つの味付けは、生き残りの証言だ。

元隊員、永倉新八の回想録『浪士文久報国記事』や、小樽《おたる》新聞に載ったノンフィクション『新撰組顚末記』、島田魁の『島田魁日記』。

人はこう見られたいと思ったことを話す。また自分を英雄にしてしまう生き残りも少なくない。身体の刀傷を見せながら剣豪を気取ったり、ほんとうは仮免許であっても、免許皆伝だと胸を張ったり。聞く方は他の証人がみな死んでしまっているので、誇大妄想、記憶違いを検証できないので無難にそのまま記録する。

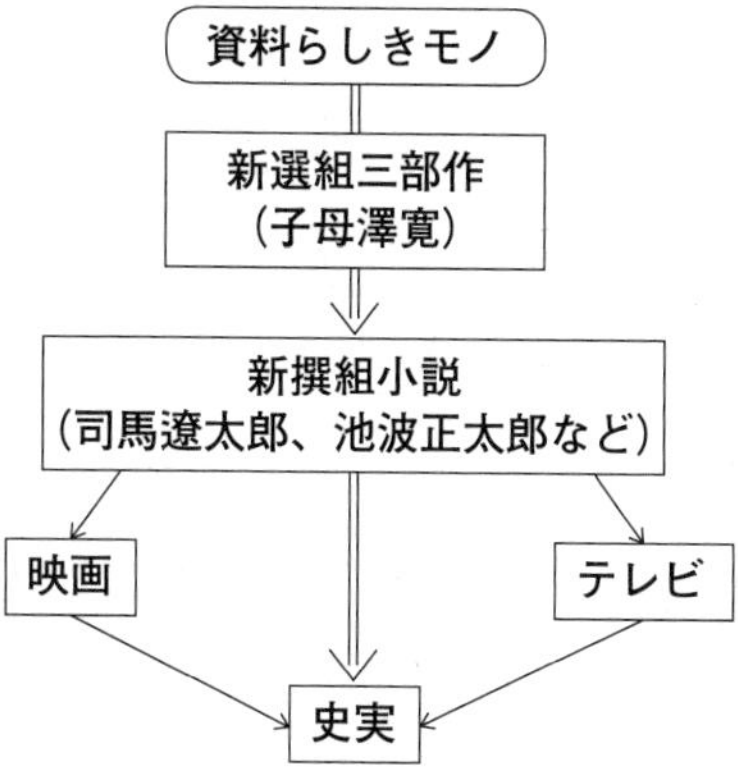

そうこうしているうちにテレビ世代がやってくる。番組コンテンツに枯渇し、常にネタを探しまわっているテレビ局が、かつてのカッコいい日本人にソソられるのは当然で、数

ある本をツギハギしてヒーローに仕立てあげて、ジャンジャン流した。

作りは粗い。著作権の蹂躙《じゅうりん》など気にも留めないし、私の著書も幾度も盗用されている。それでも丸ごとやられるならまだしも、原作に手を加え勝手に変えるものだからたまったものではない。抗議をしてもムダだ。シレッとして「知りません。読んでもいませんん。もし似《に》ていたとしたなら、偶然そうなったのかもしれません」と、いやらしく逃れる手練手管《てれんてくだ》に直面する。

日本は映像、音楽以外の著作権侵害にはめっぽう甘い国だから、訴訟など時間とカネがかかるばかりで、けっきょく作家にとっては泣き寝入りが最善の策となる。

美化、英雄化、スリルとサスペンスのてんこ盛りの派生ドラマ、スピンオフ・ムービーを量産するテレビ。

観光地はそれで盛り上がる。利休《りきゅう》の茶碗、龍馬が来た店、お龍《りょう》が入った風呂、近藤勇や芹沢鴨《せりざわかも》がつけた刀傷、志士たちが集《つど》った部屋……。

根拠のない表示、誇大広告、詐欺まがいの商売……。こうした歴史捏造商法は以前、週刊誌でも大きく報道されて問題になったが、こうなると嘘《うそ》も真《まこと》も分からなくなっている。

おおらかな民族だから、そのへんには鷹揚《おうよう》で、へーとかすごいなあー、ワー迫力あるなーとかと、騙《だま》されることを楽しむ旅が、我が国の「歴史旅」だ。

それは違うだろう、とほんとうのことを書けば、観光収入と直結しているから風当たりが強くなる。つまり旅行業者、地元の土産屋、歴史資料館、郷土史家などは観光協会そのものなので、こっちの取材がやりづらくなる。

歴史にはアバウトだが、作家の取材にはアバウトではない。真実は死活問題になりかねないと思っているのか、実際「あんた、悪口書くから」となじられ、ダンナ衆から歴史建造物立ち入り拒否の経験もある。

さて、こうして歪《ゆが》みっぱなしの歴史列島だから、新撰組も例外ではない。

むろん新撰組にも乱暴狼藉はあった。粛清もあった。

しかしそれは土佐勤皇党《とさきんのう》や水戸天狗党《みとてんぐ》や長州藩《ちょうしゅう》などの討幕側と比べて、上回るかと言えば、そんなことはないのに、薩長《さっちょう》は良識的で、新撰組は凶暴だというイメージは日本人の心にすっかりと刷り込まれている。

さらに私が今、新撰組は「尊皇攘夷」を掲げていた！　と言うと、おそらく10人のうち9人の読者は違和感を持つはずだ。

「新撰組が尊皇攘夷？　そんなバカな！」

討幕派も尊皇攘夷、新撰組も尊皇攘夷。両者共に「尊皇攘夷」ではケンカにならない。天皇と将軍の対立軸が生まれなけりゃいかんではないかと、多くの人の脳には、そうした幕末の屋台骨がプログラミングされているのである。おっしゃるとおりだ。ケンカにならない。しかし、そのケンカにならない妙な「器」を、幕末初期、幕府が作ったのである。

近藤勇は、尊皇攘夷組織に入隊した

驚くなかれ、なんと近藤勇たちは「尊皇攘夷組織」に入隊しているのである。

それが「浪士組」だ。1863年2月、江戸で結成された幕府公認の団体。これこそ新撰組の前身だ。結成の目的は、徳川家茂《いえもち》（1846〜66）のボディー・ガード。天下の将軍が京都に出かけるので現地に先回りして警護しろ、というのだ。

ここで疑問が起こる。そもそも家茂は徳川御三家、紀州《きしゅう》藩の藩主（13代）だ。ならば紀州藩を中心とした武士で固めればよいではないか？　なぜ「将軍警護」に、わざわざ外野から「浪士組」などという氏素性《うじすじょう》の怪しい面々を集めなければならなかったのか？

いい質問である。しかし実情はこうだった。紀州藩は家茂を推す「南紀《なんき》派」と慶喜《よしのぶ》を担ぎ上げる「一橋《ひとつばし》派」が対立、それが各藩の「尊王攘夷」、「公武合体」、「佐幕」「開国派」

などとそれぞれと複雑に絡み合っており、だれが敵で味方なのかすら分からなくなっていたのである。だから背後関係のない、純粋に「将軍警護」を目的とする組織、「浪士組」を作った。これでお分かりいただけたであろうか？

将軍が武士の街、江戸を離れ、公家の街に入る。230年ぶりの一大事だ。

当時の関所は、今の税関、その外は自分の国ではないという感覚である。京都はさらに遠い、儀式ばかりやっているよく分からない異界。しかも武士から見れば天皇の位は将軍の下、幕府が毎回給料を振り込んでいるいわば式典委員長という一部門の長といったふうだから、ほんの10年まではほとんど相手にもしていなかった。

「公家？　人種が違う」

穀潰《ごくつぶ》しの連中だ。

そもそも京都の豪華な寺院を建てたのは江戸幕府。応仁《おうにん》の乱（1467〜77）以後ボロボロになった京都に、復興予算と職人を割り当て各宗派のメインオフィスを造らせたのは幕府だ。全国各地の末寺《まつじ》からカネを集めるシステムを構築し、そのおかげで街が潤《うるお》ったのである。むろん幕府は宗教各派の根っこを京都一ヶ所で把握し、コントロールすることによって厄介《やっかい》な地方の僧兵一揆《いっき》、反乱を抑えたのではあるが、これによって京都というおごそかな街の再建と維持システムができたのである。公家がそこで蹴鞠《けまり》に歌会で遊びながらのんびりと暮らせるのも、江戸幕府の後ろ盾があったからこそである。

したがって庶民にとって京都など室町時代あたりから、ずっと存在感のない気にも留めない存在だったのである。

こうした気持ちは多くの現代人には理解できない。

しかしなんとか空想を巡らせていただきたい。歴史に触れる場合、当時の雰囲気に切り替えることが大切だ。

たとえば移動は徒歩。関所の外には許可なく出られない。想像すれば庶民は死ぬまで30キロ圏内を出ることはなく、閉ざされた情報弱者、土着意識は強くなるだろうな、ということが実感として伝わるはずである。

江戸を出て、京都に行く。物好きでもないかぎり、武士が足を踏み入れることのないミステリー・ゾーンが京都であった。

家茂はそれほど切羽詰まっていたのだ。

きっかけは英、米、仏、露……海外列強国の真っ黒い軍艦。江戸城本丸から見下ろせる沿岸に押し寄せ、自由貿易を迫り、それに呼応する開国勢力があちこちに育ちはじめていたのである。

今も昔も、外圧がなければ思考しない日本

黒船で、日本人の世界観が一変した。

鎖国に慣れ、つまり暮らしの中に長年、外国など存在しなかったのである。外国がなければ自国、「国」という概念も持てず、国といえば生まれ育った故郷以外になかった。

実は幕府や藩、藩主、藩士という言葉も存在せず、それらはみな明治になって作った造語。では、それまではなんと言っていたのか？　大名を「家」と呼び、所属する武士は「家」中とか、「家」に来る人、「家来」などと言って、「藩」の概念は、「大家族」、ファミリーだ。

で、黒船がやって来てはじめて「外国」や「外国人」が意識上に現われ、「日本」や「日本人」が、会話の中に混じるようになり、ようやく国際人としての一歩を踏み出す。

我々が日本人なら、彼らを何人と呼ぶか？

西洋人の見分けはつかないので、異なる人、「異人」と呼び、昔の人はほぼレイシストだから「異」を「夷」といういやらしい漢字にすり替えて蔑《さげす》み、よろこんでいたのであ

る。

外国船に翻《ひるがえ》る国旗。

なるほど、あの風呂敷旗は「国」を表すのか、ではこちらもと、幕府が「日の丸を、国の旗に決めたぞ」という「御国総標」の触書《ふれがき》を出したのは１８５９年、今から約１６０年前で、これまた外国のおかげである。

上陸した夷人は、とにかくデカい！　背も高ければ、横幅もあって将軍より偉そうだった。

幕府の威光など無視。日本のタテ社会がてんで通用しない人間などはじめてで、いきおいこんで「上意！」などと掲げても、さらにその上から目線で見下してくる。身体もデカいが、態度もデカい。そんな手合いなど初体験なので、どう扱っていいか分からない。強くて分からない相手だと必要以上に慌ててしまうのが日本人の悪い癖《くせ》で、これまで惰眠《だみん》を貪《むさぼ》ってきた幕藩体制がグラグラに動いた瞬間だった。

開港し、自由貿易せよ！　おっかないから従った方が無難だと思う。しかし、前例がない！　制度の変更などずっとしたことがないから、なにも言えない。

「後日改めて……」「上に訊いてみないと……」

決断などだれもできない。役人の十八番、たらい回しの責任逃れの日々。イラついた外国勢力は「即、開港しなければ、艦砲射撃をくらわす」と態度が硬くなる。

で、怖くなった幕府はちょろっと開けてもいいかな、と軸足を開港に移す。井伊直弼《いいなおすけ》をはじめとする革新派が主導権を握って、二、三の開港に舵《かじ》を切った。

江戸幕府、終わりの始まりである。嚙《か》みついたのが、孝明《こうめい》天皇。むろん京都の天皇など儀式のためにいただけなので、政治、まして外交など関心がない。すなわち嚙みつきの背後には黒幕がいた。

水戸藩である。

ここが理解できないと幕末はこんがらがるので両者の関係は後で詳しく述べるが、孝明の反対理由は、いたってシンプル。

異人は穢《けが》れているの一点張り。したがって神聖な日本に一歩も上陸させない！　以上終わり。

「攘夷！」

外国人は、大砲でぶっ飛ばせ。なぜなら夷人だから。おまえなんか嫌いだ！　あっちへ行け！　という子供の癇癪《かんしゃく》なのだが、現代の視線で見てはいけない。水戸藩上層部は、未開国の人々によく見られる外国人アレジー反応を利用したのである。

孝明の心理を度外視して、幕府は開港を唱えてしまったから、水戸藩の思うツボ。昔の人間ならだれでも持っている差別感情に火が点《つ》き、日本列島がボーボーと燃え上がる。最大限に利用したのが、幕府に積年の恨みを持っていた反幕府勢力だ。水戸藩を筆頭に、昔ながらの外様のアンチ幕府大名の薩摩藩、長州藩、土佐藩など西南に位置する大名がゾロリと動きはじめた。

ここぞとばかりにデマを流し、世論を誘導する。

「夷人は女、子供をさらう」「人の肉を食う鬼だ」「不潔で流行《はや》り病を持っている」意図的な拡散で、「攘夷」が国中に広がって、「夷人をやっつけ、この国を守ってくれるのは天皇だ」と、孝明はたちまち人気を得る。

攘夷は国をまとめるツールだ

昔、ジョーイと言えば「上意!」、すなわち主君の命令だったが、あっという間に「上意」と「攘夷!」の合わせ技。たわいない言葉遊びのようにみえるが、意図的なのか偶然なのか、「上意」の威信が失墜、そのエナジーが「攘夷」に乗り移り、運動はことのほか盛り上がる。けっか幕府の権威がかすみ、対処に困った幕府はバカな方向に走った。「攘夷」運動を逆利用しようとしたのである。

手短にいえば、国内的には幕府も「攘夷」の流行にノったふりで「反幕」の風当たりをかわし、対外的に利用したのである。

「はるばる日本までご苦労さんであります。しかし開国したいのは山々だが、ほれ、ご覧のように一般庶民が許さない。無理に開けば制御不能のおっかないテロリストが暴れ、あなたたちの命に、責任が持てない。だからしばらく待ってね。先に鎮静化させないと」

大衆のエネルギーの矛先を、黒船にぶつけ問題先送りをはかる幕府。やってみると、意外な、もう一つの効果を発見した。

未開人の心は、理解できないものを恐れ、次に憎むようになるということだ。これまたそれを利用した。

米がない、物価が高い、働き口がない……不安と不満は、突然出現した異人攻撃とあっという間に合流した。で、すべての国内問題を、外国のせいにしたのだ。

「夷人が富を奪っている」というアオリ。「夷人さえ排除すれば、暮らしが楽になる」というスリカエ。

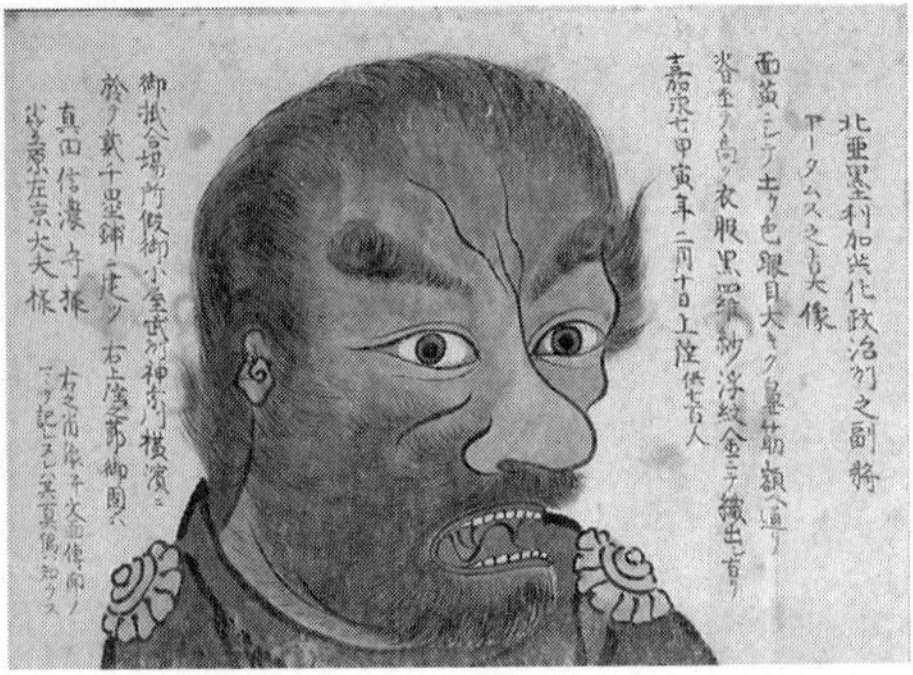

鬼天狗のように醜く恐ろしく描かれた外国人の似顔絵が、ばらまかれる

これこそ外国人を見れば、見境なく叩《たた》く、という暗黒時代を作り上げるシンプルな手法だが、為政者ならば古今東西、世界中で用いている。

ナチスが「反ユダヤ」を、チャイナが「南京《なんきん》事件」を、韓国が「慰安婦」を必要以上に叫ぶのもカネのかからない安定政治のお手軽政策だ。

「ジョーイ」は外国を押し返し、国内をまとめる一石二鳥のツールとなる。

成功しそうだった。ところがそう都合よく機能せず、取り返しのつかないほど墓穴を深く掘ることになったのである。

四文字熟語のスローガン合戦

うまくやったのは幕府ではなかったのだ。反幕勢力が、その盛り上がったエナジーをそっくり横取りしてしまったのである。「攘夷」の頭に「尊皇」を付けてしまったから、たまらない。

「尊皇攘夷」

絶妙なプロパガンダだ。大衆は、「尊皇ってなんだ？」と天皇を意識しはじめ、「天皇ってそんなに偉い人だったの？」と、崇拝しはじめる。

「尊皇攘夷」であって、「尊将軍攘夷」ではない。五文字熟語より四文字熟語。耳触りもいいし、覚えやすい。攘夷と天皇を分かちがたく結びつけたキャッチ・コピーは、あっという間に日本全土を席巻した。耳触りの良い言葉は人心を惹《ひ》きつける。反幕勢力の勝利だ。

99・99％の日本人は、外国人など見たこともない。そこで赤鬼のような醜悪《しゅうあく》な似顔絵が回される。「うわー、なにこれ！」銭湯、碁会所、女郎屋、魚屋、八百屋《やおや》で語られる夷人の恐ろしさ、醜さ、狡猾《こうかつ》な怪物……。そのモンスターを日本に引き入れようとしているのが幕府。それに反対しているのが京都におわします天皇というプロパガンダ。

「将軍より、偉いんだと」

「どのくらい？」

「なんでも神様の血を引いているらしい」

徳川家茂
15歳同士、なにも分からないまま結婚し、京都へ行け、大坂へ行け、戦争だと引き回されたあげく20歳で死亡（暗殺説有力）

和宮
孝明天皇の妹。公武合体の象徴として将軍家茂と合体！（暗殺説有力）

「そいつは、すげーや」

子供の間にまで「ソンノー・ジョーイ」ごっこが盛り上がり、流行語大賞獲得。

もはやスーパースター。慌てた幕府は、巻き返しをはかった。思案投げ首の末、さらに上をゆく奥の手をひねり出したのである。

あちらが「尊皇攘夷」なら、こっちだって四文字熟語。

考案したのは「公武合体」。天皇と将軍、公家と武士が一致団結して日本を守る。悪くない。最初は「公」と「武」が逆パターンの「武公合体」だったが、すでに「尊皇」がまん延しており、全国の空気がそれを許さないのではないかと、しぶしぶ譲歩。

「公武合体。これでいく！」

やっぱりスローガンは四文字熟語でなくちゃならな

い。「尊皇攘夷」「公武合体」は言うに及ばず、「士農工商」「武備恭順《ぶびきょうじゅん》」「討幕密勅」「尽《じん》忠報国《ちゅうほうこく》」……四文字は頭に残る。「大政奉還」などは、わざわざ四文字熟語にするために、必要もないのに頭に「大」をくっつけている。

孝明天皇
明治天皇を祀る明治神宮は東京の一等地に巨大だ。が、その父なのに孝明天皇の神社は不当に辺鄙で小さな個人運営の「玉鉾神社」しかない（暗殺説有力）

岩倉具視
公武合体路線でつまずき、失脚。その後薩摩の大久保利通と復活。明治で反英、親米路線の初速トップを走るも敵が多く、テロにあい、気持ちが折れ、オワコンに

長州と三条実美の巻き返し

さて、「公武合体」で、事は一件落着に見えた。が、そううまくはいかなかった。口先だけではダメ。行動で示せ！　証拠を見せろ！　と押しまくる朝廷。

証拠？

ならば、とバーンと出したのが、結婚だった。

文字通り天皇家と将軍家の合体！　恰好の相手がいた。孝明の

妹の和宮《かずのみや》（1846〜77？）だ。

「将軍の妻に！」と求婚。

ところが京都が渋った。

ムカつくが、幕府の持ち札は一枚、「公武合体」しかない。なんとしても……頭を下げる。この世の決まりごとは、オファーされる方が「上」、オファーする方が「下」。

幕府が、将軍より天皇が上であると、世に示しちゃったために、パワーバランスがみごとに崩れたのだが、しかし、これでひるむような幕府ではない。

ちゃんと朝廷内にプロデューサーを確保していたのである。岩倉具視《いわくらともみ》（1825〜83）。桁違いの意思と頭脳と度胸を持った公家で、「ドモナラン」が口癖の調整能力抜群男、発信力もある。こんな男は、めったにいない。むろんパワーの源は幕府のカネだった。岩倉の懐に強烈にねじ込まれていたのである。

「孝明を、ドモナランようにしてやる」

気位の高い天皇をどうやって操るか？　一つしかない。下手《したて》に出ながら弱点を突く。弱点を突かれると人は、不安になってすがってくる。で、待ってましたとばかり、グッドアイディアを出して意のままに操る。

孝明の弱点はなんだ？

外国人嫌いだ。病的である。弱点が餌《えさ》だ。それしかない。天皇に岩倉がギョロ目をむく。

「お上《かみ》、すべては攘夷のため、江戸とのメンツの張り合いは夷人に利を与えますぞよ。将軍と妹、和宮の合体。わちきによい考えが」

「…………」

「幕府に持ちかけてはいかがかと？」

「なにをじゃ？」

「もし、幕府が大砲を外国軍船にぶっ放して追い払うならば、という条件付きで、和宮との結婚を認める。このごにおよんで、よもや幕府は、首を横には振りますまい」

「和宮をやる代わりに攘夷戦争をやらせる……おォ……そりゃ名案じゃ」

岩倉は、幕府の担当者に上から目線で囁《ささや》く。

「わちきの頭脳プレーで公武合体のチャンス到来！　攘夷戦断行を呑《の》めっ！　でなけりゃ、ドモナラン」

で、攘夷戦を条件に、「公」の和宮と「武」の将軍家茂《いえもち》の結婚が決定。15歳カップル、

三条実美
土佐勤皇党から長州過激派に乗り換えたサーフィン男。明治になって波がなくなり、無難な消去法で初代内大臣となるもインフルエンザによって55歳で死去

今なら違法だ。

「公武合体！」

目論《もくろ》み通り反幕派の勢いが、すっと衰えた。尊王攘夷派としては土俵際まで追い詰めたのに、味方のお姫様が、敵の将軍を後から支えちゃったらどうにもならない。本来ならば天皇の妹などなんの役にも立たない存在だが、有効活用で幕府に一ポン取られたかっこうである。

で、結婚したのはいいが、事はさっぱり進まなかった。

いざ攘夷戦！　幕府がしり込みしたのである。

「なんでおじゃる？」

朝廷
~~岩倉具視（幕府）~~
VS
三条実美（長州）

将軍後継者争いで、各派閥の安全パイだから将軍にした子供が家茂である。情勢には疎《うと》いうえに、レクチャーする側近もよく分かってないから、「攘夷戦」などと言われてもお互い事態がよく呑み込めない。

「分からないものは、おやめください。外国の武器に較《くら》べたら、こっちはポンコツ、たちまちボクちゃんじゃなかった、将軍様は捕らえられ、眉間《みけん》にナマリの弾が」

などと周囲に吹き込まれると、二の足どころか三の足、四の足、すっかり縮み上がっていた。

困ったことに、当の孝明は、「攘夷戦断行！　約束守れ！」のシュプレヒコール。妻となった和宮も見かけによらず気が強くて「早く、どうしたのでおじゃります？」、と夫家茂のケツを叩く。

そこでまた、反幕側は勢い付く。

「ほれ、やっぱ幕府の尊皇攘夷はペテンだ。天皇はドモナラン岩倉に騙されたのだ」

この時とばかりにつけ込んだのが、反孝明派の公家、三条実美《さんじょうさねとみ》（1837〜91）こと通称白マメ。

ほらみたことか、幕府などあてにならない。とドモナラン岩倉を責め立てる。白マメ三条は江戸と一刻も早く手を切って、神聖なる朝廷国家を樹立しなきゃダメだと孝明に急接近。こっちには長州から工作資金がぶち込まれており、ついに公武合体派のドモナラン岩倉が失脚した。

朝廷は、白マメ三条の天下となる。孝明を風除けにしながら、幕府を押してゆく。白マメが仕えているのは天皇ではない。長州のカネに忠誠を誓っており、バックには血に飢《う》えた「天誅《てんちゅう》」テロ軍団、武市半平太《たけちはんぺいた》（1829～65）率いる土佐勤皇党もついていた。

幕府勢力を容赦なく斬り殺す「天誅」は世のため、人のためのように見せてはいるが、白マメ三条＝長州と土佐勤皇党のためだ。白マメに逆らう者には、天に代わって容赦なく成敗《せいばい》する。京都で猛威を振るった。

恐怖は、人を思い通りに動かしたいときの手っとり早いツールだ。公家の街京都に、人斬りの本職がうろつきはじめる。1日2～3人が殺され、首、耳、手が脅迫文と一緒に、反白マメ派の公家屋敷に投げこまれたというのだから恐ろしい。

飛ぶ鳥落とす勢いの白マメ、我が物顔である。

そのころの京都は、どんな様子だったか？　流行語がある。「玉《ぎょく》を囲え！」だ。

玉を囲え！

「玉を囲う」とはなにか？

「玉」とは、鮨屋のタマゴ焼きではない。もともとは宝石のことだ。転じて「天皇」のことを言った。秀吉《ひでよし》が作った日本将棋は「王」と「玉」の戦いで、つまり「将軍」と「天皇」の戦争ゲームである。そして「王」、すなわち秀吉らしく自分（将軍）を格上にしたわけだが、京都の芸妓《げいぎ》（芸者）も「玉」と呼んだ。半玉《はんぎょく》とはまだ半分、芸妓になる前の見習い芸者だ。ようするに「玉を囲う」というのは天皇を見下して芸妓にも使ったわけだが、当時の業界用語ではもっぱら天皇を囲ってしまう隠語だ。

早い話が、こういうことである。突然ブレイクした孝明。反幕勢力としては絶対君主に祀《まつ》り上げ、あとは囲い込んで意のままに動かし天下を取る、というまことに単純な作戦だ。

ここに幕府と反幕勢力による「玉」争奪戦の火ぶたが切られるのだが、参加者は幕府と長州だけではない。薩摩、土佐、水戸も狙っていた。

幕府は天皇の妹、和宮を将軍の嫁にし、「玉」を囲ったつもりでいたのだが、こう激しくなるとてんで安心できない。三つ巴《どもえ》、四つ巴のくんずほぐれつである。

とりわけ長州は前のめりだ。他の藩とはまったく違う、奇想天外な極秘計画を持った集団、松下村塾組がメキメキと力を増し、藩全体を引きずっていたのである。

松平容保（会津藩主）
近藤勇は晒し首になったが、そのボスの容保は伯爵クラスの正三位を得る。私は明治革命で処刑された藩主を知らない

薩摩、土佐は、せいぜい天皇を囲い、自藩に有利に事を運ぶていどのだれもが考えつく正直路線だが、松下村塾組は別物。驚愕《きょうがく》すべきドス黒い欲望がウズ巻いていた。

私のこれまでの本でさんざん述べてきたので、もうお分かりだと思うが「天皇すり替え」である。

孝明天皇を拉致し、自分の領地に連れてくる。孝明が操り人形になるならよし、そうでなければ葬り去り、地元で５００年近く養っていた南朝天皇の子孫（と思われる）、大室寅《おおむろとら》之祐《のすけ》を玉座に据える、という仰天㊙作戦だ。

いきなりこんなことを書かれても「藪《やぶ》から棒《ぼう》になんだ」と思うかもしれない。

『幕末 維新の暗号』（祥伝社文庫）など、拙著一連の幕末シリーズを読んでいただければ納得すると思うので、ぜひそちらも読破していただきたい。それまでは「藪から棒になんだ」と思った読者も、共感を呼び起こしたいのでどうか先を読み進んでいただきたい。

長州がヤバい！　全力で「玉」を狙っている。

噂《うわさ》以上の事実をつかんだ幕府は１８６２年の秋、危機感を募らせて天皇を守るべく「京都守護職」を置く。会津《あいづ》藩主、松平容保《まつだいらかたもり》（１８３６～９３）が28歳で京都に着任、動きはじめたのはその年の暮れ。

仕事は京都の治安維持と天皇警護。総勢ざっと１５００名である。傘下に実働部隊として「京都所司代」を設立。こちらの構成人員は桑名《くわな》藩の「与力」が50騎と、その下にいる「同心」１００名。

警察組織はもう一つあった。「京都町奉行」である。こちらは20騎の「与力」、「同心」50人体制からなる徳川一橋家が、その任にあたった。

同心は「隠密廻《おんみつまわ》り」「定廻《じょうまわ》り」「小者《こもの》」「手先」「手下」という子分や民間協力者を抱えており、つまり同心一人につき10人以上の編成になる。

「京都守護職」（会津藩約１５００名）
「京都町奉行」（一橋家約６００名）

「京都所司代」（桑名藩約800名）

幕府は約3000名からなるいわゆる一会桑《いちかいそう》体制で、天皇を囲ったのである。長州以外にも反体制不満分子がうろつき、その数、約500名。制御のきかない連中で、中には幕府側だとみると、みさかいなく首をチョッキン、パッツンと斬って、河原に晒《さら》し、京都を彩る風物詩にしてしまった危ないやからもいた。むろん本命は息をひそめている1000名の長州兵。京都藩邸の倉庫には鉄砲、大砲も隠し持っていた。

おびえる孝明天皇

1862年3月19日、会津、桑名、筑前《ちくぜん》、越前《えちぜん》の援軍が孝明が住む「御所」警護に着任。対長州シフトをとる。

だが、長州も譲らない。白マメと連帯、ツバ迫《ぜ》り合いの末、御所の境町御門警護の任務を死守。肝心の将軍が、天皇の妹を娶《めと》ったばっかりに朝廷を牛耳《ぎゅうじ》る白マメ三条に強く出られず、推定無罪、証拠のない噂は事実ではないので、表面上、なにもしていない長州勢に京都から出て行け！　と言えない京都守護職。

したがって「御所」の門の一つに、長州兵がべったり張り付く頭の痛い展開となる。これはもうトリ小屋の番を腹を空かしたオオカミがしているようなもので、不安な日々は終わらない。

ここで注意しなければならないのは、幕府内も討幕内も一枚岩ではないということだ。おうおうにして、薩長は尊皇攘夷で、幕府は開国だとステレオタイプに思いがちだが、そうではない。

幕府にも朝廷にもそれぞれ攘夷派を抱えているし、開国派もいた。さらに言えば開国派の中にも、尊皇大好きもいれば、親幕もいた。幕府、朝廷、藩、商業組合にいたるまで足並みがそろっておらず、旗色が判然としないカオス状態。

ザックリわけると4つの勢力に区別できる。

1　公武合体攘夷（孝明天皇と将軍家茂、幕府の一部、会津藩、桑名藩など）
2　公武合体開国（松平春嶽、勝海舟など幕府の一部、福井藩、土佐藩など）
3　尊皇攘夷反幕（薩摩藩、土佐藩勤皇党、水戸藩天狗党、福岡藩平野一派、久留米藩真木和泉一派、庄内藩清河八郎一派など）
4　天皇拉致（公家の三条実美一派、長州藩など）

動きの激しいのはやはりこの人、朝廷を掌握していた白マメ三条実美だ。

長年、幕府は天皇の「御所」からの外出を認めていない。にもかかわらず、大胆にも孝明を「攘夷祈願」と称して下界に引っ張り出したのである。

この時、三条は何歳か？ 50、60歳だと思うかもしれないが、意外や意外、龍馬より一つ若い26歳。頭の中はソフト攘夷。その白マメが天皇の弱点、攘夷を餌にした。

「今こそ攘夷祈願で、おじゃりまする！ 天皇自らが攘夷の大デモンストレーションを決行し、天下万民に知らしめる時でおじゃる」

ドモナラン岩倉と同じ「攘夷」という手に二度引っかかり、神社、古墳の参拝案を呑む33歳の孝明。

最初は軽い気持ちで、いいかなと思っていたが、しかしよく考えれば、これまで一度たりとも下界に足を踏み入れたことはない。穢《けが》れているし、天誅テロもある。不安だ。

それでも、ちょろちょろと近場を巡った。

「お話が」

アンチ白マメの代表、及び腰の中川宮朝彦親王《なかがわのみやあさひこ》が孝明に耳打ちした。

「白マメの二枚舌にお気をつけなされ。長州がやたら攘夷戦をするぞォ！　とシュプレヒコールを張り上げているのは、天皇の気を引くポーズ。うっかりノっては、あとあと恐ろしい目に」

「うん？」

攘夷は幕府との約束だ。それなのに、幕府と犬猿の仲の長州の方が前のめりになっている。

なぜじゃ？　なにがなんだか、なにかが、おかしい……。「御所」の不気味な静寂に、顔をこわばらせる孝明。そこに、もっと危うい噂が飛び込んできた。

「玉を囲う？　どういうこと？　マロが囲われる？　ひょっとして、下界に出たまま、サラワれるのかえ？」

人間、追いつめられると五感が冴え、初めて闇の蠢《うごめ》きに気付く。

抜け出すにはどうしたらいいのか？　ここが分かれ目だと感じた孝明は、思い切って義理の弟、将軍家茂を頼った。

「上洛《じょうらく》してたもれ！　雲行きが怪しい」

行き詰まっている『攘夷戦』と『京都の警護』。この二つの案件について話し合いたい。

京都に来てたもれ！　といわずに「上洛」の二文字を使うところなんぞ、たとえ、お手当をいただいているパトロンの幕府であろうとも自分は雲上人であるからして、上《のぼ》ってこいという尊大意識。

「洛」とはなにか？　黄河支流の都市、「洛陽《らくよう》」のことだ。

後漢からはじまって、曹魏《そうぎ》、西晋《せいしん》、北魏《ほくぎ》、隋《ずい》、後唐《こうとう》まで、時代をまたいだ現在の中国の6つの国の首都名だが、転じて「都」という意味となっている。

洛＝都

都市機能もないのに、なぜか京都が「洛」を自称し続け、「洛内」は京都市街地をいい、京都に来ることを「上洛」、離れることは「下洛」という言い方をやめない。で、家茂は「上洛」という言葉にクソ！　という思いを抱きつつ、1863年4月21日の京都入りをスケジューリングした。

革命組織が将軍のＳＰに

話が長くなったが、最初の京都での将軍警護に戻る。「上洛」に間に合うよう、幕府は３カ月前の１月末に「浪士組」募集を決定。これが後の「新撰組」、分かっていただけただろうか？

条件内容を見てみる。

高杉晋作（長州藩、写真中央）
惜しまれる弱冠28歳の死。「面白きこともなき世を面白く…」とうたったこの男の生き様だけはもっと見てみたかった。下級武士伊藤博文（右）を従えている

第一は、「尊皇攘夷の志士」。これまでの説明で「新撰組」が「公武合体」ではなく、組成は「尊王攘夷」の旗の下だったという理由が明白になったと思う。それともう一つ、「尊皇攘夷」の看板には幕府、公武合体開国派の深謀遠慮《しんぼうえんりょ》があり、それについては後ほど述べる。

次の資格は「腕に覚えのある者」

清河八郎（庄内藩）
めげない、折れない、あきらめない。学習障害の気がある尊皇攘夷男。信念を持ち過ぎて、暗殺される

だ。ボディー・ガードである以上、強くなければならない。これもまたしごくまっとうである。

が、次の条件から妙なことになってくる。

「年齢は問わない」

還暦でもいいのか？　おかしいと思っていたら、やはりこれには裏があった。それについても後ほど述べる。

「身分も問わない」

これはもっと怪しい。妙だ。身分制度を厳しく取り締まる幕府が、士農工商をないがしろにするというのは馴染めない。

身分を問わないなど、半年後、長州藩の高杉晋作《たかすぎしんさく》（1839〜67）が立ち上げた奇兵隊を彷彿《ほうふつ》させる画期的な門戸開放方式そのもの。晋作の方が、「浪士組募集システム」を参考にしたのではないかと思うほどだ。

平野国臣（福岡藩）
足軽だったが白マメ三条に買われ、江戸の攘夷派公卿の学習院メンバーになる。しかし、激変する状況と歯車がかみ合わず、斬首

山岡鉄舟（幕臣）
政治思想ゼロ。なにも考えてないくせに大物然としたムードで煙に巻くタイプ。が、結局闇で動く以外なにもしなかったのに人気がある不思議な男

それもそのはず、「浪士組」の発案創設者はかの有名な尊皇攘夷の大御所、清河八郎《きよかわはちろう》（1830〜63）、その人なのである。

この男に注目していただきたい。庄《しょう》内《ない》藩出身の、尊皇攘夷運動の先駆け闘士だ。美貌と野望と頭脳を兼ね備える生まれながらのリーダーで、1854年、神田に「文武指南所」の看板をあげている。カリキュラムは剣道と尊皇思想。24歳で塾をスタートアップしたしっかりものだが、こうした塾は、読み書きソロバンを身につければ町人や百姓でも武士という公務員の道が開ける可能性があったので、頭のいい生

徒が集まった。

だが清河の野望は違う方向を向いていた。革命戦士、討幕の志士を育てることだ。

血の気が多い清河は31歳の時、幕臣山岡鉄舟《やまおかてっしゅう》（1836〜88）など14名の同志をつのり、「虎尾の会《とらのおかい》」を旗揚げしている。

「虎尾の会」は、同好会ではない。れっきとした尊皇攘夷の討幕組織だ。清河八郎は九州遊説《ゆうぜい》を行い、福岡藩の革命児、平野国臣《ひらのくにおみ》（1828〜64）らと接触。彼の紹介で薩長の革命分子とも頻繁に交わっている筋金入りだ。

この九州遊説で、高杉晋作と親しくなったと思われ、刺激を受けた晋作の方が、清河の説《と》く「浪士組」方式、戦力になるならば、百姓だろうがなんだろうが身分ナシの傭兵システムを取り入れ、「奇兵隊」を創ったと考えるのが自然だ。それほどのアイデアマンである。

清河八郎＝浪士組
↓ 参考
高杉晋作＝奇兵隊

清河は顔に似合わず過激だ。江戸で町人（？）を手打ちにし、幕府のオタズネ者となる。追われながら東北は仙台《せんだい》を回ったかと思うと方角を１８０度変え、南の果ては、薩摩藩に落ちつく。

京都挙兵を仕込んだが、肝心の殿様島津《しまづ》公にその気がなく、そのうえ会津藩の松平容保が京都に１５００名の兵を繰り出すという噂もあり、先手を取られた清河は、いったんはあきらめる。

しかしそれもつかの間、捲《けん》土重来《どちょうらい》を期す。このあたりは偏執狂的で「攘夷断行」、「身分を問わない」、「罪の恩赦」というめちゃくちゃな「急務三策」をひっさげ、立ち上げたのが「新撰組」の前身、「浪士組」なのだ。

伝通院
徳川家康の生母の墓がある徳川家の菩提寺。浪士組発生の地だ。パリにノートルダムがあるように、小石川にも伝通院があるといったのは永井荷風。ノートルダムに失礼だと思うが……。

さて、清河は指名手配中の討幕の闘士で、幕府の敵だ。よりにもよってそんな男が、将軍のＳＰの責任者となって登場。なにかのジョークに見えるが、不思議なことに幕府公認だ。

幕府が、「浪士組」に大まじめであることは幹部の顔ぶれで分かる。最高幹部に長沢松平家当主、松平忠敏《ただとし》（１８１８～８２）を据え、以下旗本の中條《ちゅうじょう》金《きん》之《の》助《すけ》（１８２７～９６）、田安《たやす》徳川家奥詰の旗本、窪《くぼ》田《た》鎮勝《しげかつ》（１８０８～７８）とそうそうたる幕臣を重石のように上席に並べており、まさに本格的。

それに幕臣の山岡鉄舟が加わっている。この男も当時は骨の髄まで尊皇攘夷的動きを見せていたのだが、新撰組の前身、「浪士組」に山岡鉄舟がいたというのは、読者にとって初耳ではないだろうか。

革命組織が天皇の兵隊に

幕府と討幕派の奇怪な混成部隊。なにがどうなったら、こうなるのか？

そのカラクリはこうである。

『「尊皇攘夷」の浪士組募集！』

「なに？　幕府もとうとう、軸足を尊皇攘夷に移したのか？」

参加すれば、これまで犯した罪は許されるし、食い扶持《ぶち》にありつけるし、なにやらお裾《すそ》分けもある。これまでのすべてがチャラ、まさにノアの箱舟だ。

釣られて、薄汚い浪人たちが続々と集まってくる。その中に、近藤勇以下、土方、沖田など、おっかない面々も混じっていた。

小石川の高台、伝通院《でんづういん》に集まったのは300名以上（1000人説もあり）。その中から約240名を抜擢《ばってき》。ここで、さらにおかしなことが起こる。

募集開始から2週間も経たないというのに、早々のトップ交代。入れ替わるように乗り込んできた後任の代表格が、これまた露骨だった。

なんと鵜殿鳩翁《うどのきゅうおう》（1808〜69）、幕府目付である。

目付というのは、配下に徒目付《かちめつけ》、小人目付を置き、旗本、御家人、藩士を監視する幕府の専門職だ。言ってみれば内部に目を光らせる憲兵隊長である。

もう一度言うが、「浪士組」の現場責任者は、討幕の闘士、清河。しかも凶状《きょうじょう》持ち。その上に座ったのが、オタズネ者を取り締まる憲兵隊長である。いったいこれはどういうことか？　鵜殿の正体を知っているものは、ほとんどいなかったのかもしれない。清河はどうか？　気づいていたのか、気がつかなかったのか？

この男の調査能力からいって、了解していたはずである。

いろいろなことが考えられる。たとえば、鵜殿がひそかに、「実は、自分は隠れ討幕派」だと、甘く囁いていたらどうだろう。清河は警戒しつつも、ひょっとしたらそうかもしれない、と納得した可能性はゼロではない。

しかしこの鵜殿も、浪士組募集と京都移送というミッションを終えた後ふっと消え、あとは、さっぱり分からない。次に鵜殿が現われるのは、維新の戦乱が終わった明治2年の死亡記録で、場所は、徳川慶喜が暮らす静岡だった。

さてカラクリは少しずつ明かすとして、「浪士組」は募集開始の2カ月後、1863年3月26日に江戸を出発。中山道ルートで2週間後、京都に到着。230名近い有象無象《うぞうむぞう》は、壬生《みぶ》など複数の寺に分散した。

当時の寺は、サイドビジネスとしてホテル業を営んでいる。大きな寺院は団体専門になるので、その方が身入りがよく、むしろ本業に近い。織田信長《おだのぶなが》の最期で有名な本能寺《ほんのうじ》も、信長のご贔屓《ひいき》ホテルだっただけで、信長が法華宗信者だったわけではない。そのへんを誤解すると当時の風景がへんてこになる。

そんなわけで贅《ぜい》を極めた寺の庭園は、大名をもてなすための装飾庭園として発達したものであり、坊主が特別風流だったからカネをかけたのである。

京都到着の翌日、清河は正体を現わす。さすがは塾の元オーナー、筆をとるとさらさらと書いた中身が、なんと「我々を天皇の兵隊として認めてくれ」という朝廷宛ての嘆願《たんがん》書だ。仰天至極の内容だが、「えっ！　将軍警護じゃないの？」と驚く隊員に、こう宣言した。

〈浪士組は、表向き幕府配下にあるが、ほんとうは尊皇攘夷。天皇の兵隊である。こ

れから官軍として江戸に帰って動く〉

血判状を突き出す。

〈もし言うことを聞かず、勝手な行動をとるものがあれば、容赦なく処刑する〉

問答無用だ。しかし近藤勇も含め、全員が血判を押している。驚きの建白《けんぱく》書（下の者が上の者に意見を述べた書）は、これまた驚きの早さであっという間に朝廷が認め、「浪士組」は朝廷直属の組織となったのである。

壬生浪士組誕生

この時の様子を、教科書的にはこう述べられている。

〈芹沢鴨（水戸藩士、1832?～63）の水戸藩グループ、及び近藤勇グループが結束して、清河と対立。いくら尊皇攘夷の「浪士組」だといっても、目的は将軍の護衛。肝心の将軍がまだ到着前だというのに、途中で任務を放り投げ、帰ってしまうなど、それじゃぺ

テンではあるまいか、と抵抗した〉

もし、それがほんとうなら芹沢、近藤の主張は筋が通っている。

しかし、清河は譲らない。

「なにを勘違いしているのだ？　そもそも浪士組の旗印は、尊皇攘夷だ。尊皇攘夷的にモノを考えるならば、それに専念し、将軍の警護は新設された立派な京都守護職に任せるべきだ」

「清河局長、我々は幕府から手当をもらっています。天皇に仕えるのはおかしい」

「武士でもないのに、武士みたいなことを言うな」

流れ者の吹き溜まり。ほとんどが「佐幕」と「尊皇攘夷」と「公武合体」の区別もつかず、まして京都での複雑な政局などてんで分かっていない食いっぱぐれの無頼の徒だ。子供扱いする清河。

「天皇と将軍が対立したとき、君はどっちにつくんだ？」

「…………」

「志が足りん！　我が国存亡の危機ではないか。夷国が神州を汚さんとしている今、攘夷戦を放棄して、君はなにをしようというのかね」

さすが「文武指南所」清河塾長。あっさりと田舎者をねじ伏せ、主導権を握り、場の空気を支配した。票決をとってみると200名以上が、清河に付いた。

で、「浪士組」は二派に分裂。清河の江戸帰還組と芹沢の残留組である。

芹沢の残留組は近藤勇を含め、たったの13名（17名説あり）。

カネなし、宿なし、未来なし。途方にくれた残留組は4月27日、京都守護職会津藩に面倒をみてもらうべく、嘆願書を提出。これまた即決の許可。

「浪士組」の天皇の兵隊、官軍化。続いて芹沢「残留組」の幕府軍化のスピード感。なにか奇妙すぎる。物事、そんなにスムーズに運ぶだろうか？　スマホ社会の今だって、これほどの大きな案件がやすやすと進むことはない。しかも相手は役所だ。ハンコだ、申請書類だ、上司の決裁だ、とダラダラ、ひと月で決まればいい方だ。

このへんの意味を、もう一度よく考えてみるといい。

「浪士組」の官軍への変身も早かったが、残留組の「会津預かり」即決も、日本人とは思えない超特急。

このことから、あっちはあっちで、こっちはこっちで、お互い、あらかじめ手を回していたということが憶測できるはずだ。

頭の中がこんがらがっているかもしれない。もう少し読み進めば、スッキリ見通せるので、少し辛抱《しんぼう》していただきたい。


残留組は、京都壬生の八木邸に居ついたので、そのまま「壬生」の「浪士組」、「壬生浪士組」と呼び、それが「新撰組」となる。

肝心の清河率いる本隊は、４月30日、ようやく江戸に出立。

早速、迫りくる刺客。清河は身の危険を感じながらも攘夷戦の準備の最中、麻布一の橋でバッサリと斬られる。ほかの浪士組員も逮捕、暗殺、逃亡。かくして約２３０名の清河「浪士組」は江戸で壊滅した。

「浪士組」とはなにか？

さらりと述べたが、奇妙な点がいくつもある。

のっけからおかしい。「浪士組」の目的、将軍家茂の京都護衛だ。まずこれがひっかかる。先にも述べたが、なぜ将軍のＳＰを、幕府のオタズネ者、清河に任せたのか？　大き

松平春嶽（福井藩主）
徳川の田安家から松平の姓に変名。徳川と松平は兄弟、従兄弟でぐちゃぐちゃにつながっており、地方の藩主として赴任。つまり幕藩体制は東に広がる徳川の血で維持していたのである

な謎だ。

しかし幕府が幕府のオタズネ者、清河を選んでいるのは事実だ。

これがまずわけが分からない。すなわち真実がいたるところに隠されているからであって、隠れた事実と真実を捜し出して埋めてゆくと、すっきりとした歴史が浮かび上がってくる。

これからねじ曲げられた歴史を真実と事実で押し返してゆくのでお付き合い願いたい。

さて清河は「虎尾の会」という討幕組織のボス、首には大金がかかっていた。清河自身、幾度も逮捕を切り抜けている凶状持ちである。

連中がどれほど危いか、虎尾の会が、やらかしたサンプルを一つあげておく。

メンバーには、薩摩の伊牟田《いむた》尚平《しょうへい》（1832〜68）がいた。アメリカ公使通訳ヒュースケンを暗殺した下手人である。その伊牟田を追っていた幕府の役人を、斬り殺したのが

清河。不屈の運動家、真木和泉《まきいずみ》（1813〜64久留米《くるめ》藩士）、平野国臣（福岡藩士）といったブラックリスト・トップ5の革命家とも親しく交わっている筋金入りだ。

とりわけ清河の1862年の九州旅行には、目を見張るものがある。薩摩過激派京都挙兵計画、かの有名な「寺田屋《てらだや》事件」との連携プレイ。というより、状況から清河本人が仕込んだというふうにも見える薩摩過激派による、本隊を引きずり込んでの京都挙兵未遂事件だ。事実上の藩主島津久光《ひさみつ》上京に合わせた粗い作戦だが、清河はその首謀者なのだ。歴史が示しているとおり、島津公は、挙兵など考えておらず、そんなことは夢物語だからして、逆に怒りをかって失敗。

このとんでもない国家転覆計画が、ちっぽけな旅籠、「寺田屋」でのたんなる騒動としてさっさと片づけられた直後、脱出に成功した清河は薩摩に見切りをつける。

武力革命は一人ではできない。兵隊がいる。どうするのか？

目を付けたのは水戸藩の過激派である。リクルートの拠点を水戸に移し、10日以上潜伏。しかし主だった連中は天狗党を名乗って地元を離れて暴れまわり、主要メンバーはすでにほぼ全員が獄中で納豆状態。どうやって集めるのか？　考えたのが「恩赦」だ。

そう、思い出していただきたい。「浪士組」の特典「入隊すれば恩赦！」、これである。

清河は、この都合のよい条件を幕府から勝ちとることに成功したのである。「浪士組」に入れば罪が許される。こんなうまい話はない。潜伏している天狗党や過激派もゾロゾロ集まってくる。実にいい手だ。いい手だが、なぜ幕府は自分の首を絞めるような清河の「恩赦」意見を取り入れたのか？　重要なポイントはここにある。

自己矛盾の開明派・松平春嶽

「尊皇攘夷」と「幕府への貢献」。

清河はこの二つをひっさげ、馴染みの「攘夷派の公家」及び、話の分かってくれそうな「開明派の幕臣」に手紙を出していたのだ。

憂国の志士の恩赦を絡め、「浪士組」の結成を必死に訴える清河。この根回しが功を奏し、幕府は「浪士組」を認めた。

そんなにうまく事が運ぶだろうか？　なぜ成功したのか？

鍵は幕府のブレだ。右に行ったり、左に行ったりと「尊皇攘夷」を軸にシーソーゲーム状態。ＯＫを出したのはタイミングよく政事総裁職《せいじそうさいしょく》をゲットし、めきめき力を付けてきた事実上の越前福井藩主、松平春嶽《まつだいらしゅんがく》（１８２８〜９０）、幕府開明派のトップである。

春嶽がどのくらい開明派かというと勝海舟《かつかいしゅう》のボスで、坂本龍馬にカネを出し、神戸《こうべ》海軍操練所を造らせた張本人といえば察しがつくはずだ。

この世には二種類の人間がいる。

一つは、暗記脳人間。もう一つは、思考脳人間だ。

出発点は同じ尊皇攘夷であっても、暗記脳人間は前例とか規則を重んじるため現状維持、因循姑息《いんじゅんこそく》で守りに入る。しかし思考脳人間は攘夷思想をブレーク・スルー、次のステージ、開明派に目覚めるのは時間の問題で、両者はやがて対立する運命だ。

坂本龍馬、西郷隆盛《さいごうたかもり》、伊藤博文《いとうひろぶみ》……みな攘夷から親英開国に転じ、結局昔の仲間と対立した思考脳人間の典型だ。

春嶽の開明派への目覚めは1861年あたりだ。外国人とのアクセス・ポイント。横浜と長崎にある居留地警護の任を福井藩が仰せつかった瞬間に、外国の優れた文明とつながり、インスパイヤーされ、カッと覚醒したのである。

心理はこう変化する。

はじめは新しいモノに心を閉ざす。しかし思考脳人間は「なんだろう?　どうなっているのだろう?」という疑問力、センス・オブ・ワンダーが強く働く。外国の技術力、軍事力、知恵のインパクトは強烈だ。知識は力なり。ものにすれば国内の競争相手に勝てるので、どんどん外国に傾倒してゆくのだが、脳にこびりついている封建制度の仮想世界が邪魔をする。平等、自由にはなかなかついてゆけない。とりわけ殿というポジションは居心地がよく、この支配構造が崩れた先になにがあるのか不安で、怖い。したがって、攘夷感覚はまだ捨てられない。

気持ちは保守、頭脳は自由貿易。半分半分の自己矛盾。宙ぶらりん状態がしばらく続くのである。

しかしだ。好き嫌いなど感覚的なものだから、会っているうちに夷人➡異人➡外国人となって親しみが湧いてくると同時に桁違いの実利に押され、しだいに規制撤廃を望みはじめる。つまり今の体制を変えなければ、持続不可能！　自分達の利益にならないという思いが定着、こうして意識高い系の開明派に転じてゆくのである。

その当時の春嶽は、まさに考えが攘夷から自由貿易へ移行する過渡期だった。自己矛盾の混乱期といっていい。

歴史を考えるとき間違いやすいのが、「幕府」は開国、薩長は攘夷鎖国だと、ステレオタイプに固定してしまうことだ。そしてもう一つ、歴史上の人物の考えも固定的に見てしまうこと。この二つの誤りから抜け出さないと、歴史を大きく見誤ることになる。

幕府は一枚岩ではなかった。全国の大殿は、いつだって大臣級の旨味《うまみ》あるポジションの奪い合いで、政争のルツボ。各藩、各派が群雄割拠《ぐんゆうかっきょ》するカオス状態だ。勢力図が変われば、人事も政策もがらりと変わり、猫の目のようなあわただしさである。

どのくらいかというと、この時期、主に東北藩グループが将軍家茂を担ぎ上げ、対して一橋家の徳川慶喜を次期将軍にと推しているのが西南藩のグループだ。幕府を二分する権力闘争は尊皇、開国、攘夷などの政策を絡めてのせめぎ合いで、開国、鎖国は本来の政策論を離れ、権力闘争の道具となり、自分が得になればどちらでも転ぶという面々もいて複雑な流動体と化していた。

で、混沌《こんとん》の中、松平春嶽を代表とする「ソフト攘夷と開国」の自己矛盾派とも言うべき開明派が勢いを増し、あいついで幕府の主要ポストを射止めた瞬間だったのだ。

そこに尊皇攘夷を引っさげた清河が登場した。

春嶽は清河に、同じ反体制の匂いを嗅いだ。

「君のアイディア、グッドよ！　やってみなはれ！」

しかし、ゴリゴリの佐幕派から見ればヤバイ話だ。「尊皇攘夷＝討幕」という方程式が強く頭にしみ込んでいる連中だから、テロリストの清河が、将軍のＳＰになるなど言語道《ごんごどう》断《だん》、悪夢以外のなにものでもない。ひょっとしたらそのまま、家茂をテロってしまうかもしれないではないか。といっても相手は飛ぶ鳥を落とす松平春嶽の決断だから、逆らえない。

で、閃《ひらめ》いたのは大それたことだった。

表向きは協力する。だが手放しではない。逆に利用するのだ。

白マメ三条と清河

過激派に手を焼いていた幕府（体制派）は、清河の話にノったふりをして、「尊皇攘夷の志士」という看板をあげさせ、集まってきた反体制派を一網打尽にする策を練った。一度入ったからには出る時は、棺の中。幽霊船だ。こうして幕府内対立二派閥が違う思惑で、オタズネ者の清河「浪士組」結成にゴーサインを出したのである。お分かりいただけたであろうか。

『浪士組募集！』

逃げ回っていたテロリストが、看板に足を止める。

「なに、罪の赦免《しゃめん》！」。まともな感覚なら、ワナではないかと思うであろうクソヤバな文言、近づけない。したがって、清河八郎一派以外は、まともでない4種類のタイプが集まった。

1　餓死するよりマシだと考える、食い詰め浪人
2　血の気の多い尊皇攘夷オタク
3　ヤクザや博徒など、暇をもてあましているアウトロー
4　他組織のスパイ

とうの清河本人は、どう見ていたのか？

ワナは重々承知だ。だからといって店じまいはしたくない。危ない橋だが、清河には清河なりの算段があった。騙されているふりをして、出し抜く。自分なら立派にバカを演じられると踏んでいた。作戦はこうだ。

看板の「尊皇攘夷」を掲げるからには、やってくるのは尊皇攘夷好きだ。集まったら、得意の弁舌《べんぜつ》で、グッと引き寄せて洗脳し、主導権を握る。京都に入って、手筈《てはず》通り天皇の許可さえ手に入れば夢の官軍。で、幕府と縁を切る。これで念願だった自分の傭兵が持てるのだ。幕府の資金で、討幕軍を作る。こんな愉快な話はない。

実際、ことは思惑通り進んだ。朝廷からお墨付きを得て絶好調、とんとん拍子だ。天皇御用達となったからには、幕府だって簡単には手を出せない。

浪士組　将軍警護
　　　↓
　　　官軍

見事な展開だ。

ここで読者はもう一つ、謎を抱えているかもしれない。異常に早い朝廷の許可だ。浪士組入京翌日の許可。ふつうなら絶対こうはいかない。頼みに行っても、よそ者は門前払い。たとえ受理したとしても「浪士組」とは何者だ？　と調査に1、2カ月はかかる事案である。

ところが即決。理由は一つだ。あらかじめ手を回していたと考えるのが筋だ。

朝廷側は用意万端を整え、清河を待ち構えていた。そんなことのできる人物はただ一人。朝廷を牛耳っていた白マメ、三条実美だけである。

白マメと清河。接触は、この時がはじめてではなかった。仲介屋は白マメとつるむ恐怖のテロ集団、土佐勤皇党と長州藩だ。「浪士組」は江戸出発前から白マメとは通じ合っており、準備は周到に進められている。それ以外、到着早々、あっという間の許可はない。悲願の官軍大将。清河の鼻息は荒かった。幕府より朝廷の方が偉いのだからして、とたんに将軍など放っぽり投げ、爆走を開始。

「なにが幕府だ！　腐《くさ》れ外道《げどう》が！　京都守護職がなんぼのもんじゃい」

偉いという感覚は、だれにも止められない。ただし官軍となった時点で、いくらなんでも、不穏《ふおん》な動きに松平春嶽の寵愛を失うことになる。背後に白マメ、長州がいて、清河の超過激なやりすぎ錯乱は危険だ。

「あいつら、違う……長州だったのか……」

アーネスト・サトウ
討幕外国人三人組の一人。薩摩の西郷隆盛を指導した若き天才工作員

見せかけの浪士組分裂劇

では長州と一心同体の白マメは「浪

士組」になにを期待したのか？

江戸での攘夷戦だ。したがって江戸帰還は予定された行動であり、したがって「浪士組」の「残留組」との分裂というのは表向きで、真実は官軍浪士組京都支部を設立したにすぎない。この時「浪士組」は二つに分かれた。

一般には、芹沢の水戸藩グループと近藤勇の試衛館《しえいかん》グループが清河に反発したと理解されている。根拠になっているのが、元新撰組隊士永倉新八の証言だ。清河案に、芹沢と近藤が猛然と反論したと語っているのだが、ありえない。

頭脳、野望、度胸……清河はズバ抜けている。２３０名全員が血判状に署名したのは、貫禄とカリスマがあったからこそだ。血判状には、逆らった場合は弁解無用、処刑すると書かれている。

いまさら逆らえるだろうか？　一晩中議論になったというのは、永倉の真っ赤な嘘。常識的にみても逆らえる状況にないし、逆らいたくもない。

清河は、全員を集め、鋭い視線で見渡す。

「いいか、きさまら。この部隊はなんだ。言ってみろ」

「官軍です」

「強いか？」

「日本一の強さです」

「よくぞ言った腰抜けども。名前を言え」

「浪士組」

「よし、オレのものだ」

「はぁ」

「29日に江戸に戻って、攘夷の戦闘準備にかかる」

「御意《ぎょい》」


言っておくが「ギョエ！」ではない。御意だ。意味するところはあなた様の「意」のままに従うこと。会話はこれだけだったはずだ。清河への御意。分裂ではなく、清河は京都支部、すなわち京都での別動部隊を残したのだ。これしかない。手が込んでいるのでここらで深呼吸を一つ入れて欲しい。

さて、「浪士組」は、将軍ＳＰで入京。したがって自動的に京都府警、いや、つまり会津藩の傘下。ところが官軍に変化。これはもう隠しようのない反幕勢力なので、清河は一計を案じ、ケンカ別れの分裂に見せ、「壬生浪士組」を表面上、幕府の番犬、京都守護職配下のままにしたのである。これで会津の動きを探れるのだ。

スパイの粗製乱造時代、使い捨てだろうが、雑魚《ざこ》だろうが、多い方がいい。幕府も、諸藩も……組織という組織は手あたり次第、いたるところに密偵、チクリ屋を潜り込ませていた。

商人、坊主、飯盛り女、女郎、剣道場、工事現場、学問所……高級スパイから下働きまで「日本で接する相手は、みなスパイだ」と日記に書いたのは英国工作員アーネスト・サトウだ。封建社会は今の北朝鮮と変わらないスパイ密告体制で成り立っており、管理職の重要な仕事は、彼らをいかにうまく使いこなすかである。

清河にとっての「浪士組」は武力革命の官軍だが、幕府（体制派）にとっては過激派をおびき寄せる尊皇ホイホイの「箱舟」だ。そこに工作員を送りこみ、反幕グループをあぶり出す。

こうなれば狐《きつね》と狸《たぬき》の化かし合い、最後に清河が負けただけの話である。

ノアは、いつ「箱舟」を造ったのか？　雨が降る前だ。

幕府（体制派）＝京都守護職は、江戸出発前に「浪士組」を容認、細かく監視、把握。幕府が清河の上に目付の鵜殿をすえたのも、複雑に入り組む敵の情報ネット・ワークを解明するためで、それには清河に気づかれないことだ。そうでなければ、230名もの怪しげな浪人の関所通過と入京はありえない。

清河を京都で泳がせる。吸い寄せられるのは在京の反体制グループ。公家、薩長、それに水戸、土佐……藩内組織ををあぶり出し、一気に打撃を与える。

網にかかればどんな雑魚でも、拷問で洗いざらいだ。

見込み違いであろうと、記憶になかろうと吐かせる。あらゆる手を使って集めた断片をつなぎ合わせ、噂の「クーデター」計画のピースを一つ、また一つと埋めてゆく会津藩。

ついに概要を把握。もう必要がないと判断し、清河を江戸で抹殺した。

むろん京都ではできなかった。なぜなら、彼らはすでに官軍なのだ。官軍のボスを朝廷のお膝元、京都では殺せない。それに清河暗殺がおおっぴらになれば、公家、長州の「クーデター」グループが警戒する。ここは慎重にいく。危険は避けたい。江戸帰還命令を出し、遠くへ引き離し、「浪士組」内部に送り込んでいた刺客に始末を命じ、京都守護職は手を汚さない。

お分かりだろうか？　しかしここまで来て、またまた、別の疑問が湧くかもしれない。

「横浜外国人居留地特攻を皮切りに江戸での攘夷戦？　京都クーデター？　そんなむちゃ

な。あるわけはないでしょう。もしそうだとしたら清河八郎ってぇ男は、イカレた夢想家じゃなかろうか？」

そんな感想だ。

「官軍によるクーデター計画」など奇想天外すぎ、加治将一もヤキが回ったのか？　と思う読者もいるかもしれない。しかし実際に起こしたではないか？　戊辰《ぼしん》戦争。あれは立派な「官軍クーデター」だ。清河「浪士組」の失敗こそ、戊辰戦争の成功の母なのである。

鳥羽伏見《とばふしみ》の戦いは、こうして6年も前から何度も手を替え、品を替え挑んだ末の果実だ。そこのところをこれからもっと掘り下げて説明する。

第2章

新撰組大量粛清は会津との共謀

灰色の寒空に、ただならぬ戦争の気配。ピーンと張りつめた空気、京都は子供でも分かるくらいキナ臭かった。

空前絶後の朝廷襲撃計画。長州である。長州は朝廷内に巣食う反孝明、三条白マメグループとユニットを組んでいた。

作戦は綿密だ。

朝廷は官軍を創設。むろん御所警護についている長州兵が中核だ。

孝明天皇を確保、お墨付きさえ強制的にいただければ、ただちに反乱大部隊が官軍に化ける。まさに清河が「浪士組」でやってみせたようにだ。官軍大将の座に天皇をすわらせる。これでお膳立ては完璧だ。

で、官軍（長州）が、討幕の兵を挙げれば、その決意と行動力に感服した全国の尊皇勢力はぞくぞくと結集。あとは怒濤《どとう》のごとく幕府攻めに転じる。

まったくもって大それたプランだが、実は政権奪取での「玉を囲う」方式は、南北朝時代以前から行なわれており、長州の吉田松陰《よしだしょういん》はこれを研究し、明治維新の絵図を描いた。後の、大日本帝国下で企画されたクーデター未遂事件も、おおむねこの「玉を囲う」方式であり、現代の政権もおおむね同じだ。

人間と神の区別がつかない思考の弱い人間に「神聖なる存在」という仮想世界を創って崇拝させることは簡単だ。先の大戦で、「天皇陛下、バンザーイ！」と命を捨て、竹槍でB29に向かおうとした一億人を見れば分かるはずである。

さて、官軍クーデター計画の動きは、随所から上がっており、真実味があった。怪しい侍をかたっぱしから捕え、拷問で口を割らせると、どえらい陰謀がおおザッパに浮かび上がってくる。

決行は、いつなのか？　どういう方法なのか？　敵だって、偽造文、与太話など攪乱《かくらん》戦は手慣れているから、分析は困難を極めた。

テンポが速くなってきているようだが、謀議の日程すら把握できない。メンバーは常に変更され、同じ場所では二度と会合は開かれず、暗号も更新されている。敵の大きさすら分からなかった。

タレコミ屋、情報屋、チクり屋、運び屋……末端でも数を捕まえれば、いずれは上にたどり着く。誤報と修正、誤解と訂正を繰り返し、じわじわと計画の全容を浮き彫りにする京都守護職。

その日、真夏の闇が激しく動いた。

1863年の9月24日夜。計画が漏れ、一切がバレたと察した三条白マメと長州クーデター・グループの動きは早かった。緊急招集。

「まずい。中止だ!」

「中止して、どうするのか?」

あとのことはあとで考える。とりあえずストップ、知らんぷりを決め込む以外にない。

そうこうしているうちに早朝、大砲がさく裂した。「クーデター」情報をつかんだ京都守護職=会津、薩摩連合軍が先に仕掛けたのである。

突如進軍。御所警護についていたのは下っ端の長州兵。なにも知らされていなかったので、突然のことにあっという間に蹴散らされ、連合軍は「御所」の中まで突入した。

旧暦8月18日(1863年9月30日)に起こったので「八月十八日の政変」と呼ばれている。

「政変」とは言うものの、実態は長州と三条白マメグループの玉を囲った「クーデター計画」を出し抜いた会津と薩摩による「逆クーデター」だ。第三者的に見れば、会津、薩摩連合軍の方が「御所」に突入した「反乱軍」である。

しかし、歴史は支配者のもの。「逆クーデター」とは言わない。教科書も、「八月十八日の政変」で統一している。「政変」なら、話し合い的な感じを与えるし、犯罪度も薄い。「逆クーデター」と題した側が明治政府を造った支配者なので、「逆クーデター」ではなく「政変」と記したのである。

みなさんは文字やタイトルなど、大した問題はなく、そんなにこだわらなくてもいいだろうと思いがちだが、間違いだ。文字、言葉のマジックは効果絶大である。

たとえば「桜田《さくらだ》門外《もんがい》の変」。実際には大老井伊直弼を暗殺した「テロ事件」だ。

それを教科書では、「変」と書き、そうすることによって、テロリストが正義の志士となり、極悪人井伊直弼を成敗した印象を持つ。

文字を変えるだけで支配者は一銭のカネもかけず、テロリストを義士のイメージに変え、明治維新の先駆け的風景として描いてしまったのである。

「変」に対して、支配者に都合の悪い事件には「乱」を使う。これは決まりだ。「乱」はあらゆる災いが詰まった印象漢字。

「島原《しまばら》の乱」「佐賀の乱」「神風連《しんぷうれん》の乱」「萩《はぎ》の乱」……「乱」＝今に続く支配体制への武

装蜂起は、平和を破った国賊の「乱」！　こうして斬首があたりまえの極悪犯罪行為のイメージができあがる。

三条白マメ・姉小路黒マメコンビの江戸進軍計画

話を戻すと、こうした言葉による操作の甲斐《かい》もあって、「八月十八日の政変」は、なにか議会内多数決的な味付けとなり、さらっと流してしまいがちだが、実はそんな生ぬるいものではない。

歴史上、特筆すべき「天皇」の武力争奪戦である。

あれは、ちょっとした「変」ですよ、といくら支配者が隠そうが、歴史をちゃんと眺めれば長州と三条白マメの立派な武力「クーデター計画」があり、それを察知した会津と薩摩が、天皇を囲った「逆クーデター」なのである。

では具体的に長州による「クーデター」計画を述べる。

第一ステップは天皇を「仮想神聖存在」に祀《まつ》り上げる。これはもう幕府も一緒にやってくれたから全国にほぼ浸透していた。次に天皇を奪い、官軍となる。そして武力蜂起で幕府を倒す。ホップ、ステップ、ジャンプの三段跳び計画だが、緻密《ちみつ》で大胆だった。

最悪の備えもしていたし、最高の結果を得るための手も考え抜いている。広範囲かつ周到な1863年度の計画の全容はこうだった。

9月28日　有栖川宮《ありすがわのみや》熾仁《たるひと》（1835〜95）を日本列島西南エリアの官軍大将（西国鎮《さいごくちん》撫使《ぶし》）に任命する。（実際の戊辰戦争も、有栖川熾仁が官軍大将となっている）

9月29日　別動隊の天誅組が奈良（大和）で武装蜂起。ボスは、公家中山忠光《なかやまただみつ》（1845〜64、本物の睦仁《むつひと》明治天皇を生んだ女官の弟）以下、土佐勤皇党の吉村虎《よしむらとら》太郎《たろう》（1837〜63）久留米藩討幕派、十津川郷士《とつがわごうし》など、およそ1000名。

9月30日　本隊の長州兵と三条白マメが孝明天皇を連れ出し、南朝の縄張りである奈良で、天誅組と合流、「天皇親政」を宣言、官軍を結成して江戸に進

姉小路公知
アダ名は黒マメ。白マメ三条と白、黒マメ・コンビで幕府に抵抗するも1863年テロられて死去。24歳なのに老け顔すぎる。ほんものか？

軍、清河の「浪士組」と合流する。

実行計画の4カ月前、浪士組の清河が暗殺されていなければ、江戸で兵を挙げるはずであった。スケールは大きい。どうだろう、これだけでもひょっとしたら、ひょっとして成功するかもしれないと、思わせる内容だ。

久坂玄瑞
長州フグ帝国の攘夷狂。しかしこの男の学習障害的玉砕《ぎょくさい》力が後の維新につながってゆく

もう少し背景を自主規制なしで述べる。まず朝廷だ。

カギを握るのは、白マメ三条と姉小路《あねがこうじ》公知《きんとも》（1840～63）という骨の髄まで反孝明、反幕がしみ込んだ公家の2人。三条が白マメなら姉小路のアダ名は黒マメだった。白、黒マメ・コンビは、久留米藩の人生丸ごと討幕といった真木《まき》和泉《やすおみ》、長州過激派を背負って立つ久坂玄瑞《くさかげんずい》（1840～64）、土佐勤皇党の元締武市半平太らとタッグを組んで、すでに朝廷を仕切っていた。

真木と久坂を朝廷会議に登用したのは、ほかならぬ白、黒マメ・コンビだが、孝明も黙認していたから、二人は好き放題にふるまっていた。

白、黒マメ・コンビは、「クーデター」に先がけ、長州こそ「尊皇攘夷」勢力の本隊、天皇を守る官軍だと天皇を説得、「御所」門の警備押し込みに成功した張本人だ。これで「王手」がかかった。孝明連れ出しの具体的手順、ルートもロケハン済みである。

腕ずくの連れ出しはムリだ。そんなことをすれば騒ぎ出すだけだから、良い結果は得られない。天皇自ら進んで、という形が一番である。

白マメは、孝明の徹底した夷人嫌いにつけ込む。なんども言うが、欲は最大の弱点だ。やはり、かつて岩倉が和宮降嫁で使った特効薬「攘夷祈願！」を使用した。

案の定、孝明は餌に飛びつき、呪縛される。人呼んで「大和行幸《ぎょうこう》」。これも四文字熟語だ。

いまだかつて外出したことない孝明、いきなりの遠出は、心臓に悪い。足慣らしは近場の神社。それから少しずつ足を延ばす。

資料によれば、奈良大和の神武天皇陵にお参りしてUターン、春日《かすが》大社に行く計画だったとある。

そこで孝明に「天皇親政」を思いきり宣言させ、天皇が総大将となって、周囲の藩を巻き込んで官軍を増やしながら江戸に進軍、幕府を倒すというだんどりだ。

むろん京都へのUターンは、安心させるためのデマカセ。ほんとうの行き先はストレートに長州。方向音痴の孝明は、西も東も分からないからダマすのは簡単だ。連れてきさえすれば、もうこっちのものである。長州山口が朝廷、つまり日本の中心となる。

囲ってしまえばあとは煮るなり、焼くなり、思いのままだ。折をみて葬り、隠し玉、南朝天皇大室寅之祐を即位させればツミ。日本は名実ともに長州帝国となる。

清河の「浪士組」は、このクーデター実行日の約7カ月前のタイミングで発足している。

会津はこうした不穏な匂いを嗅ぎつけ、最終防衛ラインを京都に決め、次々と手を打ち、「浪士組」の様子をうかがった。

と、清河は予想外の早さで「浪士組」を官軍にしてしまったのである。

晴れて官軍となった「浪士組」は、江戸に帰還し、天皇による「勅書」をかざしてさらに傭兵を増強、「クーデター」の別動隊、官軍江戸大隊を結成する手筈《てはず》だった。

金戒光明寺
京都旅行では、ぜひ足を向け、松平容保の気持ちになって遠くを眺めていただきたい

一時的に情報戦を制した会津の殿様

一方、幕府の番犬、会津も着々と手を打っていた。その名も京都守護職。藩主、松平容保直々《じきじき》に入京したのは「浪士組」発足とほぼ同時期の、１８６３年２月12日だ。

１５００の武士を従え、京都所司代、京都町奉行の出迎えを受けている。真打ちの登場に、幕府の威信と覚悟に京都中が色めきだった。

28万石の会津は大藩にもかかわらず、京都藩邸がなかった。幕府に気兼ねしたという説がもっぱらだが、しがって名物味噌デンガクを山のように持参し、黒谷の浄土宗本山、金戒光明寺《こんかいこうみょうじ》に着陣。

金戒光明寺の敷地はデカい。収容人数三万人、小高い丘の上にあり、昔は西は淀川《よどがわ》から、はるか遠く大坂

七卿落ち絵図
反乱を企てたのに、全員が赦免復帰。今も昔も公家にはヤワイ処分。西洋ならみなギロチンだ

城までもが視界に入った。大軍を阻む南門は狭く造ってあり、うってつけの要塞寺。そのうえ、今回守るべき孝明の「御所」までは約2キロ、騎馬なら5分で着く絶好の距離である。

本来なら日がな一日、田舎で釣り糸をたらしているはずだが、ただただ京都を守れ！　とだけ命じられ、抗争のど真ん中に連れてこられたから、下っ端にとってはえらい迷惑である。

京都など勝手がてんで分からない。酒と女の穴場情報もないから、デンガクばかり食っているうちに江戸から「浪士組」がやってきた。むさい集団でなにがなんだか分からないが、かっこうの暇潰しだ。上層部は「飛んで火に入る夏の虫、討幕派の全容をひんむいて、一気に叩き潰すぞ」とやたら張り切っている。やるっきゃない守護職は特捜チームを組み、清河に協力するふりをして、内通者から報告を受ける。

踊らされる清河。清河から見れば、踊るふりをし、さらに裏をかく戦法だ。

お互いニセのチクリ屋を放つわ、オトリの密書をばらまくわの、熾烈《しれつ》な騙し合い。

「クーデター」計画の全容がおおむね明らかになった時点で、用済みの清河を江戸に帰し、頃合いを見て抹殺した。

激しい情報戦の最中、いくらなんでも身の危険を察知した孝明が緊急救助コール！　会津と薩摩が先手を打って、長州を御所から叩き出した「逆クーデター」（八月十八日の政変）は先に述べたとおりである。

つまり、9月30日、寝静まった午前1時、寝ぼけ眼《まなこ》の長州を蹴散らし、「御所」9門を占拠。中川宮朝彦親王（1824〜91）と京都守護職が「御所」に入り、孝明を保護。三条白マメ一派を逮捕したのである。

翌日のインスタント朝廷会議で、有栖川宮の西国鎮撫使（大将）を解任。別動隊の大和、蜂起軍切り捨てを条件に、白マメグループと長州の京都追放を決定したのである。

これが有名な「七卿《しちきょう》落ち」である。

近藤勇の主宰する剣道場、「試衛館」はなかった？

さて、そろそろ「浪士組」に参画した近藤勇の立ち位置が気になるところだろう。はたして「浪士組」に入隊したからには、清河の討幕思想に賛同していたのか？

出身母体は剣道場「試衛館」。資料によれば、近藤はそこの館長だ。

調べたのだが、のっけからおかしい。肝心の試衛館そのものが不明で、いくら探しても江戸時代の文献に「試衛館」が見当たらないのである。

わずかに新撰組のファン、小島鹿之助《こじましかのすけ》が、1873年（明治5年）に書きつづった『両雄士伝』に、「構場（号試衛）」とあるだけだ。それも「館」や「道場」ではなく「号」。「道場」なら「道場」、「館」なら「館」と書くはずである。「号」というのは場所を表わす言葉ではない。

家屋ではなく、「試衛」と呼ばれていた練習会、サークル名のような雰囲気である。

場所もはっきりしない。新宿区市谷柳町、近藤の住居もかねていたという説もある。しかしそれすら、近藤の身元保証人と称する、山田屋権兵衛《やまだやごんべえ》の子孫の口伝だ。

現在の靖国《やすくに》神社内にあった神道無念流の「練兵館」や、築地の「士学館」、神田お玉が池にあった「玄武館」の名門御三家は別格だが、そうでないにしろ、八重洲《やえす》の桶町にあった「千葉道場」、など道場を記した資料は相当数残っているが、痕跡らしきものが一切ないというのも不思議な話だ。

いったい「試衛館」はどこにあったのか？　いや、ほんとうにあったのだろうか？

作り話だったらどうだろう。例によって歴史本が新撰組をふくらませるために「試衛館」という道場を後世、デッチ上げたのではないか？

というのも弟子の存在だ。名門御三家道場、あるいは「千葉道場」だって明治に出世組をくさるほど輩出しているのだが、試衛館に通ったと証言しているのは新撰組隊員8人を除いて、ほかに見当たらないのだ。

またその8人も怪しい。調べても、知りたい答えに辿りつかないのである。

土方　歳三（1835〜69）　生い立ち伝聞
沖田　総司（1842?〜68）　出自不明
井上源三郎《いのうえげんざぶろう》（1829〜68）　生い立ち伝聞
山南《やまなみ》　敬助《けいすけ》（1833?〜65）　出自不明

土方歳三
最後まで筋を通すと、どうしても死んでしまう。味方だと思っていた敵のスパイに撃ち殺された説が根強い

永倉　新八（1839～1915）
出自不明、自称松前藩脱藩浪人
原《はら》田《だ》左《さ》之助《のすけ》（1840～68）
出自不明、自称松山藩士
藤堂《とうどう》　平助《へいすけ》（1844～67）
出自不明
斎藤　一（1844～1915）
出自不明

そろいもそろって、出自不明で、どこの馬の骨か分からない。

永倉は松前藩士、原田は松山藩士を名乗っているが、二人とも自称で、私の調査が浅いせいなのか、信頼のおける筋にたどりつけなかった。

写真が今ほど普及していない時代。経歴詐称や成りすましは日常的に横行しており、大正・昭和……自称旗本、自称御家人は山ほどいた。

昭和30年代になっても、有名作家になりすまし、旅館に3週間逗留《とうりゅう》、さんざん飲み食いした事件が数件起きている。カメラ、電話、ファックス、テレビ、ネットがゼロという時代、現代からは想像できないような詐欺、詐称が可能だった時代である。むろん近藤グループが、そういった人間の掃《は》き溜《だ》めだったというのではない。当時というのは、そんな具合だと説明しているだけである。

永倉は後世、手記を出している。

それによれば、剣豪斎藤一も試衛館にいたとある。しかし初期の「浪士組」の記録に、斎藤一の名は見当たらない。また近藤勇が京都で試衛館関係者に武具を配っているが、斎藤は除外されていることから、斉藤は江戸ではなく、京都移動後、どこかの時点で参加したとみるのが最近では有力だ。では、どうして永倉はデタラメを語ったのか？

妙なのは永倉と斎藤の関係だ。

永倉の言うとおりだとすれば、試衛館出身で70歳前後まで長生きした隊員は、永倉と斎藤の二人のみ。明治の末まで生きた同期の桜なのに、会って昔を懐かしんだとか、一緒に『別冊新撰組』などに取り組んだという事実はない。道場で互いに汗を流し、生死を共有した同志としては、どうもひっかかるものがある。やはり斎藤の試衛館出身は、眉唾ではなかろうか。

永倉新八（若い時）
生き残ったために有名になってしまった新撰組隊員

斎藤一
いったい何者か？　よく分からない

ではなぜ永倉は、新宿にいなかったはずの斎藤をいたことにしたのか？

記憶違いか、あるいは虚飾のどちらかだ。

こう考えたらどうだろう。二人は飯が食えるというだけで「浪士組」に参加した。ただ言われるままについて回っただけで、高いレベルのミッションを遂行できるわけもないパシリの雑用末端隊士というイメージだ。

二人の一生はサエない。その後の経歴を調べても自分で決断したことなど何一つなく、上に立てる思考人間ではない。ところが明治の中ごろから、思いもよらない運命にもてあそばれはじめたのである。

「新撰組の生き残り!」これだけで周りに人が集まってきたのだ。武勇伝を聞きたい。

しかし、実際には自慢できるほどのものはなかった。二人にとっての財産は新撰組、ただ一つ。そこで劇画的過去を妄想した。

試衛館あがりの筋金入りだと語りはじめる。

「同情は最大の罪、強者は弱者を排除して勝者となる。これが自然界の掟だ」

と熱くしゃべりはじめる。永倉には、人前には出せない過去があったのかもしれない。それを斎藤が知っていた。また斎藤の秘密を握る永倉は、俺はおまえを庇《かば》うから、おまえも俺を持ち上げろとばかりに、試衛館で箔《はく》を付けてやった、という憶測も成り立つ。生き残っただけで有名になった二人。出版社は「新撰組」に目を付け、「人斬り隊士」だとか「滅びの美学」だとかをふくらましたビジネス・モデルで儲けはじめる。

二人はそれに応えた。ますます真実の自分を葬り、出版社の期待に添った、底上げの過去。操《みさお》が固く、忠義の極致《きょくち》。新撰組の寵児《ちょうじ》として一度活字になったら、一生それで通すほかはない。偽りの晩年。いっそ生まれ変わりたかったかもしれない。そういう老後を思うと、思わず胸が痛む。

「試衛」の後継者は、近藤勇の縁者、日野《ひの》の名主佐藤彦五郎《さとうひこごろう》（1827〜1902）となっている。しかしそれすら定かではなく、「試衛」は最初から最後まで痕跡が見られないままフェードアウト。

イメージ的にはこんな感じだ。近藤勇はまちがいなく新宿界隈にいた。「新」しく「宿」ができたので新宿。創意工夫もなくそう呼ばれた場末のド田舎である。

その辺の空き地で町人、百姓、下々を集めての剣道同好会。授業料は大根や卵だ。

そこに、多少腕に覚えのある浪人たちが出入りした。土方、沖田、井上……暇をもてましていた永倉も顔を出したかもしれないが、永倉はいなかったという説もある。百姓、町人、子供相手だから指導員としてはチョロイもので、食い物とバーターだ。ホラ話はあるが、嘘もなく、虚栄も企《たくら》みもない牧歌的な風景である。

しかし新撰組の剣豪として有名になってしまった永倉は、経歴をもっともらしくしなければならず、まさか蝶々がひらひらのどかな庭先で、棒っきれを振りまわしておりましたとは言えない。だから、北辰一刀流の道場並に立派に見せようと、「試衛」のお尻に「館」を付けてしまった。

こう理解すれば、試衛館の場所も分からず、斎藤の不在も、天然理心流の使い手など、噂を除いて、こんりんざい見当たらないのも、ぜんぶ納得する。

近藤勇とは何者なのか

ぶっちぎりの悪役人気。流血沙汰《ざた》は日常茶飯事、歩くピカレスク。泣く子も黙る新撰組局長、近藤勇。デカダンスの美学だ。

いったいこの男の魅力はどこからくるのか？

Vシネマの魅力と同じではあるまいか。だれでも憧れる凄まじきメンズ・ワールド。安全なリビングルームのテレビで「殺すか、殺されるか、生きるか、死ぬか」の衝撃を、これでもかと見せてくれる悪のヒーローである。

出生地は、多摩《たま》（現在の東京都調布市）だ。

多摩は将軍の直轄地であるからして、将軍直参《じきさん》の気概が強く、いざ事が起こったらはせ参じようと、民、百姓……下々の若者の間では武芸が盛んだった。

百姓の生まれだが、さほど貧しい家庭環境ではなかったという。15歳で郷里出身の天然理心流の近藤周助《しゅうすけ》を頼り、江戸で入門。翌年目録を受け、養子になったらしい。老け顔

近藤勇
おっかないルックスに似合わず、知的で弁舌爽やか、女にモテた

だが、龍馬とは2つ、近藤が上なだけだ。

地回りの役人にかわいがられ、つながりを持つ。一応ナンチャッテ青空道場でも人が集まるから、おそらく町内の密偵などを手伝っていたのだろう、幕府の下働きである。自分の存在を超えた大きなものに参加できる興奮。退屈な百姓から抜け出したい、野心家魂に火が点き、メラメラと燃え上がる。

「武士になる！」

ただそれだけのノリが、ピカレスクのはじまりだった。

〈「浪士組」募集！〉

町道場を皮切りに、人の集まる場所に貼り出されるチラシ。

〈尊皇攘夷に命を賭けろ！〉

グッときて集まった面々は、当然尊皇攘夷に憧れている。すると近藤も、尊皇攘夷思想だったのか？

ところが、多摩、新宿……過去をどう輪切りにしても近藤勇の暮らした経路には、尊皇攘夷の感染源が見当たらない。というか、革新的な思想になじむ環境になく、戊辰戦争でも、近藤の縁者はみな幕府軍側で参戦しているのだ。となれば、なぜ尊皇攘夷の「浪士組」に惹かれたのか？　どういう手ヅルで参加したのか？　という疑問が湧くが、考えられるのはやはり役人筋だ。

幕府のオタズネ者、清河八郎がぶち上げた「浪士組」構想。それをチャンスとみた幕府内の保守派は、潜入工作員確保に動く。リクルートされたのが近藤勇である。

近藤勇は潜入工作員だった

スパイは、下人《げにん》の役目。近藤率いるグループはいずれも百姓や出処不明の有象無象《うぞうむぞう》、お誂《あつら》え向きである。ごろごろしていた連中が「腹いっぱい食えるゾ！」の一言によりユニットで参加。

近藤特務機関の誕生である。幕府の保守派につながる潜入部隊だ。ハナタレがやるべきことは刀を振り回すことではない。ホウレンソウ……つまり報告、連絡、相談だ。

清河は三番隊長に豪胆な腹心、芹沢鴨をあて、その配下に怪しげな近藤グループを組み込んだ。京都移動中、近藤特務機関だけが、芹沢とは別行動で一足先に京都に入る。

怪しい動きだが、むろん清河の命令である。宿泊の手配だ。表面上「浪士組」は将軍の警護であるからして、京都守護職の下に入る。しかし、清河にしても芹沢にしても幕府のオタズネ者、面が割れているかもしれない。だから近藤に託したのだが、これが大ミスだった。なんのことはない。幕府の密偵近藤勇と京都守護職をダイレクトに結びつけちゃったのである。

幕府のスパイ近藤にとって、これが最初の重要任務だ。道中観察した清河の動きを、こと細かに京都守護職情報部に伝えた。

あちらのレクチャーもまた詳しかった。伏せるべきは伏せ、語るべきモノは語った。説明は長州との関係、さらに土佐、薩摩の内部事情に及ぶ。情報の共有、交換すべき事柄はわんさかある。暗号の統一もはかられた。

肝心なのは、次のステップだ。遅れてやってくる清河本隊をどう扱うか？

とりあえず、きっちりマーク。泳がせて、京都に潜伏する討幕派の面々を炙り出す。だれが幹部で、だれがレポ役か？

こういうと簡単なようだが、写真のない時代だから、顔の特定は困難だ。よりどころは鷲《わし》の視力、10桁の数字を覚える記憶力、そして不審な動きを見破る観察力と似顔絵の腕前である。

会津は近藤を前に、京都の地図を広げる。

「ここ、ここ、ここ」

長州がたむろっている遊郭、島原の「角屋《すみや》」をはじめ、めぼしい対象物にマークをつけてゆく。暗闇での一瞬の目視はあてにならない。かといって、どうしようかなどと迷っている暇はないから、ファジーでもなんでもとっさの判断で泳がすか、しょっ引くかを決め、いったん捕虜にしたら、あとは拷問でカナリアのように歌わせる。一番大切な任務は身を隠している敵の内通者を抑え、こっち側に寝返りさせることだった。二重スパイの確保だ。

で、守護職が約２３０名の「浪士組」の宿泊先を割りふった。

数日遅れの4月10日、本隊が到着。二、三日は、のんびりするだろうと思っていたのだが予想に反して、清河が電光石火、先手を取った。

朝廷のお墨付きをもらい、あっという間に「官軍」に変身させたのである。

4月11日のことだ。

将軍警護の仮面を捨て、官軍に変身。驚愕する近藤特務機関。唖然《あぜん》とする中、即江戸に引き返し、錦の御旗の元、傭兵強化をはかると公言する清河。そのスピードに近藤はオタオタするばかりだ。

優秀なリーダーの特質とはなにか？　運を天に任せない思考人間であることはもとより、先を読み、先手を打つ能力があるかどうかだ。清河はパーフェクトに近かった。

想定していたとはいえ、こうも早く豹変するとは思ってもみなかった近藤は焦った。焦ったがどうにもならない。全員を前に賛同しない者は斬る、と言って血判状を突きつける清河。相手のペースにすっかり呑み込まれ、漏れなく全員が署名した。

ぜんぜん調子が出ない。次の手順をどうするのか？　江戸に帰ってなにをするのか？

とその時、清河の手駒、芹沢が発言した。

「京都に残ります。ここで尊皇の同志を増やす所存」

むろん京都支部構想は清河の案、デキレースだ。つまり、清河と芹沢はケンカ別れに見せかけたのである。

「なに！　きさま！」

とやりあった後、清河は認め、芹沢は近藤に向き直った。

「異存あるまい」

ほっと胸をなでおろす30歳の近藤勇。

大議論が起こったということになっているが、なんども言うが逆らえば斬るという状況からムリだ。芹沢も近藤も、大物清河と比べたらヒヨッコもヒヨッコ、渡り合えるタマじゃない。だからこそ、ほとんどの隊士が清河に従ったのだ。

官軍となった清河は、仲間割れを演出しなければ芹沢を会津藩配下にできず、動きを偵《てい》察《さつ》できないのである。

芹沢を探る近藤特務機関

「官軍へのヘンシーン」

思ってもみなかった重大情報は、即座に近藤から京都守護職に伝わった。つまりこのこ

浪士組（幕府配下）
→ 朝廷配下 →「本隊２３０名」
→ 会津配下 →「京都部隊13名」

とは、「浪士組」の会津からの離脱を意味する。

ゲームは変わった。

官軍とは、三条白マメの私兵だ。危なくて京都に置けない。

一方、将軍の入京は間近に迫っていた。

処置に困る会津。いっそ京都で一網打尽にするのはどうか？　と会津は考える。

が、やっぱり不可能だ。なにせ相手はすでに天皇の傭兵。勅書も出ている。孝明の妹が将軍家茂の妻ではガンジがらめ、手出しはできない。かといって内ゲバを仕掛けるには近藤特務機関にはまだまだ力不足で、逆にやられる。苦肉の策が、「浪士組」引き留め工作だった。

試しに、そのまま将軍の入京を待てと命じてみた。するとごねることもなく、踏みとどまったのである。こう素直ではかえって不安になる。裏になにかあるのか？　いや、このさい裏があってもいい。連中の処分は、これから入京する将軍の判断に任せる。そう、官僚お得意の十八番、責任回避の丸投げ。

万が一、ことが起これば、幕府（会津）の手を汚さず、近藤特務機関に暗殺指令を出す。清河一人くらいなら殺《や》れるかもしれない。手柄を立てたい近藤としても異存はないはずだ。仮にしくじったとしても、田舎者の近藤の暴走として、腹を切らせればよい。

京都守護職は、改めて近藤特務機関の使い勝手の良さに気づく。

藩士ではないから、朝廷や幕府に気遣うこともなく、今後育ってくれば容赦なくアンチ幕府勢力に打撃を与えられるかもしれない。新兵器だ。

近藤は、会津の本陣金戒光明寺と「浪士組」屯所《とんしょ》を往復した。まだ使いっ走りで、この時が人生最大の学びだった。国のシステム、各藩の力関係、人間の心理……そしてなにより探索の腕と度胸を磨いた。そうこうしているうちに、将軍上洛が迫ってきた。

白マメ三条のクーデター作戦

大勝負が近づいている。「御所」では三条白マメが、ヤキモキしていた。

孝明と将軍の京都揃《そろ》い踏み。攘夷戦が両者の磁石《じしやく》だ。ならば、二人まとめて殺《や》っちまうことだって可能だ。秘密裏の「クーデター」準備は万端だ。周りにはガセネタや煙幕、複雑な迷路を築いているから、よもや露見はないと思うが、しかし万一、なんらかの尻尾を捕まえられイチャモンを付けられた場合は、どうするのか？

開き直って突撃するか？　それともタオルを投げるか？

将軍に付き従ってきた供侍は２０００。それに加えて、在京の幕軍は３０００。合計ざっと５０００。

ガチならとても対抗できない。バレた場合は、あくまでシラを切る。それ以外にない。

切り札は孝明の攘夷狂いだ。

将軍家茂を「御所」に呼びつけ、直接攘夷戦を申し渡す。ガチガチの攘夷女房和宮がこれ以上尻を叩かなくとも同意するはずだ。

「将軍の攘夷戦宣言！」と「孝明の攘夷祈願！」

口では軽く攘夷戦というが戦争だ。戦争はカネがかかる。生まれてこのかた戦争などしたことのない武士ばかりで、黒船相手にどうしたらいいのか、さっぱり分からない。カネも軍備も乏しい日本中にお家の一大事、大ブーイングが巻き起こるのは目に見えていた。この混乱こそ思う壺。みな幕府にはついていけないと愛想をつかすはずで、その大混乱はこっちの孝明拉致《らち》クーデター計画に味方する。

都合のよいことに孝明はまだ、白マメをパートナーだと思っている。この気持ちが大切なのだ。好意的、贔屓目こそ判断を狂わせる。

「マロは、命がけでお仕え申し上げまする」

拉致までのよいしょ戦略に抜かりはない。いやまてよ、忘れておった。もう一つの難問がある。

「将軍警護の浪士組を、なぜ天皇の軍に移し替えたのか?」

将軍サイドからの想定問答集を前に、腕を組む白マメ。抹茶をズルズルとすすりながらつぶやく。

「はてさて、なんのことやら……」

「お見通しでござる」

「浪士組……思い出したでおじゃる。警護の役目後は、お役御免になる運命《さだめ》、さりとて江戸からここまできて無下にもできますまい。こちらで引き取って、不逞《ふてい》の輩《やから》の取り締まりに万全を期すのはいかがか？」

「朝廷独自の兵は持てない決まりでありませんか」

こうツっこまれればまずいことになる。幕府の定めた法では、天皇は軍を持てない。たしかにそのとおりだ。いったんは官軍にしたものの、危惧した白マメは将軍の到着前日、会津を刺激しないように、関白鷹司輔熙《たかつかさすけひろ》（1807～78）を通して使いを走らせ、「浪士組」の江戸帰還を発令した。

それを受けて、清河は急きょ、江戸に出発。ギリギリセーフで将軍とのハチ合わせはなかった。

あらゆる角度から推理するとストーリーは以上のようになる。これで将軍SPなど見え透いたデタラメで、京都に来たのは、「官軍変身」の下工作があってのことだ、ということが理解できたはずだ。

清河の京都滞在は約20日間。在京のクーデターメンバーとは、満足のいく打ち合わせを済ませており、清河は胸を躍らせながら街道を江戸に進んだ。

清河暗殺の実行リーダーは山岡鉄舟

この時、清河には5カ月後に起きる、真夏の「クーデター」は知らされていただろうか？

おそらく、おおざっぱなことは打ち明けてもらっていたのだと思う。

「夏には、なにかが起こる。その時までしっかりと力をつけておけ」

夢に見る討幕。孝明を拉致し、有栖川宮熾仁率いる長州軍が、奈良（大和）で蜂起した先駆《さきがけ》と合流、その大官軍が江戸に攻め込む。清河の「浪士組」は、江戸の地霊となって、蜂起する計画だが、しかし清河には、その全体像までは知らされてはいなかった。

なぜ推測できるかというと、清河と及び腰の中川宮朝彦親王とのつながりを示す書簡だ。

その中で1860年11月12日、清河は田中河内介《かわちのすけ》（1815～62）と深く交わり、朝彦親王を巻き込んで密勅を偽造、「浪士組」を集める策を提案しているのだ。こうしてみると清河の浪士組の官軍変身作戦は、2年も前から温めていたことになるのだが、それにたいして田中は「そんなのはお安い御用だ」と胸を叩く。この時点で分かることは、清河が田中、及び腰の朝彦親王ラインにいるということだ。朝彦親王は佐幕派のボスで、三条白マメとは犬猿の仲であった。

それを知っている白マメが清河に心を許すわけはない。この辺は、じゃっかん混み入っているので、もう一度かみくだいて解説する。パッパッと面白く述べるので心配無用だ。

さて田中河内介だが、この人物も有名だった。但馬国出石《たじまのくにいずし》（兵庫県豊岡市）の出身である。

背が高く、マゲが長く、刀が長かったので、ついたアダ名が「三長」。久留米藩士の真木和泉、福岡藩士の平野国臣、長州藩士の久坂玄瑞、尊皇攘夷御三家と討幕ネット・ワークを構成しており、清河八郎もその一員だ。

「三長」は、権大納言中山忠能《ただやす》（1809〜88）のアシスタントである。

中山忠能はかなり年長者だが妙な男だ。ぼそぼそとなにを言っているのか分からないオヤジで、器量も小さい。反面、侮れないところがあった。長州とつながっており、娘、慶子《よしこ》は孝明天皇のお気に入りの妾で、睦仁《むつひと》（すり替え前の明治天皇）を産んだ母親でもある。ようするに次期天皇の祖父ということになる。

息子にいたっては「クーデター」に合わせて、大和蜂起を決行した頭にバカのつくほどの攘夷派、中山忠光である。

つまり、中山親子を洗脳して討幕派運動に引っ張り込んだのが「三長」の田中なのだ。

「浪士組」を結成する2年前、三長田中と清河は密接になり、このラインで清河は朝廷内部とのパイプを太くする。そのころはまだ白マメではなく、白マメとはまったくソリが合わないライバル、及び腰の朝彦とつながっており、このことから三条白マメは清河とは完全に手を握り合うことはなく、一線を引いていたとみていい。したがって三条白マメから

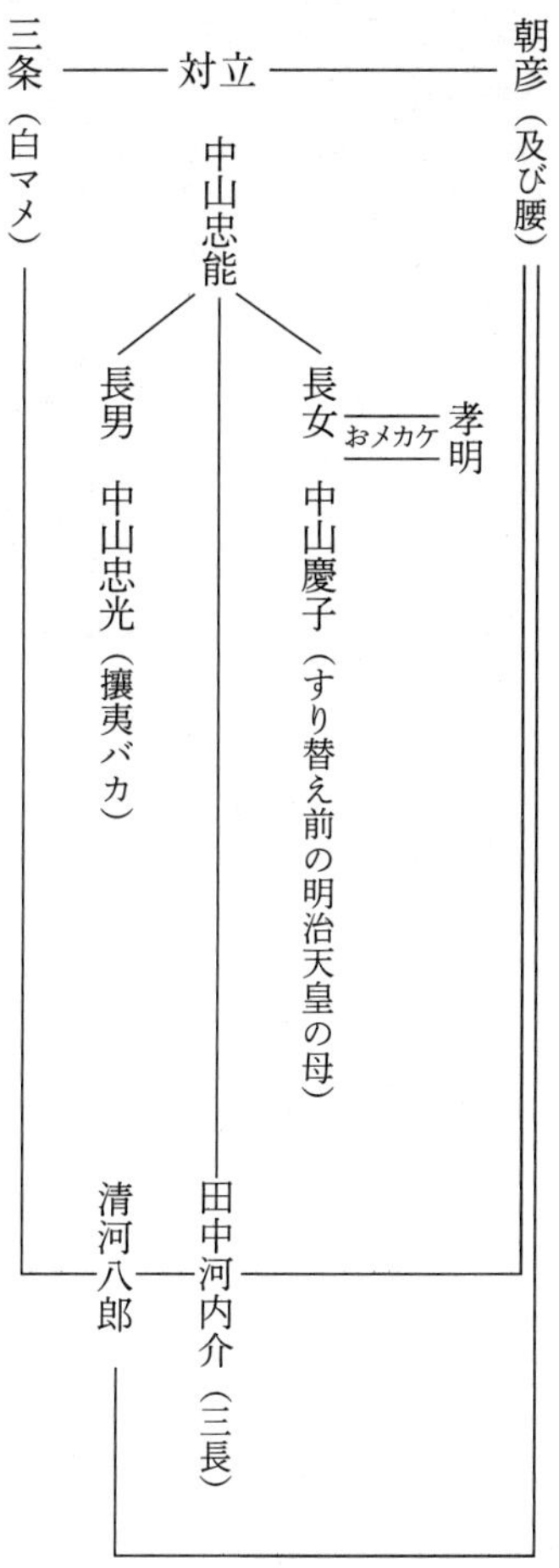

板倉勝静
備中松山藩の藩主。鳥羽伏見の戦いで将軍慶喜、会津藩主松平容保、桑名藩主松平定敬、老中酒井忠惇と米国建造の船で大坂を脱出。最後まで腰が定まらず、でも徳川の血筋だから明治になってちゃんと正四位に

清河へ「クーデター」の全容は明かされてはいなかった。そして清河の暗殺。

「官武通紀」巻七、「浪士集会始末」一、第一七「清河八郎逢切害候始末書写」にこうある。

〈文久三年四月十二日（１８６３年5月29日）、清川手下の浪人、近国に隠し置き候者へ申し触れ候いて呼び寄せ、八郎（清河）、大将にて二百五十人ばかり、同月十五日、江戸並びに横浜を焼打ちにいたして候て、京へ登り、京浪士と心を合わせ、長州と一手になり、二条（城）へ打入り候手配承け出し候まま、何分捨て置き難く、十二日、本所屋敷の近所へ又四郎、寅之祐出で居り候事〉

要約すると１８６３年の春、江戸に戻った清河は、６月15日、２５０名の浪士を引き連れ、江戸と横浜に火を放つ大胆な陽動作戦を展開。その後京都へ上り、反幕勢力と長州兵と合流。二条城を襲撃するとんでもない計画を持っているので始末に向かった、という内容だ。

注目して欲しいのは京都のターゲットだ。御所ではなく、二条城。

この時、二条城にはだれがいたのか？　天皇ではない。将軍だ。家茂が滞在中の二条城襲撃を狙っている。ちょっと的外れで、とても、白マメたちの「玉の囲い込み作戦」が清河の頭にあったとは思えない。長州と一心同体で「天皇すり替え」クーデターを押し進めている三条白マメからすると、清河、三長田中は、あくまでも孝明天皇を擁立するだけのシンプルな尊王攘夷派なわけで、やはり「天皇すり替え」の全容を知らされていない、使い捨て要員だったという

佐々木只三郎
完璧な暗殺ロボットだから無表情だ。怖ァ

私の推理は、ここでも符合する。

クーデターには勇気がいる。同志を信頼し、先の見えない一歩を踏み出す。大きな危険だ。それでも妄信する偏執狂的な心模様がなければムリ。特に清河には、根拠薄弱でも突進する病的なところが随所にみられる。こういうタイプに「実は、天皇すり替えなので、よろしく！」という路線大転換説得はリスクを伴う。いっそ、幕府に殺された方が楽だ。

暗殺指令が出たのは行動計画実行前ギリギリの5月24日。

資料が残っている。命じたのは京都詰め老中、板倉勝静《いたくらかつきよ》（１８２３〜８９、備中松山藩主）。はっきりと指令を受け取ったのは、暗殺のスペシャリスト佐々木只三郎《ささきただざぶろう》（１８３３〜６８会津藩、京都見廻組）と速見又四郎《はやみまたしろう》（浪士組隊士、京都見廻組）だ。

次の一言で清河は罠にかかった。

「喜んでくれ。儒学者の金子与三郎が、我々攘夷党の焼打ち参加を決意した。血判したいとのこと。ぜひ取りに行ってほしい」

人生最悪の決断。5月30日、こう連絡を受けた清河が、心を躍《おど》らせ、居候先の山岡鉄舟の家を出て、金子の家に向かった。白昼の2時。途中待ちうけていたのは、佐々木をリーダーとする刺客部隊だった。

犯行現場の麻布赤羽橋付近の一の橋は、会津江戸藩邸と目と鼻の先。実行犯は７名と推測されることから、腕ききの会津武士も加担したのではないだろうか。

暗殺計画のリーダーはだれか？

清河が滞在していた家屋の主、山岡鉄舟に間違いはない。決めつける言い方だが、追々鉄舟の正体を明かしていくので納得していただけると思う。怨霊《おんりょう》とか祟りなどを民衆が信じている時代なのに、そんなことはまったく気にもとめない豪胆《ごうたん》な武人だ。

佐々木は、用心深い清河を斬り殺した功績で、後に京都見廻組の隊長になるのだが、ここで整理しておきたいのは、朝廷の派閥だ。みな尊皇攘夷ではあるもののザックリ分けて四つ、スポンサーと思惑は、違っている。

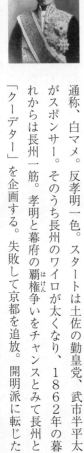

朝廷それぞれ、人生それぞれ

中川宮朝彦親王

三条実美

通称、及び腰。清河が最初にぶら下がっていた相手。娘は孝明のメカケ、慶子。息子は明治天皇になるはずだった睦仁である。夢は朝廷による幕府支配で、最初のスポンサーは薩摩過激派だ。人に任せっきりでプランがないし、覚悟もハンパ。寺田屋事件（１８６２年5月21日）で、薩摩過激派が壊滅し、自分も衰退。清河暗殺時は、すでにヨレヨレ状態で、権威低迷のまま幕末、天皇になるはずだった孫がすり替えられ、明治新政府の負け組。

通称、白マメ。反孝明一色。スタートは土佐の勤皇党、武市半平太がスポンサー。そのうち長州のワイロが太くなり、１８６２年の暮れからは長州一筋。孝明と幕府の覇権《はけん》争いをチャンスとみて長州と「クーデター」を企画する。失敗して京都を追放。開明派に転じた

岩倉具視

有栖川宮熾仁親王

薩摩の西郷隆盛、土佐犬中岡慎太郎などの庇護を受け、九州は太宰《だざい》府《ふ》天満宮に陣取り、遠隔操作で勝利。明治の重鎮となった勝ち組。

通称、ドモナラン。最初は公武合体活動。和宮と家茂をくっつけたことで土佐勤皇党から脅され、１８６２年の10月より67年の11月まで５年間蟄居《ちっきょ》。水面下で活躍。終盤戦で薩摩の大久保、土佐の中岡をリモコン操作で盛り返す。実務能力に長《た》けており、明治政府のツートップになった勝ち組。

和宮の元フィアンセ。愛《いと》しい和宮を将軍家茂に盗られたトラウマから最後まで反孝明、反徳川。皇位継承権一位。このために次期天皇の鼻先ニンジンで、三条白マメと長州に踊らされ、その気になって懸命に動くも見放され、失意の晩年。自殺の噂が濃い負け組。

中山忠光

中川宮朝彦親王の息子。義理の兄が孝明という超有名公家。血の気が多く、土佐勤皇党にドモナラン岩倉暗殺指令を出す。その後、天誅組のリーダーとして長州と息を合わせ、大和（奈良）で蜂起するが、いかんせんボンボン。手のつけられない攘夷バカなので、南朝天皇すり替え計画を理解できず長州の手によって暗殺。

浮き沈みはあったが、最後に天下を取った公家は、ドモナラン岩倉と白マメ三条だ。が、二人の幸せは長く続かない。岩倉はずっと暗殺部隊につけ狙われ、傷を負いながら逃げおおすものの、癌《がん》には勝てなかった。日本初の癌の告知を受け、咽頭《いんとう》癌で死亡（59歳）。白マメはプレッシャーに弱く、一応勝ち組ではあるものの西郷と大久保の板挟みとなってノイローゼになり、お飾りの閑職においやられてインフルエンザで寂しくこの世を去っている（55歳）。勝利に安住できなかった二人。幸せな人生だったかどうかは、見方による。

家茂と孝明のダブル暗殺？

3月4日、将軍家茂が入京、二条城に入る。

差し迫った懸案事項は二つ。まずは攘夷戦をどうするのか？　もう一つは、不穏を加速させている長州の防衛対策だ。孝明はまっ先に攘夷戦を催促してくるはずだ。その時、どうさばけばいいのか、さっぱり分からないお子ちゃま将軍。

案の定、到着早々の翌日、声がかかった。

眠い目をこすりながら行くと、天皇がにこやかに話し出す。うれしい知らせだ。世の中は尊皇で盛り上がっているが、これまで通り、幕府に敬意を表して、全権を将軍家茂に委任すると発表したのである。

さすれば攘夷の決定権は、自分にある。

「なら、やらない！」

ほっと胸をなでおろす、18歳の家茂。おっかない外国との戦争など、まっぴらだ。

しかしそれも束の間、次の日、条件が追加された。

〈天皇は、諸大名へ直接命令を出せる〉

なに？　天皇が全国へ直接命令？　いったいこれはなんだ？

「ボクが攘夷戦はダメだ。ノーだと言っても、すぐそのあとで天皇が直接諸侯にイエスの合図を送ったらどうなるの？」

いくら子供でもこのくらいは推しはかれる。ならば全権を有するのは将軍ではなく、天皇ではないか。朝令暮改《ちょうれいぼかい》のチャブ台返し。

「ウソつきは、ドロボウのはじまりだぞ」

公武合体の協調路線だというから、はるばる底冷えのする京都まで来たのに、これではなんのために狭苦しいカゴでの拷問長旅だったのか分からない。

早く江戸に帰りたい。

「ミブロ」

京都の壬生に残った「浪士組」だから、まんま「壬生浪士組《みぶろうし》」通称ミブロを名乗っていた。が、風采の上がらないナリで、将軍SPといった華やかなイメージはない。

浪士組京都。一応会津藩傘下であるものの、看板はまだ尊皇攘夷の複雑さ。
その数13名あまり。資料によっては若干の違いはあるものの、名簿からそれらしき人物14名を抜粋する。

芹沢派（水戸藩グループ）
芹沢　鴨（1832?〜63）　水戸藩士、新撰組（壬生浪士組）初代筆頭局長、粛清
新見　錦（1836〜63?）　水戸藩士、壬生浪士組幹部、副長という説もある、粛清
田中伊織（?〜1863）　壬生浪士、後の新撰組副長助勤、粛清?
平山五郎（1829〜63）　水戸藩士?　壬生浪士組、新撰組副長助勤、粛清
平間重助（1824?〜?）　水戸藩士?　壬生浪士組、新撰組副長助勤、行方不明
野口健司（1843〜64）　水戸藩士、壬生浪士組、新撰組副長助勤、切腹?

近藤特務機関（試衛グループ）

近藤　勇（1834〜68）　新撰組二代目局長、旗本、斬首
土方歳三（1835〜69）　新撰組副長、討死
沖田総司（1842?〜68）　新撰組一番隊組長、病死
山南敬助（1833〜65）　仙台藩士？　壬生浪士組副長、新撰組総長、切腹
永倉新八（1839〜1915）　松前藩士？　浪士組、新撰組二番隊組長、病死

その他

殿内義雄（1830〜63）　結城《ゆうき》藩士、壬生浪士組、新撰組、粛清
家里次郎（1839〜63）　壬生浪士組、新撰組、切腹？
根岸友山（1810〜90）　壬生浪士組、庄内藩　新徴組取締役

ご覧のように、グループは3つだ。

傍目《はため》からは尊皇なのか、佐幕なのか？　キャラのはっきりしないヤクザ侍のような集団

である。史料によれば、シラミたかりや、酒臭い連中もいたらしく、世間からは白い目で見られていた。

むろん後世の美しき歴史本には、そんな表現など見当たらないのだが、どう贔屓目に見ても、近藤特務機関に、上品な教養人はいなかった。

使えるのか、それとも見かけ倒しなのか、力量をはかる会津の京都守護職。不用品なら返品する。

日常は腕っぷしより、駆け引きのうまい方がはるかに役に立つ。独立集団である以上、リーダーが必要だ。資金調達能力は必須《ひっす》で、その上、武士の儀礼に長じていれば尊敬される。

清河が局長に抜擢した芹沢には、その力があった。近藤勇と違って武士階級の出だから、風格もある。

「壬生浪士こそ、おまえたちの願いを叶えるものだ。夢を託せ」

そうアジる芹沢局長。姿を現わすだけでその場を威圧するのは、この男が重ねてきた過去の歴史だ。

ところが会津と太いパイプを築き、支度金を運んでくる近藤が、しだいにノシ上がってゆく。ブサイクだが頼れる男だ。

粛清の開始

突然にして粛清がはじまった。1863年3月24日、34歳の殿内義雄が抹殺される。殿内は茨城1万8000石の結城《ゆうき》藩士で、旅に出るところを近藤たちが、しこたま酒を呑ませたあげくに闇討ち。不意を突かれた殿内の刀は、袋に入ったままだったという。

内部抗争、もしくは主導権争いだとされている。が、それはおかしい。殿内は派閥を構成していない。派閥がなければ主導権争いはない。また近藤と反りが合わなかったから、殺されたという説もある。しかしこれも採用しない。

想像力を働かせていただきたい。ミブロ（壬生浪士組）は会津藩主預かりの身、つまり京都守護職会津の正式な下請けだ。まだ発足10日足らず、お試し期間である。支配筋の目が光っている初動が目障りな仲間の首では、ポン中並みのアホ行動で、そんな予測不能集団ならすぐにお払い箱になる。

この時期、仲間の粛清など自分たちの裁量では不可能だ。会津の指令を受けることなくやれるものではない。

状況を吟味《ぎんみ》すれば、殿内は会津の敵、長州の密偵だったという推理が成り立つ。

むろん今となっては、分かるよしもないが、殿内がなんらかのボロを出し、近藤たちが会津に報告。で、暗殺指令が下った。実行は近藤特務機関。芹沢はカヤの外で、知らなかったとみていい。

これが粛清の入口で、この流れを最後まで止められない。

異常な大量粛清

鳥羽伏見の戦い以前の新撰組の死者数は、分かっているだけで45名。うち外部戦で死んだのはたった6名。残りの39名は仲間の手による暗殺、あるいは切腹の強要で、敵より同志を殺した数が6倍だ。狂気の粛清。この異常性はなにを物語っているのか？　命知らずの若者と、モラルの低い物騒な連中が集まっていたのは確かだが理由は一つ、密偵の巣窟になっていたからである。発足当時の募集要項を思い返していただきたい。

「尊皇攘夷」と、「罪の赦免」だ。

スネに傷を持つ反幕のオタズネ者にとっては夢の看板。これがある以上、自薦他薦のスパイ工作員が、各方面から紛れ込んでくる。かくして「浪士組」は、過激派の幽霊船となっていた。清河率いる本隊は京都滞在20日目にしてスッポリ抜けたが、残留組、ミブロの役目はこれからが本番だ。

「尊皇攘夷」の看板を揚げなおし、改めての新規募集。近藤特務機関の極秘任務こそ「敵の密偵を誘い込み、抹殺せよ！」だった。

狼の巣となっている以上、狩るか、狩られるか。水面下では毎日が非常事態だ。で、初のターゲットが殿内だった。適当な仕事を与えて旅に出す。罠とも知らない殿内は、途中で連絡員と落ち合う手はずになっていた。ところが現われたのは刺客である。

近藤特務機関は犯行声明を出さない。シレっとして、長州の仕業になすり付けている。お手並み拝見、これが会津による最初の実力テストだった。

小手調べでは使えた。即戦力になる。縁起をかつぐでもなく、妙な信仰心もなく、適切なアドバイスと手ほどきで、有能な忠犬になる。あらためてそう実感した会津は、「ミブロ」をピンチ・ヒッターからレギュラーの傭《よう》兵に変え、つぎつぎと指令を出しはじめる。

濡れ衣もあった。裏切りの気配だけで殺《や》ったこともある。疑心暗鬼が膨れ上がり、ちょっとしたことが粛清の対象になる苛烈なスパイ集団。最善の手法とは思えないが、最悪でもない。とにかく近藤特務機関の腕と度胸は、ものすごいものがあった。

会津からちょうだいした資金は、あっという間に底をつく。

催促したくとも、ごたぶんに漏れず、会津も資金難。どこの藩も財政は破綻状態で、ヨソ者を食わせる余裕はない。

そのうえ「ミブロ」に汚れ仕事をやらせている関係上、援助のパイプを太くすれば、会津とのべったり感が世間に広まるので、マズい。むすびつきはファジーにしておきたい。できれば独立愚連隊として存在し、不逞のやからをバンバン片づけていただきたい。会津にとっては経費ゼロの下請け、ドリーム・チームだ。

歌舞伎『仮名手本忠臣蔵』で浪士の着ている羽織。オリジナリティーなし！　忠臣蔵のパクリ制服

カネヅルに突き放された場合、道は一つ、強制的徴収のみ。別名

恐喝《きょうかつ》だが、決して恐喝とは言わない。押し売りならぬ、「押し借り」。

「恐喝」ならご法度だが、「押し借り」ならギリギリ、セーフ。中身は同じなのに、サッカー賭博なら違法だが、サッカーくじなら合法になってしまうみたいなもので、言葉のマジックである。

「押し借り」は、敵、反幕過激派の資金調達の常套《じょうとう》手段、それをマネた。ターゲットが暴利をむさぼる豪商なら世間の目には、下々に代わっての仕置人《しおき》に映るから、ウケもよかった。

5月19日、近藤らは大坂の両替商平野屋から100両を「押し借り」し、そのカネで制服として羽織をそろえた。ドハデな浅葱色《あさぎいろ》のダンダラ模様。

デザインはなにかに似ている。そう歌舞伎の人気演目、「忠臣蔵」。自分たちを討ち入りの義士に見立てた真似っこだ。赤穂《あこう》浪士気取りで天下の嫌われ者の屋敷に討ち入るミブロ義士。

しかし筆頭は、まだ芹沢鴨。大物然としていて、どこからともなくカネを造り、隊員の面倒見もいい。

6月6日、京都二条城で軟禁状態にあった将軍家茂がとうとう三条白マメの圧力に屈し、攘夷戦の期限を6月25日に決定。外国軍船を砲撃せよ、とシグナルを全藩に向け、ぶち上げてしまったのである。

謎の大坂相撲事件

攘夷戦を決定した翌日、将軍家茂が大坂湾巡視に出発。道中警護を請け負ったのが「ミブロ」。教科書的には将軍の港湾視察だが、ボンヤリと海を眺めることになんの意味もない。真の目的は攘夷戦のＰＲ行進だ。警護に「ミブロ」を貼り付けた裏には、会津の隠された目的があった。狙いはズバリ大坂。つまりこういうことである。

東洋のヴェニス、当時の大坂は運河に八百八橋《はっぴゃくやばし》がかかっている整然とした美しい水の都。だが、魅力は美しさだけではない。大坂が持つ魔力。

商人の街という特殊性だ。

商業都市なので巨大な大坂城には武士である殿様が住んでおらず、その代わり幕府が「城代」という管理職を直接送り込んでいるだけである。なぜ他の藩を排除し、城をまかせないかというと、街に唸《うな》っているカネだ。

街全体が巨大な物流センターとなっており、世界最初の先物取引所、堂島米会所なんぞもあって、世界に誇《ほこ》れる商業都市となっているのだ。そんなおいしいエリアをどこかの藩に任せれば、ごっそりモッていかれる。そこで、各藩に割り当てたのである。

諸藩はこぞって蔵屋敷を設け、指定の豪商に、遠く国元から運んだ特産品を売らせ、財政を潤《うるお》すという循環経済。

そこに将軍が鼻息荒い「ミブロ」と一緒にやってきた。

では、なぜ「ミブロ」か？

出し惜しみするわけではないが、この場でポンと答えるより、これからの話の流れで述べた方が理解しやすいので、ひとまず先を急ぐ。

これを契機に、「ミブロ」は、ちょくちょく大坂に顔を出しはじめる。距離にして約50キロ。新幹線ならものの15分だが、歩きだと約2日。

7月18日早朝。ミブロが不逞浪人（反幕派）二人を捕捉し、大坂東町奉行所に引き渡す。注目すべきは、場所がアウェイの大坂だということだ。将軍のＳＰならまだしも、不逞浪人逮捕は地元役人の仕事。しかしその縄張りを度外視。まるで州をまたがるＦＢＩ的行動である。

大事件を起こしたのはその夜だった。大坂力士の20〜30人と大々的なストリート・ファイトを起こしたのである。

いくら力士でも、角材では勝負にならない。その結果、力士3名（1名から5名説あり）が斬り殺され、15名近くの負傷者を出す一方的な虐殺となった。

普通の本は、発端は道を譲れ、譲らないというレベルの低い話でサラリと流しているが、加治は普通ではないので真実に肉薄することにする。

治安を守る職につく者として、いくらなんでもイカレた行為、おかしいと思いませんか？

話を戻すと相撲部屋は、訴えを起こす。で、大坂東町奉行所が仲介に乗り出すのだが、その裁定が驚きだ。

酒宴と和解金50両を準備しろ！　と言われたのは、なんと力士側である。

殺された被害者が、「この度はどうも申しわけない」と手打ちの宴席を用意し、賠償金を払うなど、どの角度からみても不当なジャッジ。いったいどういう裏があったのか？

「ミブロ」は京都守護職会津公の預かりの身、しかも将軍SP。面倒を避けたい奉行所は、「ミブロ」の蛮行を超好意的に解釈し、相撲部屋の訴えを権力で押し戻し、黙らせた

禁門の変図屏風　絵師大須賀清光作
「長州力士隊」の旗が見える

のであろうか？

現代でも忖度《そんたく》判決は時々あるので、当時もあっただろう。しかしそれ以外にも、これまで歴史に出ていない事実が秘められているのだが、とりあえず先を続け、成りゆきから述べる。

で、この和解には、おまけがあった。

2カ月後、大坂相撲は9月19日からの1週間、暑い盛りの京都に出かけて祇園と壬生、2カ所で相撲を開催。興行主は「ミブロ」で、まんまとその売り上げをせしめたのである。

力士隊を斬れ

この一連の出来事は、なにを物語っているのか？

白昼３名（１〜５名）の力士斬殺。乱暴などという言葉では足りないくらいの非道で、武家社会の決まりに照らし合わせても正気の沙汰ではない。

しかし無罪放免。それだけではない、酒宴、そのうえ、一〇〇両のカネをせしめ、出張相撲というご褒美までいただいている。

会津公預かりと将軍ＳＰ、この二つが効いているのは確かだが、それにしても発足４カ月の新参団体が傍若無人のやり放題である。

なぜ、いったいいかなる力学が働いて、奉行所が不公平に裁き、会津は沈黙したのか？

なぜ？　なぜ？　なぜ？　疑問こそ、真実の扉を開く一番の鍵だ。

まず、会津が沈黙した原因はなにか？　ということから推理をはじめる。

逆に問えば、なぜ「ミブロ」は、尊皇やら武士道の精神をも踏みにじるヤクザ行為に打って出て、会津の顔に、泥を塗れたのか？　ということである。答えはおのずと見えてくる。

陰で糸を引く張本人こそ、「ミブロ」の派遣元、会津公、松平容保だったとしたらどうだろう。

いまや幕府の筆頭番犬となった会津のさしがねである。会津の傭兵。ちゃんとした理由があれば、ためらいなく斬り殺せるだろうし、奉行もふるえ上がって、無罪放免、酒宴、小遣い……という一方的仲介を作ったという疑問の一つ一つが、納得できるはずである。

では、なぜ会津はそんなことをさせたのか？　そろそろ事実を述べるべきであろう。

答えは大坂相撲という団体にあった。長州力士隊の存在である。

大坂は場所柄、長州過激派の京都への潜伏中継基地だった、出撃基地でもあった。しだいにふくれあがる長州藩士。で、大坂相撲団体に少なくない数の長州力士隊が紛れ込んでいたのである。内通者が大坂奉行に届け出、大坂奉行から会津へ。放っておけないと判断した会津は殺人マシーン「ミブロ」を投入したのである。力士隊を斬れ！　全体が長州に染まっているからかまわん、丸ごとやれ！

「いいか、長州よ。みんなお見通しだ」

強い警告の発信。

むろんこれは私の説だ。資料が消去されている以上、状況からの推理しかないが、今のところ、それ以外に一連の出来事にマッチした風景は考えられない。長州力士隊にいた旭《あさひ》形亀太郎《がたかめたろう》の告白が、私の説を大きく後押ししているのだ。

旭形は長州力士隊から大坂相撲にスライドし、さらに今度は新撰組の下働きになった有名な力士。こうした事実から導いたもので、後に述べる旭形の生の証言を聞けば、反論はしにくいと思う。

また同時にこの問題は、なぜ「ミブロ」などという烏合《うごう》の衆を、会津公は預かったのか？　という根本的な問いの答えにも接近している。

会津のＡＴＭ

会津はただ親切心から「ミブロ」を預かったわけではない。価値あり！　と踏んだからだ。

何度も述べたが、まずは「過激派狩り」のトラップ機能だ。「尊皇攘夷」を掲げ、勢い込んで入隊したテロリストを泳がせて情報を盗り、頃合いをみて捕捉、殲滅《せんめつ》する。次が鉄砲玉。それ以外にも、利用の可能性を見出していた。むしろしだいにこっちの方が重要になってゆく。

カネだ。それは2カ月前、平野屋の100両押し借りからスタートした。

会津が、一枚も二枚も嚙んでいるというより、むしろ、黒幕の張本人。そうでなければ会津の下で、強盗などという勝手は許されない。西も東も分からない「ミブロ」に、豪商の狙いどころをあらかじめ指示し、カネをたからせたのである。

「ミブロ」は任務を確実に果たした。できたらラッキーくらいに思っていた会津は、ビンゴ！と上機嫌で収穫物を受け取る。

見どころがあるどころではない。こいつは、ひょっとすると大きく化けるかもしれない。１００両など鼻クソだ。もっとがっぽり稼げる。それにはどうしたらいい？　恐怖心を煽ることだ。大衆に恐怖を植え付ける。ショー・タイムのはじまりだった。

ショーは、目立たなければならない。強くて怖い！　おあつらえ向きのターゲットがあった。大坂相撲と親しく交わり、潜り込んでいる長州力士隊だ。殺《や》れば恐怖が喧伝でき、長州本隊をゆさぶれる。一石二鳥だ。

ハデに暴れろ！　ぶちかませ！　逆らうやつは斬り殺せ！

大坂町奉行は江戸幕府の派遣、つまり会津の配下だから打ち合わせはすんでいた。

「ミブロ」にやらせる。その方が「長州」に目を光らせている奉行所にとっても楽だ。大坂相撲とのケンカに見せかけたみせしめ！　それを奉行が味方すれば今後、「ミブロ」の蛮行は、被害者側が訴えて対抗できるレベルを超えていることが拡散する。

「ミブロのバックは、天下の将軍、会津、それに奉行だ。逆らったらヤバい！」

三枚重ねの合わせ技、この噂で街中がもちきりになる。

いやでも目立つダンダラ制服。店先を通り過ぎるだけで、冷や汗が出るのに、店の奥まで踏み込まれて、「治安のためだ。カネを用立てていただきたい」などと言われた日にゃ、命あっての物種《ものだね》である。

そのための大坂デビュー。

力士斬殺は、あっという間に京大坂中に広まり、おっかない「ミブロ」を有名にした。日本の大金庫、大坂での強盗「押し借り」。このビジネス・モデルさえ確立すれば好きな時に、カネが手に入る。

大名貸しの鴻池《こうのいけ》善右衛門は「鴻善ひとたび怒れば、天下の諸侯色を失う」と謳《うた》われた屈指の大富豪で、なんと全国、１１０藩へカネを貸し付けていた。ほかにも長州のメイン・バンク加賀屋などカネが唸るほどあって、街全体が「ミブロ」のＡＴＭになるのも時間の問題、大坂は萬福寺《まんぷく》に作った「ミブロ」の出撃基地には、「出し子」までかかえるようになる。

いったい彼らは、いくら稼いだのか？

１８６４年11月３日、大坂商人16名に請求書を出している。１週間後の10日に35名、15

日には念を入れ100名に追加発信。鴻池は、しつこく三度呼び出しをくらっている。

要求金額は総額15万両。換算方法によってばらつくが、今の金額でざっと20～40億円だ。この時の貸り主は「浪士組」ではない。そこには京都守護職会津藩主、松平容保公の名が、書かれていた。こうなれば会津藩主のコレクターだ。汚れ役を仰せつかる狂暴な外人部隊である。

なぜ彼らにやらせたのか？

よそ者だからだ。自藩でやれば、士道、諸侯の風上にもおけない見下げた行為だと、全国300藩から袋叩きにあう。そこでアウトサイダー「ミブロ」を使った。文句が出れば、「手前どもがいくども注意しているのだが、会津の名を勝手に騙《かた》って、なにやら、しでかしてしまっているようで、こっちも頭が痛いのでござる。しかし、「将軍御配下であらせられるので……」とかなんとか逃げられる。

記録によれば、この時、実際に集金した額は7万両（7～20億円）を超えている。

「ミブロ」は、底なしのカネ喰いムシではない。使うのはせいぜい呑んで騒ぐハシタ金。資料を読み込むと、幕末時、総額30億円以上が浪士組（新撰組）の手に渡り、その大半が元締めの会津に渡ったという仮説が成り立つ。

1863年「クーデター」(8月18日の政変) 当時の動き

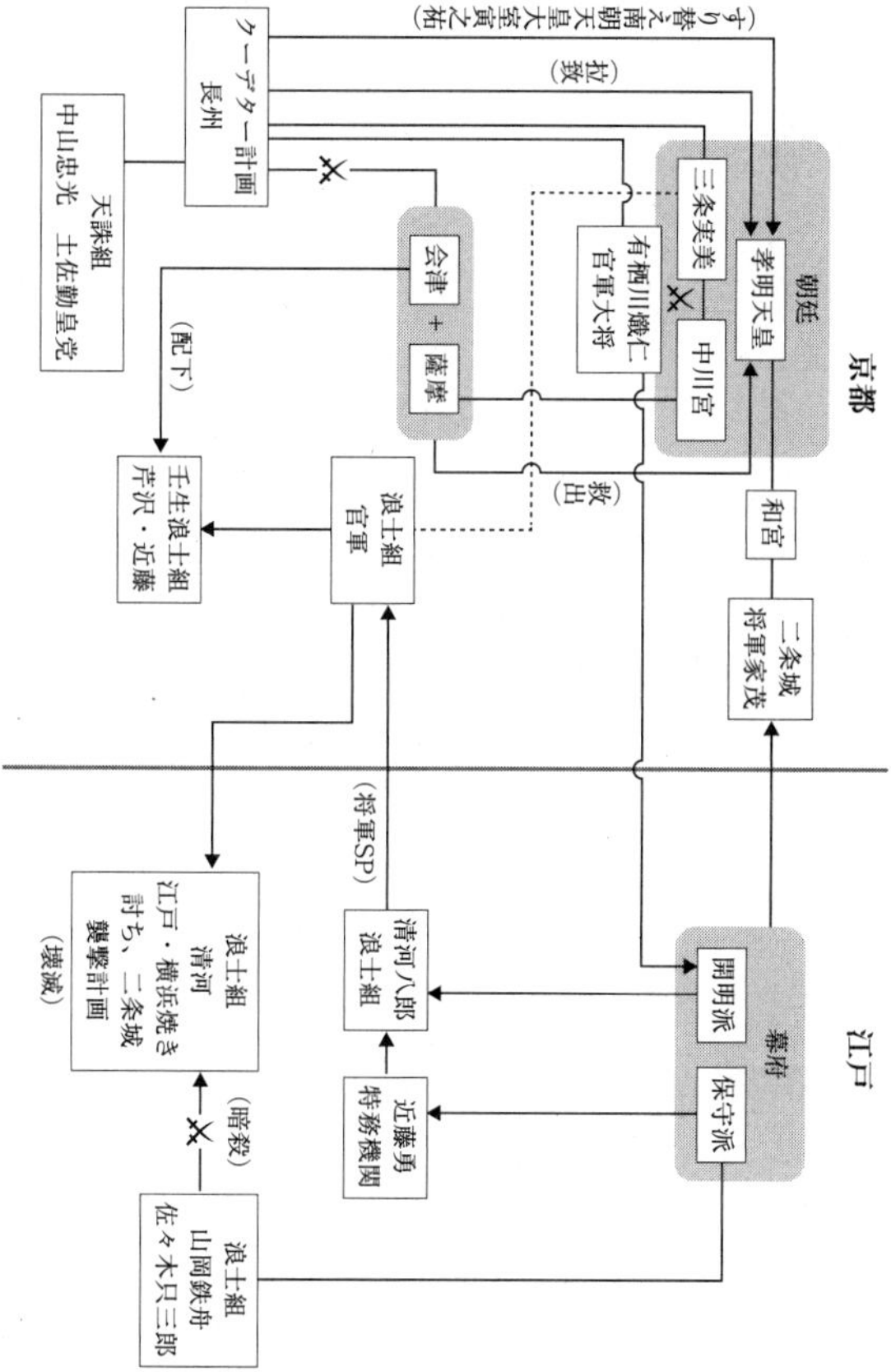

第3章

新撰組初代局長芹沢は水戸藩のゲバラだった

イギリスと組んだ幕臣小笠原長行

少々時間を戻す。

入京以来、なかば監禁状態に置かれていた二条城の家茂は、攘夷戦に賛同できない。英、米、仏、露、蘭……列強国は心底、怖い。やれば捕虜になる可能性大。なんでも西洋にはギロチンなどというおっかない首切り台があって、ドスッ、ドバーッ、ゴロンとコロがった首を下々がヘラヘラ笑って眺めているそうだ。まっぴらである。

いくら攘夷戦は孝明に押し切られたのだ、と弁解したところで、責任は祭典の古俗《こぞく》天皇ではない。政権担当者の将軍、自分が負わされる。

外国船を砲撃しろだ？　なんの自信があってそんな大胆なことができるのだ？

現実離れしたバカ催促に、気がヘンになりそうだった。

かといってバックには攘夷派がいる。長州のフグ侍はじめ、薩摩のイモ侍もおかしし、土佐のカツオ武士はもっとヤバい。それに水戸の納豆侍……。そこら中に「死こそ救いだ！」などという過激派がうようよいて、三条白マメを忖度《そんたく》している。

二条城で身動きがとれない18歳、未成年の家茂は軟禁虐待を受けていた。

〈いったい、どうしたらいいのか？　このままでは孝明の圧力で、攘夷宣言をむり強《じ》いさせられる〉

なにも決断したことのないボンボン家茂からの密使が、江戸城に到着した。

〈ヘルプ・ミー！〉

留守を預かっているのは老中、小笠原長行《おがさわらながみち》（1822〜91）だった。御年42歳、忠義をそのまま人間にしたような幕府命《いのち》！　小笠原は部屋の中を行ったり来たり、顎《あご》をこすりながら考える。

「天下の一大事だというのに、会津は何をやっている？　天皇には手が出せないなどとホザきやがって、名物の味噌デンガクやら鯉の甘煮ばかり食っているから、考えが甘いのだ。ええいっ、しからば、こちらも強いバックをつける。この世で一番強いのは……仙台62万石……加賀100万石……いや、いや……」

頭の中を、同じ言葉がグルグルと回っている。で、はたと気づく。

「一番強いのは異国？　おう、そうだ！　ならば簡単だ。強い異国と手を組めばいい。あれっ？　これは今は亡き大老《たいろう》、井伊直弼の開国路線……なんだい、オレを降格させたあのクソオヤジが正しかったのか。腹立つ～。癪《しゃく》だが、俺とライバル張るくらいだったから、やっぱり頭がよかったんだ」

戦《いくさ》の基本は№１勢力と組むことだ。兵法のイロハである。

英国の力を借りて、長州を蹴散らす。これしかない。公武合体などもう古い。ポンコツだ。将軍女房の和宮？　孝明の回し者など、ノシを付けて京都に返してくれるわ。

「公武合体は終わりだ！　これからは幕英合体！　この路線で徳川の威厳を取り戻す。だいたいだ」と目が座ってくる。

「徳川２６０年、ざっと13人の天皇が変わったが、あんなものは洛《らく》という虫カゴに飼ってた虫に過ぎん。毎日どうやって過ごしていたのか、考えたこともない。政治を語らず、武芸もたしなまず、世界を見ず、商いも知らず、餌だけもらって呪術ばかりやってるカルト集団。五、七、五……五、七、五、七、七……年中歌ばかり詠《よ》んでいる公家虫《くげむし》だ。それが急にシャシャリ出おって。武士には想像すらつかない女々《めめ》しい暮らしをしているあんな輩に、なにを気兼ねしているんだ。武士をみくびるな。馬引け！　馬！　馬！」

　小笠原は腰を浮かすが、冷静さを取り戻す。

　まずはイギリスとの手打ちだ。それには行き詰まっている生麦事件である。薩摩の大名行列が、馬で横切った丸腰のイギリス人を無礼討ちにして殺害、他の二名に斬りつけ、その一人はなんと婦女子だった。

「あちらには、ジェントルマン・シップというご法度《はっと》があり、丸腰相手に大勢で襲うことはもとより、もっと悪いのは、か弱き女に手をかけることだとか。にもかかわらず薩摩のイモ侍は、居直ってこっちは悪くないとほざいている。が、ここは一つ、代わってさっさとイギリスに賠償金を支払い、物分かりのいいところを見せて、味方につけることだ」

　小笠原が、頭の後ろで腕を組む。で、友好の証として、幕府は密かに、全国のカッペ大名までくまなく攘夷戦不参加の早馬を飛ばして点数を稼いでおく。

「怖いよ、黒船の大砲。一発で20人くらいぶっ飛ばされるし、鉄砲の弾は鎧《よろい》をプシュッと貫くしね。あんたら、どんなに危険手当もらったって、命と引き換えなんて割りに合わんでしょうが」

　という手紙を持たせた密使を３００藩に放ちまくった。そうやって外国には点数を稼

水野忠徳

後鳥羽《ごとば》上皇が鎌倉幕府に兵をあげた承久の乱は朝廷の軍事クーデターだが、水野は幕末を同じ目で見、反天皇徹底抗戦を主張するも、慶喜に左遷され、田舎に戻って切腹したといわれた旧武士のカガミ

ぎ、黒船艦隊で、攘夷戦前のめりの長州をガタガタにしてもらう。一石二鳥だ。

小笠原は、活発な外交交渉を開始した。

大いに賛同して、後押ししたのは、公武合体に反対し、左遷されていた筋金入りの武士、元外国奉行の水野忠徳《ただのり》（1815～68）と、江戸南町奉行の井上清直《きよなお》（1809～68）だ。

「京都なんぞ、なんの役に立つんです？　火を点けて地上から消してしまうのが一番」

と、京都を現代のISテロ集団に乗っ取られたレバノンふうに見立てる。

小笠原の呼びかけに応じ、ぞくぞくと江戸城内に足を運ぶ欧米外交官。1863年の春、将軍のいない江戸城は、さながら小笠原政権のような様相だった。

幕臣が無視した将軍の攘夷宣言

６月６日、江戸の初夏と和宮が恋しくなり、ますます囚われ感が強くなったボンボン家茂が、ついに三条白マメに追い込まれる。

「攘夷決行日は、６月25日。これでよろしゅうおますな。呑んでくれはりますな」

「はい、それで……」

「なにやら、ご存念が？」

「いえ、武士に二言《にごん》はありませぬ」

堪《こら》え性がなかった。しかし根回しをすませていた老中小笠原は、京都からの「ヘルプ・ミー」の早馬にも余裕だ。ただちに英仏公使及び、海軍指揮官と接触。アンチ外国の孝明、家茂の攘夷戦決断と決行日を告げた。

「外国のみなさん、安心してください。攘夷戦などだれもやりませんわ」

「しかし、あんたんとこの将軍が、はっきり宣言したではないか？」

「あれは、強要といいますか、天皇との関係を良好に見せる演技といいますか、分かりませんか？　この複雑な状況。問題はフグを食いすぎて頭に毒が回っておかしくなっている長州のクソ一藩だけでありましてな。この際、思いっきり、ぶっ飛ばしていただきたい」

図面を広げて説明した。風雲急を告げ、その風雲が、長州に流れてゆく。

「身の程知らずが！ カッカッカッ」

ほくそ笑む小笠原の秘密指令で、すべての藩が将軍の攘夷宣言を完全黙殺する中、思惑通り長州一藩だけが、「攘夷戦」の牙をむいた。

沿海に並べた旧式の火縄大砲に点火。

下関を航行中の民間アメリカ商船、すこし遅れてフランス軍船、オランダ軍船が被弾した。被弾といっても、この日の砲撃は知れ渡っているから、オトリだ。このへんは80年後の「真珠湾攻撃」と同じで、欧米人の伝統的な開戦パターン。とりあえず先に、敵に手を出させ、英国民衆と議会の憤慨を喚起《かんき》し、憂うことなく反撃の正当性を得る。忍耐の正当防衛は、心理学から弾き出した、国を一つにまとめる黄金の法測である。

ヤラセの証拠は外国船の被害程度で分かる。不意を突かれたのに、船舶は、蚊に刺されたほどでもなかった。一番の犠牲者は、なにも知らずに瀬戸内海を泳ぎ回っていたトラフグ、船がオトリであった証だ。

手持ちの札をぜんぶ読まれているのに、長州は思いっ切り突っ走った。相手のワナにはまって砲撃を主導したのはやっぱりこの人、松下村塾の攘夷暴走男、久坂玄瑞《くさかげんずい》だ。

で、横浜では不思議なことが起こっていた。

長州のねじくれ

横浜に動く、5人の影。

暴走攘夷男の久坂と松下村塾で机を並べていたくせに、伊藤博文とそのユニット、井上馨、井上勝、山尾庸三、遠藤謹助、人呼んで「長州ファイブ」が異様に興奮していたのである。

なにをしようとしていたのか？

英国への密航だ。しかも藩主公認。博文の上司、桂小五郎の根回しで藩のカネが、長崎の貿易商トーマス・グラバーと英国商社ジャーディン・マセソン社にわたっていた。

つまりだ。長州の攘夷決行3日前、なんと横浜では敵国であるはずのイギリスに向け、5人の長州侍が上船の手筈を整えていたのである。右手で英国密航、左手で英国に対する攘夷砲撃。矛盾する正反対の同時進行。奇妙な光景だ。これをどう説明するのか？

君主が古《いにしえ》から歴史的に行っている伝統的な政治手法である。

長州ファイブの集合写真
左から井上馨、遠藤謹助、井上勝、山尾庸三、伊藤博文。
どうってことない下っ端の五人でも英国に行っただけで、全員明治政府の重要ポジションにつき、どうってことある人間になるのだから人生は運とガッツだ

掛け金を裏、表、両方に張る。その結果、ダメだった方の首をチョン斬って、ごめんね！　下級武士が暴走して、と敵に差し出し、藩主は勝ち馬に乗る。どう転んでも君主だけは安泰政治。

幕末の大名もほぼ同じスタイルをとっている。幕府と討幕薩長の両藩の顔を立てながら状況を読み、有利な方を登用する。勝った者が常に正しい。これは帝王学のイロハで、こうやって責任を取らずに、血脈をつなげるのだ。

汚いなぁと思うかもしれないが、第二次世界大戦では昭和天皇が同じ手法を使っている。大元帥としてイケイケで君臨していたのに、いつのまにか、自分は「お飾り」だった、戦争には反対だったといって部下の首を差し出して逃げ切るという、究極の王道。今だって総理や社長、トップに立つ人間はナンバー2と3、対立派閥のどちらも応援。負けた方を切るという手法をよく使う。この場合、卑怯者と思われないためのテクニックが必要だが、それが帝王学なのである。

長州藩主、毛利敬親《たかちか》（1819〜71）は、しかし、それとは少し違うタイプだった。

好奇心が旺盛で、子供のようにいろんなことを面白がって、なんと自ら吉田松陰の松下村塾の門下生にもなった、という信じられない殿様だ。

長州の殿様、毛利敬親
良くても悪くてもぜんぜん欲がなく、「そうせい」しか言わなかった「そうせい」おじさん。明治では人畜無害で堂々の「正一位」の勲章

提案すると、なんにでも「そうせい！」と答えるので、付いたニックネームが「そうせい公」。こういうタイプを上司に持つと、部下が育つ。育ちすぎて、明治政府を占領してしまうほどになる。

藩論は「玉を囲う」だ。それにはまず攘夷戦。これで固まっていただが、一方、英国とのパイプ作りに余念がないグループもいた。なんにでも「そうせい」だから、みんながやりやすいように動ける。

活発だったのが英国専従密偵の伊藤博文だ。張りついた相手は政商グラバーである。

「石を投げ、斧を振り回している時代はもう終わりだ。ヴィンテージものの鎧《よろい》は私に任せなさい。まとめてヨーロッパのアンティークショップに高く売ってやる」

「アンティークショップってなんですか？」

「古物商。で、これからの武器はエレクションだな」

「エレ……なんですか？」

「きっと将来は『選挙』などと呼ばれるだろうが、入札で代表者を選ぶんだよ。選ばれし者たちが話し合って政治を行う。君たちが未来を創る。それには世界最強の我が国のエージェントになることだ」

「はあ……なるほどでございます」

「しかし、幕府はそれを許さない。だからやがて戦争になる。長州は私から銃を買いなさい。弾薬や軍船で、石器時代の幕府を倒す。そうすれば、長州にも、この国にもでっかいパラダイスがやってくる」

プレゼンテーション上手《じょうず》な武器商人と言えばグラバー、グラバーと言えば武器商人で、この男の名は全国に鳴り響いていた。

幕府による朝廷攻撃未遂事件

一方、天皇の要求通り攘夷宣言をしたのに、家茂は京都から出られなかった。

理由は攘夷戦の不発だ。ぶんむくれの孝明。

「なんで、やらんの？　もう一発、おカマシおじゃれ！　次の敗者復活戦で夷人を追っ払わないと、二度と江戸は拝めないでおじゃるよ」

「あわわ……」

18歳の家茂には、これ以上どうしていいか分からない。

いよいよ腰を上げる小笠原。歩兵1500名、洋式装備でキメ、軍船は奮発してイギリス船の丸ごとチャーターである。

で、突如大坂湾に姿を現わす。

7月15日、マナジリを決し、手の平にペッペッとツバをつけてバシッと鎧《よろい》の胴腹《どうばら》を叩いたかと思うと京都に向かって進軍を開始。在京の会津と合流する算段だ。合流すれば4000名は下らない。それで攻めれば、朝廷はぶっ飛ぶ。

「将軍、監禁？　ふざけたことをしやがって。公家に金玉がついてるかどうか分からんが、縮み上がらせてくれるわ」

まる一日の行軍。入京直前でいったんタメを作り、思いっきりスウィングして鞭を馬のシリに入れようとしたその矢先だった。早馬が駆け込んできたのである。

馬上から転げ落ち、息も絶え絶えに、頭上に捧げ持ったのは「上意」。

〈進軍中止〉


「なんだあ〜　中止しろだあ？　なに考えているクソガキが」

と言ったとは思えないが、軍議は揉めた。

「将軍を人質にとっている」

「我慢の限界だ。御所に火を放つべき」

「孝明をつまみ出して、彦根城に幽閉しろ」

「朝廷など化粧狂いの変態野郎が造った組織にすぎない。解体すべし」

これは私の想像ではない。資料に載っている会話を現代風にアレンジしたもので、意見はタカ派一色だった。

しかし根っからの武士、小笠原としては、将軍の「上意」は重い。このあたりがこの男の限界だ。公武合体は天皇と将軍の一和《いちわ》。そのために将軍は、涙を呑んで武士の街、江戸を離れ、コケのムシた夏はサウナ風呂状態の京都にいる。

将軍と天皇。表向きは切っても切れない間柄でなければならず、なにがあっても仲良きことを天下に示す。さもなければ、国の安定は望めない。男泣きで、折れる小笠原。

奥歯がないのに、グリグリとかみしめ、目前に迫った虫の好かない京の街を睨《にら》みつける小笠原。苦労の末の公武合体だ。仮にもパートナーの朝廷を攻撃すればどうなるのか？将軍に弓を引くことになるではないか。

激論につぐ激論。

「将軍に仕えるのみ！　将軍のご意志は、入京禁止である」

と、やる気満々の水野忠徳と井上清直を必死に止める小笠原。この二人は幕末、将軍慶喜の裏切りを知り、「憤死」した侍だ。「憤死」とは憤り狂って死ぬことだが、この時は、自害のことで、武士の鑑《かがみ》である。

小笠原が入京直前でたたらを踏んでいたその日、下関沖ではなにが起こっていたのか？

星条旗をひるがえしたアメリカの軍艦、ワイオミング1隻が下関に姿を現し、シャチのように颯爽と大海原《おおうなばら》の白波を切り裂いていた。「星条旗」の国歌はまだない。甲板に整列していた軍楽隊はそれまでの国歌、マイ・カントリー・ティズ・オブ・ジーを奏でている。演奏が止まった。

「ファイィアァァ！」

先だっての正当なる報復砲撃開始。

あっという間に長州の中古軍艦2隻が撃沈。続いて1隻が大破。砲台、人家、倉庫にも砲弾が降りそそぐ。

実はこれ、小笠原の京都進軍と示し合わせた同時攻撃だった。

砲撃が止む。白煙の向こうに静寂が支配する天地。遥か彼方をゆうゆうと去っていく米国軍艦。

その4日後、ホッとする間もなく今度は新手がやってきた。フランス軍艦2隻。これまた模範演技のような艦砲射撃がはじまった。旗艦セミラミスの大砲35門の鮮やかな猛射で、つぎはぎだらけの長州砲台はあっという間に壊滅。

引き返すかと思いきや、あれよあれよと近づいて、接岸。陸戦隊70名、水兵180名が上陸、前田村に侵攻した。長州本陣を襲って白兵戦となるも、子供扱い。で、ようやく長州増援部隊が壇ノ浦に到着。だが、海からの艦砲射撃で総崩れとなり、蜘蛛《くも》の子というか、フグの子を散らすように四散する本隊。

「敵の射程圏内でうろつきおって、おまえらはバカか！　なにが攘夷だ。なに？　退去だ？　そうせい」

あまりにも弱過ぎて血の気が失せる毛利の殿様。孝明の義弟、攘夷大好き公家の中山忠光もゲーム感覚で一緒に参加していたが、後方で刀を振り回すだけで、どうにもシマらない。

異国の脅威は軍艦だけで、地上戦なら、サムライ日本が世界一だと信じて疑わなかったのに、わずか250に3000の兵がケチョン、ケチョンである。

なにが免許皆伝だ。毛唐《けとう》にボコボコにやられてしまったではないか。長州ファイブを英国に送っておいてよかった。あっちに乗り換える。この時「そうせい公」の腹は固まった。

口ほどにもない長州兵の評価は下がる一方だ。地元のヤクザは石を投げるわ、勝負しろと棒っきれで挑むクソガキはいるわで、お先真っ暗である。

窮鼠三条白マメ、天皇を拉致る

京都御所、目前まで迫った「小笠原の幕軍」に、孝明は震え上がっていた。

「マロは生まれてこのかた、ずーっと文科系でおじゃる。こんなのムリ」

しかも幕軍を運んできたのは悪魔の外国軍船だ。これみよがしの丸ごとチャーター。ぞくぞくと降り立った洋式装備の鉄砲隊が、京都に迫って来た。

「夷人が、神聖なる京の街に……マロは、立ってられない！」

内またでしゃがみ込む孝明。頭を抱える白マメ。とその時、早馬が別の悪い知らせを運んできた。

「まさか！　頼りの長州がホームで戦ったのに、たった２５０名のフランス香水野郎に負けた？　それ、ほんまでおじゃるか？」

朝廷は、上を下への大騒ぎだ。白マメは、孝明をなだめる。

「幕軍を引いてもらうことが先決でおじゃる」

「そなたに、ぜーんぶ任せる」

「武士は狂犬どすから、押さえられるのは餌をくれる、ご主人のみ」

「…………」

「ほれ人質、いや客人のボンですわ。将軍にはひとまずお帰り願って」

「それがええ、おきばりやす～」

白マメは会津にたのんで宅配便を飛ばした。それが将軍家茂の「上意」である。

家茂にとってもチャンス到来だった。

「私が直々出向き、無礼千万、乱暴な小笠原めをこらしめてまいる」

この名目で、ようやく監禁状態から脱出成功。約2カ月ぶり、7月23日のことだった。

完全武装の幕軍が、将軍奪還作戦を決行、京都まで迫った。これは動かせない歴史的事実だ。公武合体を口にしながら、明確な意思を持って朝廷に対して兵を挙げたのである。

小笠原は、それに先んじて京都守護職会津に将軍救出を命じている。

「力ずくで取り戻せ」

それに対して会津の態度は、はっきりしない。

将軍は、自分の意思で女たちと楽しく過ごしているようなあいまいな状況でもあり、監禁には見えないところもある。それが明確にならないかぎり、畏れ多くて手はつけられないという立場だった。

このやりとりがあって、小笠原は京都守護職の限界を感じ、自力救出作戦に打って出たのである。

入京すれば、話は変わってくる。京都守護職以下、所司代、奉行は幕府の機関であるからして、トップは小笠原。その小笠原から将軍を守れと直接命じられれば、現地の会津は喜んで従う。役人とはそういうものだ。

一方の白マメは、小笠原を甘く見ていた。

――公武合体と言いながら、軍を率いてここまで来るゥ？　天皇の権威などぜんぜん通用しない不感症男。考えを変えねばならない。公武合体はあてにならない。武には武を。かくなるうえは朝廷独自の軍、官軍で脇を固めるしかない――。

そうなるとやはり、あの手だ。ずっと懐で温めていた「官軍」路線。

孝明を矢面に立て、尊皇勢力を集め、官軍を創設する。その官軍で幕府の息の根を止めるのだ。

時間はなかった。高校2年生の家茂が、不感症男小笠原に丸め込まれれば、京都寸止めではすまされない。そのままなだれ込んでくるはずだ。たよりの長州は風前《ふうぜん》の灯《ともしび》、「牛追い男」、「香水男」、「ゴルフ男」にコテンパンだ。いや待てよ。風前の灯だが、まだ望みはある。こっちから打って出るのだ。

どう接していいか分からないが、天皇の前に進み出た三条白マメは、過激な計画をオブラートに包んで、やんわりと打ち明ける。腰を低くしながら一緒に「御所」を出てルビコン川を渡りましょうと迫った。腰を抜かす孝明。ストレスで、軽いめまい。

熱量を上げる白マメ。自分は朝廷の救世主だ！　ヒーローだ！　と自己暗示をかけ、後には引かない。強引に孝明を奈良に引きずり出そうとする白マメ。

これが、世に言う「大和行幸」である。

神武天皇陵に、これから勃発《ぼっぱつ》する軍事的勝利を祈願して「天皇親政」をぶち上げ、勢いにのって周囲の藩を巻き込む。孝明が尻込みすれば禁断の奥の手、かくなるうえは「天皇は、幕府とつるむ夷人に寝返った」というストーリーで処分。代わりに、長州の隠し玉、正統なる南朝天皇大室寅之祐を押し立てて江戸になだれ込む。

問題は尊皇攘夷の賞味期限だ。日本全国、そろそろアキがきている。

しかし、少々色はあせてはいるもののやっぱり掲げるのは、「尊皇攘夷！」の旗しかなかった。

土佐にも、水戸にも、熊本にも、薩摩にも、佐賀にも、広島にもアンチ幕府、尊皇攘夷大好き男が横断的にグループを形成している現状を見渡せば、このスローガンはまだ捨てがたい。

しだいに高まる緊張感。やるしかない。

強引に走り出す白マメ。孝明との間に、隙間風が吹き始めるのに時間はかからなかった。

高まる孝明の危機意識。これまでとはなにかが違う。孝明の恐怖レベルは、ついにマックス。会津に身の危険を訴えた。これは宮内庁の資料に残されている。

「マロは、三条白マメに誘拐され、そのまま長州に連れていかれると思う。救ってたもれ」

暗殺と押し借りのコンシェルジュ

そんな状況下、近藤特務機関は、長州をターゲットにしつつ、内部のスパイ摘発と暗殺に本腰を入れはじめていた。会津の指示に従うまでである。

5月23日、阿比類鋭三郎《あびるえいさぶろう》暗殺（病死説あり）、6月10日、家里次郎《いえさとつぐお》暗殺……。

それに引きかえ、芹沢の方は主に対外的な汚れ役、押し借りを引き受けていた。

5月19日の大坂の金貸し平野屋から100両、6月には加嶋屋から30両、7月には鴻池善右衛門から230両といった具合だ。これらは資料にある氷山の一角であって、狙った相手はいずれも下々の嫉妬の対象、大富豪だから悪評はあまり立たなかった。

「ミブロ」を便利に使う会津。

隊員は13名から60名近くに膨れ上がっており、大坂、下寺にある萬福寺の押し借り出撃基地には、人相の悪い準構成員が出入りしている。

7月暑いさかり、祇園祭がはじまった。太陽がジリジリ、ムンムンと京の街を蒸《む》している。

はるか遠く離れた日本は西南の端っこ、真っ青な鹿児島湾に点々と漂っていたのはドでかい黒船。英国艦隊、その数7隻。生麦事件の損害賠償を求めてのプレッシャーと交渉だが、英国は期限を切った。こうなることはみな知っていたのに、だれも自主的に問題を解決しようとせずの引きのばし、逃げ回ったあげくが、この身の毛もよだつ光景である。

8月15日、薩摩による破れかぶれの砲撃がはじまった。はい、正当防衛の反撃。

アームストロング砲が火を噴き、おびただしいロケット弾が白い尾を引きながら陸地に吸い込まれてゆく。爆音と爆風、短時間にあらかたの砲台を破壊。強風は火災をあおり、巨大な炎がありえない勢いで街に広がる地獄絵。

島津公は、丘の上の鶴丸城にいた。微動だにせず恐しい光景を見下ろしている。目が泳ぎ、咽《のど》がカラカラだ。周りの幹部たちも、圧倒的な戦力の違いに虚脱状態で、だれ一人言葉がでない。

「撃ち方ヤメー！」

双眼鏡を手にチューパー海軍少将。

「もっと後悔させてやりましょう、キャプテン。丸腰の紳士とレディを斬りつけた鬼畜ですよ。こいつら」

「いや、辛抱《しんぼう》は味方だ。我慢は大切なお宝だよ。このへんでいい」

思惑を胸に舵を大きく切って去ってゆく英国艦隊。

五代友厚
グラバーと薩摩のパシリから英国に留学、カネ儲けに走って日本経済の基礎を作る

その甲板には、二人の薩摩藩士が乗っていた。グラバーの子飼い、五代友厚《ごだいともあつ》（１８３６〜８５　英国留学　初代大阪商工会議所会頭）と寺島宗則《てらしまむねのり》（１８３２〜９３　英国留学　外務卿、文部卿）。明治政府は、この二人を戦争捕虜扱いにしたが、そんなことはありえない。資料を読めば分かるが、最初から英国と通じているいわば英国の工作員だ。情報なくして艦砲射撃なし。薩摩の地

図を渡し、砲台、大砲射撃距離、工場エリア、弾薬庫……。砲撃目標を教え、お膳立てをきっちりと整えている（詳しくは拙著『龍馬の黒幕（祥伝社文庫）』で）。

ボロボロにされ、はじめて敵の実力を知り、目覚める薩摩。

「攘夷は不可能だ！」

と島津公。長州と同じパターンである。腕力でかなわないとみると、ころっと180度考えが変わって、真逆の崇拝者になる。幕末、太平洋戦争、敵があっという間に憧れの大先生と下部《しもべ》の関係になってしまうのだから、これほど簡単な相手はいない。ほどほどでの撤退は貢献度抜群、まさに「我慢はお宝」である。

ひと月の祇園祭が終わった。

「ミブロ」は9月14日、仲間の佐々木愛次郎《さ さ き あいじろう》を朱雀《すざく》千本通で血祭りにあげ、22日、佐伯又三郎《さえきまたさぶろう》を粛清した。

ここで内輪からくるりと目を外に向け、次の的を京都の豪商大和屋に絞った。

またまた大芝居の幕開けである。

なぜ大和屋に火を点けたのか？

京都、大和屋。

貿易の生糸《きいと》を買い占め、排他的な独占で暴利をむさぼる糸業者だ。最初に目をつけたのは「ミブロ」ではない。天誅組《てんちゆうぐみ》だった。前にも述べたが公家の中山忠光（睦仁親王の叔父）をボスに、土佐、久留米などで構成した尊皇攘夷の狂信的テロ集団である。

天に代わって誅（罪をとがめて殺す）するので「天誅組」。そのまんまのネーミング、「壬生浪士組」より、だんぜん分かりやすい。孝明の「義弟」がテロリストのボスなどというのは、シャレにもならないが、この団体なんでもありだった。

８月25日、天誅組は「悪徳商人」という理由で、油屋の八幡屋宇兵衛を暗殺、三条大橋に首をさらした。

その横に立札があった。


〈大和屋庄兵衛ほか３名の巨商も、同罪ならば首を刎《は》ねる〉

次のターゲットとして予告されたのが大和屋だった。生首脅迫。これはヤバい！　次はおまえだと、実行犯から脅されれば、だれだってチビる。で、まんまと成功。カネを握った天誅組は約20日後、どこにいたかというと大和（奈良）だ。そう、そこで、あの三条白マメ、長州「クーデター」の同時武力蜂起を待っていたのである。

大和屋は不運どころではない。不運も不運、おもいっきり天誅組にカネを渡しちゃったのが運の尽き。それを見ていたのが、ピカレスクの「ミブロ」。食欲旺盛、善悪なし、大和屋をモノにすれば点数アップだ。

9月24日昼間、近藤たちは相撲を開催。その間に別動隊が大和屋に動いた。芹沢率いる、5、6人である。オーナーに面会を求める。不在。芹沢はその場を引きさがったが、もともと水戸藩出身の納豆武士、ねばりが違う。夜になって再び隊員35名を引き連れて大和屋に押し掛けた。

「なめんじゃねえ。壬生浪士組を、たっぷり味わいやがれ」

とストレートに放火。あっという間に炎は勢いを増し、京都の夜を焦がしはじめる。火《ひ》の見櫓《みやぐら》の半鐘《はんしょう》がけたたましく打ち鳴らされ、退屈しのぎにたちまち野次馬が集まった。

続いて火消しが駆けつける。

「消すことはまかりならん。下がれ！」

刀片手に立ちふさがるドハデなダンダラ制服集団。

「燃えろ、燃えろ、もっと燃やせ！」

とヤジったのは西陣織の職人たちだ。大和屋の生糸買い占めに、普段から頭にきており、なんと、よってたかって鍬《くわ》や鳶口《とびぐち》を手に加勢し、土蔵を壊し始めたのである。暴力はダメだといいながら、人間は暴力に興奮する。で、時に英雄視。これは低俗な快楽ホルモン、アドレナリンがそうさせるのであって、自分をジョーカーのような壬生浪士組に投影し、傍若無人《ぼうじやくぶじん》さに憧れているからだ。ニヤける芹沢。

職人、よた者、野次馬の破壊行為は手が付けられず、まる一昼夜、翌日の夕刻まで騒動は続いた。すべての商品と家財道具が灰燼《かいじん》に帰したのだが、いったい、放火になんの意味があるのか？

意味などない。一般にはカネを得るためにやっただの、局長芹沢のサド志向が制御不能になっただの、という説がまことしやかに流れている。

そんなバカな。断言するが、これには立派すぎる裏があり、背後で糸を引く者がいたのである。状況を考えていただきたい。

カネ稼ぎなら、放火などより他にもっと簡単な方法はいくらでもある。

この事件で残ったのはなにか？　耳に残る一日中鳴らされた半鐘の音と、耳目を集めた「ミブロ」のハデなパフォーマンス、ただそれだけだ。

そう、「注目」が目的だったのだ。疑問を解くカギは、放火した日にちにある。

9月24日。旧暦8月13日。なんの日であろうか？

天皇が例の攘夷親征を宣言しちゃった、まさにその日である。

攘夷宣言の裏には三条白マメと長州が、孝明を「攘夷祈願」と称して連れ出し、大和（奈良）の神武天皇陵を参拝、そのまま拉致し、否も応もなく官軍蜂起を強制する、という「クーデター」が隠されていた。

　で、大和屋放火である。

つまり、会津はあらかじめ白マメたちの「クーデター」情報をキャッチしており、出鼻をくじくために「ミブロ」に放火を命じたのである。

「大和行幸」と「大和屋放火」はつながっている。

つながりは「大和」という文字だけではない。大和屋のカネが大和蜂起の資金源になっていたのだ。

――クーデターのスポンサー「大和屋」。そして「大和行幸」、「大和蜂起」、ぜんぶ「大和」。

――陰謀のすべては知っている。やれるなら、やってみろ！――

「ミブロ」の放火によって一晩中半鐘が鳴らされ、大勢が大注目。これほどクリアーな警告はない。

そしてもう一つのカギは、場所だ。

大和屋は「御所」に近い。まるで御所が燃えているかのようだ。京都所司代、京都奉行所が見守る中、「ミブロ」の点けた火が、昼夜を問わず「御所」わきで警告ののろしを上げ続けたのである。

「これでも、テメーら、御所を襲うか？　ほんとうにやる気か？」

という強烈なメッセージ。

「まずい、ぜんぶバレている。ムリでおじゃる。計画は中止！」

白マメと長州はすべてを棚上げして中止を決心した。ギリギリの選択である。大和屋鎮火から４日後、火事の刺激臭が残る京都が息をひそめていた。

なんども述べるが、この時、幕末史前半最大のクライマックス、幕軍が先手をとっての「逆クーデター」（別名八月十八日の政変）を決行、御所を守っていた長州軍、中にいた三条白マメ一派を奇襲したのである。

闇に走る武装集団。9月30日（旧暦8月18日）を回ったばかりの深夜である。

会津1500名、150名の薩摩。それに京都所司代を担っている淀藩以下、岡山、徳島、米沢の緊急部隊がいっせいに「御所」に迫った。長州兵は、フグの子を散らすように速攻退却。ただちに朝廷内に雪崩《なだ》れ込む会津と薩摩。打ち合わせ通り、反孝明派の公家を拘束。翌日、千数百名の長州兵と共に京都を追放した。

野心のツケは払わなければならない。失脚した公家は、白マメ含め7人。長州に向けての逃避行がはじまった。これが世に言う「七卿落ち」だ。

大和屋放火は天皇拉致を世に知らしめる緊急事態警報。これで白マメ長州側が動揺、指揮系統が混乱したところに、ワッと襲われた結果で、「ミブロ」の大手柄である。

壬生浪士組から新撰組へ

クーデター失敗。

白マメと長州にとって、一生忘れることのできないこの苦い経験は、のちのち大いに役立つことになる。災い転じて福となす。悪運が、幸運になるというのはこのことで、「天皇すり替え」の実践的方法を学んだのは、まさにこの瞬間だった。どっと「御所」を包囲突入して、関係者を邸内から追い立てて、空《から》にする。これでだれにも知られることなく、簡単にすり替えられることを実体験したのである。これは貴重だ。自信がついた。今回は追い出されたが、次回はこの正反対バージョンで、ゆく。

運命など分からない。「逆クーデター」は、白マメと長州の完璧なリハーサルとなり、その本番は5年先の鳥羽伏見の戦いとなる。

この年（1863）、京都の暑い夏に起こった一連の流れを見てみる。

9月24日　天皇の「大和（奈良）に行って、夷人ぶっ飛ばすぞ宣言」（『大和行幸詔《みことのり》』の発布）

同日　夜、「壬生浪士組」が大和屋放火

26日　中山忠光ら天誅組約40名が大和（奈良）へ出発

27日　白マメ三条「クーデター」中止決定（推測日）

29日　天誅組大和蜂起、代官所を襲い、桜井寺を本陣とする
30日（旧8月18日）会津、薩摩の「逆クーデター」（八月一八日の政変）
「壬生浪士組」が「新撰組」を拝命

せっせと「押し借り」でカネを上納し、敵の工作員をどっさり殺して、一つ一つ実績を重ねていた近藤を、会津の殿様は高くかった。

口は堅いし、クソ度胸もある。正義があろうが、なかろうが、一度忠誠を誓ったら、とことん命を捧げる近藤特務機関。評価はウナギ上りで、より機密事項に触れられる一つ上の幹部に昇格。多大なる功績を称え、金一封に加え、ニュー・ネーム「新撰組」をじきじきに授けた。

タナボタで京都取り締まりの任務に抜擢！

「誠」の隊旗をおっ立て、肩で風を切っての京都見廻である。

みすぼらしかった「壬生浪士組」から、金ピカ「新撰組」への華麗なる脱皮。ますます、会津の寵愛を受けることになる。

隠された大和屋放火事件

大和屋放火は、有名な事件だ。しかし新撰組関連の資料には載っていない。かろうじて会津藩の資料にはある。だが妙だ。壬生浪士組も新撰組の名もなく、内容も事実とはかなりかけ離れている。

どう書いてあるかというと、暴れたのは所属不明の尊皇攘夷過激派となっている。「不逞浪士が暴れて制止できない」という通報を受けた町奉行が、会津に出動を要請したとある。で、会津は準備をしていたが、事態が鎮まったという追加報告があったので、出動を中止したとのそっけない記録だ。

大嘘である。火災は夜昼続き、ミブロ、火消し、野次馬で騒然となっていた事実は複数の証言から動かせない確かな事実。ではなぜ隠す必要があったのか？　もうお分かりだろう。

大和屋放火でクーデターを潰されたのは、後に天下を握った明治の支配者だ。彼らにとっては「クーデター」を潰された大打撃事件で、もっとも頭にくる行為。であるからして、会津が傭兵「ミブロ」にやらせたとは口が裂けても言えない。したがって記録を改ざん。そうでなければ、こんな意味不明のデタラメな内容にはならない。

この事件でもう一つ、気になることがある。その場を仕切った人物だ。近藤ではない。近藤はなにをしていたのかというと、ぜんぜん関係のない別の場所で相撲の方にかかわっている。近藤を遠ざけ、「ミブロ」のトップ、芹沢にやらせている。ここに会津の深い意図があった。ミエミエだ。なにがミエミエなのか？　では次の「芹沢鴨暗殺の真実」で明らかにする。

新撰組筆頭芹沢鴨暗殺の真実

「逆クーデター」、幕府軍の大勝利。

逃げる長州を徹底的に追いかけ、残党狩りに血眼《ちまなこ》になる新撰組。同時に、再び大がかりな内部粛清を開始。陰惨で嫌な仕事だが、やることをやらなければ生き延びられない組織だったのも事実で、人間、前に進んでいる自覚があれば、人殺しをしていても耐えられる。

10月19日、新見錦を強制的に切腹に追い込む。状況から考えると切腹ではなく、私は近藤特務機関が消したのだと思っている。

というのも新見のポジションだ。水戸藩士、つまり芹沢グループである。そのうえ「新撰組」の幹部。局長芹沢の目が光っているのに、近藤たちが新見に「おまえ、腹を切らんかい」などと迫れるほど簡単じゃない。近藤特務機関がどこかに秘かに呼び出して謀殺、一切を伏せた。その方がリアリティがある。

見かけなくなった新見を芹沢が、どうしたのかと近藤に訊く。

「女のところでは……新見もなかなかスミに置けませんな」

2、3日してまた訊く。

「はて、女子《おなご》と駆け落ちでも」

芹沢は、不信感をつのらせるが、年頃の若者、そんなこともあるかもしれないと疑念を薄める。そんな風景が頭をよぎる。

子母澤寛の『新選組始末記』には10月25日、芹沢の部下、田中伊織が近藤に斬殺されたと書かれている。これは事実だと思う。『新撰組』の状況からして自然であり、抹殺の理由が10月28日深夜に起こった、大異変と直結しているのだ。

新撰組筆頭、芹沢鴨暗殺！

一般には大酒をくらって妾と泥酔、寝込んだところを襲われたとなっている。一緒にいた芹沢の妾、お梅、芹沢の家来、（水戸藩）の平山五郎までもが、同時に斬られた悲惨な事件だ。

血まみれの布団。転がる三つの首。一度見たらトラウマものだ。

近藤勇は何食わぬ顔で調査に3日間を費やし、長州の仕業だと発表する。そうしておいて、平然と盛大な葬儀を行ったのは、殺害4日後のことだった。

しかし今となっては、芹沢暗殺の黒幕は近藤勇。実行犯は土方、山南、沖田、原田。会津の命令でやったという説が広がりつつある。これは明治、大正、昭和と、少しずつあきらかになってきた真実だが、それでも粛清の理由の方はまだ芹沢の乱暴狼藉で片付けている。

後世伝わっている芹沢の大暴れは、桁外れだ。力士が道を譲らなかったからといって叩き切る。悪口を言ったからといって、水口《みなくち》藩（滋賀県）を脅迫、さんざん締め上げて詫び証文を取った挙句、和解の場で大酒を食らって暴れる。

しかしほんとうだろうか？　誇張はないだろうか？　そこをしっかり見極めなければ新撰組を見誤る。

かりにも芹沢は会津藩支配下、新撰組筆頭だ。

当時の資料には「壬生浪士組」ではなく「芹沢浪士組」という記述などもあって、周りの認識は浪士組＝芹沢だ。

その大物代表を暗殺しようというのだから、下にいる近藤の独断ではできない。会津公じきじきの命でなければ辻褄《つじつま》が合わない。

芸妓が交際を拒否したので、友人の芸妓ともども髪の毛をつかんで丸坊主にした。その狼藉を見かねた会津公が抹殺《まっさつ》の断をくだした、などというチンケな話を持ってくるしまつだ。

時代は幕末。人間差別、男尊女卑、人買い、拷問、切り捨て御免……不正義、不平等のテンコ盛り、商売女の二人や三人にヤキを入れたところで、天下の会津公がじきじきに乗り出して、いやしくも会津公直参「新撰組」トップの命を奪うわけがない。

隠されたなにかが他にある。芹沢一派を抹殺しなければならなかった大きな理由だ。思い出していただきたい。「大和屋放火」は近藤でなく芹沢にやらせている。ここに芹沢暗殺の理由が見えている。

では芹沢の正体を探ってみよう。

黄門様の「南朝天皇正統論」

芹沢の写真はない。似顔絵すらない。それなのにイメージとは怖いもので、なぜか頭の中では朝青龍《あさしょうりゅう》の肉体に、映画『仁義なき戦い』の成田三樹夫《なりたみきお》の顔が一人歩きしている。傍若無人の変態野郎。気にくわなければ鉄扇を振り回し、大酒をくらって暴れるナルシストの酒乱男。やっていることはカネの無心と、女郎屋への入り浸り。腕も立つが弁も立つから始末が悪い。そのうえ後ろ盾は会津だ。なにかあるとすぐに「そっちが、やるゆうんなら、こっちも行くけんのう」などと上からの睨《ね》め付けキャラ。

で、興味をもって調べた。芹沢は偽名なのでヒットなし。それでも、あっさりとある男に行き着く。

水戸藩士、下村嗣次《つぐじ》。

尾張徳川、紀州徳川、徳川御三家の一つ、水戸徳川である。そんじょそこらの大名とは違って別格の名門だ。

家柄だけではない。尊皇攘夷、討幕運動誕生の聖地でもある。

「徳川三兄弟なのに討幕？　なぜ水戸が身内の徳川幕府に反対なの？　なんで？」

初歩的な疑問は正しい。ここの根っこが理解できないと、幕末史が最後までなにがなんだか分からなくなる。

いつの世にも、付いて回るのは権力争いだ。

将軍継承でムカついていたのは水戸黄門こと、水戸藩主徳川光圀《みつくに》（１６２８〜１７００）。天下の副将軍こと、永遠のナンバー２。これが気に喰わない。

徳川光圀
一番になりたかった天下の副将軍。ついでに天下の偽史『大日本史』を創作し、真の歴史を葬った男

「２番が、なぜ、ダメなんですか？」と言われても、ダメなものはダメだ。

「俺は、将軍になりたい！」

執着心で凝り固まっているトップは、部下をムリやり引きずるから、さぞ大迷惑であったに違いない。１番になりたい男水戸黄門がキレた。御三家筆頭、尾張徳川に嚙み付く。

「なんで、おまえんとこだけなんだよ。

将軍職は、徳川三兄弟の持ち回りだろ！」

と爆発！、しかし上座《かみざ》に向かって、なんどもしつこく言えないから遠回しの作戦を練った。

「将軍より天皇の方が偉い。したがって将軍をだれにするかの決定権は天皇にある」

と言い始めたのである。この言い分が通れば、天皇を操ったモン勝ちだ。

天皇に「マロは、水戸藩主を次の将軍にするでおじゃる」と言ってもらうだけでいい。

ようするに「玉を囲え」ば天下人になれるシステムで押しまくったである。

当然、尾張からは「300年以上武断《ぶだん》政治だろ。なんでいまさら将軍より女子《おなご》のような天皇が偉いんだ？　納豆の食い過ぎで、『武家政治』と『力学』いうもんが理解できんのかね」

という反論を食らう。問われた方は、「なぜ？　それはだな」と説明義務が生じる。

口で長々と説明するより、活字の方が真実味がある。威厳と重みがだんぜん違う。嘘でもブ厚い書物にすれば真実になってしまうのだから不思議なもので、いかに天皇が由緒正しいかを指し示す、本の編纂《へんさん》に着手した。

それが、かの有名な水戸藩の『大日本史』だ。全397巻226冊、編纂《へんさん》期間なんと2

５０年にのぼるが、核になる「本記」「列伝」は黄門様の存命中に仕上がっている。

諸国漫遊は真っ赤な嘘だが、朝廷（宮内庁）にとっては、これぞ黄門様の「偉業」だ。

長いこと編纂しているうちに、水戸藩と朝廷との折り合いも変化する。縁組をしたり、しなかったり、よくなったり、悪くなったり、むろん朝廷もバカじゃないから足元を見て賄賂《わいろ》のアップを要求したり、突き放したりでその時々距離感はまちまち。幕府も手をこまねいていたわけではなく、ボーナスを弾んで朝廷をぐっと引き寄せ、水戸に加担するな！と黙らせたこともあった。

水戸藩は、右左《みぎひだり》とシーソーのようにブレまくる朝廷にキレて一発かます。

正統なのは後醍醐天皇系南朝天皇だ。あんたらのような北朝天皇は正統ではない。いや、むしろ不当だ、徳川の祖は南朝武将新田義貞《にったよしさだ》を支えていたんだぜ！　と、ぶっとい釘を一本刺しておいたのである。

「京都だって、安泰じゃない。ワシの協力がないと南朝の血を引く人物を押し立て、全国に散っている旧南朝勢力を結集し、北朝からひっくり返すぞ」

というわけで、『大日本史』の中に「南朝天皇正統論」という爆弾を仕込んでおいたのである。

熊沢天皇
マッカーサーがこのおじさんを選んでいたら、日本人はこの人に頭を下げなければいけなかった

ここを間違えないでいただきたい。

水戸学の尊皇とは、北朝天皇に対してではない。南朝天皇に対するものだ。すなわち南北朝時代（１３３６〜９２）以後の天皇＝北朝天皇はぜんぶまがいもののモグリだ、というのが、水戸学だ。

なぜ水戸藩が現天皇を否定し、南朝天皇を正統だと言い張ったのかは、今述べた朝廷に対する牽制のほかに、水戸の領地に、ひっそりと南朝天皇の末裔《まつえい》を囲っていた「熊沢《くまざわ》天皇」（熊沢寛道《ひろみち》）の存在があった。

第二次世界大戦敗戦直後の１９４６年、熊沢は「南朝奉戴国民同盟」を結成、南朝の血を引く自分こそ正統であることを説き、昭和天皇に討論会を突きつけ、裁判まで起こしている。

シナ人朱舜水が創った『大日本史』

権力あるところに、争いありだ。

おさらいすると日本で北と南、二人の天皇が戦ったのが南北朝時代。で、武力で勝ったのが北朝天皇。負けた南朝天皇の、20名を超えるだろうと目される子孫は、旧南朝勢力の武将たちがそれぞれの国元に持ち帰り、密かに囲った。再び戦乱の世がやって来て、チャンスがあれば、この隠し「玉」を擁立し、天下取りに名乗り出るためだ。

ところが、腕力がものを言う戦国時代となる。マッチョでキリシタンのイエズスと共闘した織田信長が登場してから価値観はすっかり変わって、天皇は最安値の記録更新、地を這うほどに低くなる。

リーマン・ショックよりすごい信長ショック。このバテレン大好き天下人が寺社仏閣をぶち壊し、教会を建て、キリシタン大名がハバを利かせる世にすっかり塗り替えてしまったのである。

神社？　寺？　天皇？　ダサイ！

武将たちの南朝天皇の子孫に対する寵愛は薄れ、忘れ去られていったのである。それをゾンビのように復活させたのが、秘密裏に南朝天皇をねばり強くかかえていた水戸藩、そして別の南朝系子孫を温存していた長州藩である。

「大日本史」編纂のきっかけは、「明《みん》」の日本亡命儒学者、朱舜水《しゅしゅんすい》（1600～82）だ。「明」末期、そして「清」の初期、多くのシナ人学者が日本に逃げてきたのだが、彼は、自分を匿《かくま》い、もてなした水戸黄門に恩義《おんぎ》を感じ、江戸幕府に一矢報《いっしむく》いたいという黄門に知恵を付けた。

「はい、はい、協力するあるよ。日本人すぐケンカする。これダメ。まずは自分の立場を強くするね。そのためのイー、アル、サンは歴史よ。まず歴史を味方につけるあるね」

と強く説く。意味が分からないという黄門様。

「歴史で、ヨの立場を強化？」

朱は歴代の皇帝が使っているチャイナの技法をくわしく語った。

ユーラシア大陸東部で天下を取った「夏《か》」「殷《いん》（商《しょう》）」「周《しゅう》」「秦《しん》」……これらはすべて異民族の国々だ。言葉も違えば風俗もまったく違う。しかし、後に続く皇帝は『正史』を作って、あたかも一本筋に連なった一つの大国に見えるようにし、そのライン上に自分を置いて正当性を強化して見せたのである。これが歴史の偽造だ。

たとえばヨーロッパを想像して欲しい。フランス、ドイツ、オーストリア、イタリア、チェコ……と多くの民族がそれぞれ国を作ってきたが、それをまとめてユーロという一つの国にくくり、ずっと昔から単一国家だったと言っているようなものである。

むろん血脈まではつなげられない。チャイナは昔から文字が発達し、それぞれの小国でさえ記録本が整えられている。それらの本には、戦って相手の王の首を取ったことを自慢げに書いたり、蛮《ばん》族を滅ぼし、新しい国家をうち立てたなどと記してしまっているので、血脈は偽《いつわ》れない。

それで、血はつながっていないけれど、できるだけ前皇帝から、由緒正しく地位を譲られた正統なる皇帝であるという演出をほどこしたのである。ほんとうは殺して奪ったり、他にも強国が存在しているのにもかかわらず、「不連続の連続」などとわけの分からないことで煙にまき、連綿と続く偉大なる前皇帝からのバトンタッチを装っている。

「正史」は支配権の補強ツールだ。なんでも書ける。ウソであろうが一たび活字になり、国書となって国会図書館の奥にデンとおさまると不思議なもので、それが事実となって御用学者がぞろぞろとそれにぶらさがって、鉄板史にしてくれるのである。

藤田東湖
水戸学の『大日本史』を崇拝し、尊皇攘夷の屋台骨を作ったのに、自分は地震で家の屋台骨が倒れて事故死

朱瞬水は、水戸藩に大胆なデタラメをすすめた。

日本は文字が遅れていたので、昔の記録は極端に少なく、ならば『日本書紀』『古事記』に合わせる。この2冊だって大陸からやってきた勢力が正統性を主張するため、あちらの『三国志』を参考に「もっともらしい嘘」、「とんでもない嘘」「真っ赤な嘘」の三つで固めたファンタジーであり、神と直結させた神武天皇をデッチあげ、根拠もないのに歴代の天皇を作り出し、虚飾し、血脈までもつなげてしまっているのだが、『大日本史』はさらに大はばに加筆訂正をほどこし、よりパーフェクトな皇国史に仕上げたのである。

こうして「万世一系」の『大日本史』は、幕末ごろにほぼ完成、多くの古墳を大きく立派に改築した。

芹沢鴨は討幕の闘士だった

念を押すが、『大日本史』は徳川御三家の主導権争いに勝つためのツールとして考案した南朝崇拝の水戸藩の本だ。したがって日本の歴史をこれに頼ると、彼らの見せたい仮想世界、そうであると思わせたい仮想世界に首までどっぷりとハマって、まともに考えられなくなる。

実際それから150年以上たった今でも、明の朱舜水がプロデュースした騙しの「水戸学」が、現代の記憶人間の脳にしみて象徴天皇の礎《いしずえ》となっているのは、ご存知のとおりだ。

権力闘争、政治闘争……あらゆる闘争の基本は、政敵を論破することからはじまる。なぜなら人間には、論理的に正しいものを支持する本能が備わっているからだが、そのための論理付けは、体系的であればあるほどパワーを増す。これができなければ支配権の確立は弱い。まずは大衆の頭脳を支配し、次に身体を支配する。

ヒトラーのアーリア人優性論、マルクスの共産主義、毛沢東理論……できる限り矛盾点が少なく、もっともらしければらしいほど、仮想世界はリアルになり、支配力は強くなる。

幕末、全国のアンチ幕府グループが飛びついたのが、この「大日本史」水戸学だった。デタラメでもなんでも役に立つ神話、都合のよい古墳解釈、捏造《ねつぞう》資料で固める。「幕府否定」の理論的厚みが違った。コレラをやっつけるのにペストを持ってきたようなものだが、反幕メンタリティが皇国メンタリティに変化、わざわざ足を運び、水戸学の父、藤田《ふじた》東湖《とうこ》（1806〜55）の元を訪ねた志士は多い。分かっているだけで西郷隆盛、佐久間《さくま》象山《しょうざん》、横井小楠《よこいしょうなん》、橋本左内《はしもとさない》……資料によればなんと土佐藩の大殿、山内容堂《やまうちようどう》までもが面会している。行ったが会えなかった不運な人物がいた。やっぱりアン・ラッキーな吉田松陰だ。

水戸藩は討幕の先駆けとなっていたのである。幕府の官房長官ともいうべき井伊直弼をテロった（桜田門外の変）のは水戸藩だ。本来なら幕末維新を主導して、そのまま行けば、明治新政府から勲章をいっぱいもらえるはずだった。が、内部抗争が勃発して幕末以前に残念な失速。納豆侍なのにとことんネバリがなかった。

芹沢鴨（下村嗣次）の正体は、こうした水戸藩の特殊性が分かると、すんなりと理解できるはずだ。

次のシンプルで、さらに歴史観が180度ひっくり返る水戸藩の（倒幕に絡む）大騒動事件を読んで、もう一度頭の中を整理していただきたい。

天皇が出した井伊直弼処刑命令

驚きの『戊午《ぼご》の密勅《みっちょく》』

聞きなれないタイトルかもしれない。「密勅」とは、天皇が出した秘密命令だ。そんなことは知ってるって？　失礼しました。「戊午《ぼご》」はその年（1858）の干支《えと》が「戊午」、すなわち午年《うまどし》ということ。それも存じあげている？　はい、すみません。

井伊直弼
豪胆、頭脳明晰、実行力ありの剛腕チャカポン。テロには弱かった

とどのつまりが『戊午の密勅』とは「午年に出された天皇の秘密命令」というほどの意味。極秘命令は9月14日、水戸藩、京都藩邸に届いている。藩邸は蛤《はまぐり》御門の真ん前だから「御所」から1分。それからが超高速だ。不眠不休の早馬で、1週間後の22日深夜には国元の第10代水戸藩主徳川慶篤《よしあつ》（1832〜68）の手に渡っている。内容が驚愕《きょうがく》の一語。

〈開国、断固反対！〉

これは理解できる。驚くのは次だ。日米修好通商条約を調印した大老、井伊直弼（1815～60）を処分せよというのである。天皇による幕府筆頭の処刑命令。幕府を通さない、頭越しの指図《さしず》である。

中身はさておき、そもそもこれは明確なルール違反で、幕府を否定するものだ。これがどれだけ大事かというと、荒っぽいたとえだが、天皇が直接、自民党幹事長に官房長官の処刑を命じたくらいのインパクトだ。しかも、ほかの諸侯、つまり大臣や知事にも、この命令文のコピーを発信しろと強制している。腰を抜かした水戸幹部、処理を巡って内紛が勃発する。選択肢は二つ。

□ 受理する
□ 突き返す

水戸学は、たとえ北朝天皇であっても朝廷崇拝者だ。その命令書は無視できない。しかし処刑の相手が最悪だ。歩けば今やバサバサと飛ぶ鳥が落ちてくる大老、井伊直弼。堂々の譜代大名筆頭、彦根藩35万石の殿様である。

あだ名はチャカポン。趣味が茶《ちゃ》と歌《か》と能。最後のポンは能の鼓《つづみ》の音だが、チャカポンだけは敵に回したくはない。名君の誉《ほま》れ高く、そのうえ意思と精神力の強さは抜群である。

板挟みになった水戸藩では、命令を遂行すべきだとする尊王派と、天皇に送り返せという幕府派とで、バトルが勃発した。

水戸藩
　尊皇派〈天狗党〉――受理する
　VS
　幕府派――――――突き返す

幹部は、内輪モメの発覚を恐れた。で、なにをしたかというと、ポーカーフェイスで別にニセの「密勅」を用意したのである。災いをもたらすホンモノから、スッパリと問題の部分を削除、つまり恐怖の井伊直弼処刑を削り、しかも差出人は天皇ではなく、公家の連名とした。

これが現在残っている「戊午の密勅」だ。本物はすべて破棄したので実物は残っていないとされているが、私もこの説を支持する。

なぜそう主張するかというと、現存する「密勅」の中身だ。

読めば一目瞭然だ。「公武合体に協力して欲しい」というだけの、屁《へ》のような文面。そんなものをわざわざ「密勅」にする必要がないではないか。また受け取った水戸藩だってそんなユルい内容なら、パニックにならない。

ではどういう密勅ならば、藩論がまっぷたつに割れ、殺し合いにまで発展するだろうか。噂通り「討幕」しかない。だからこそ天皇は「密勅」にし、水戸は大騒動になったのである。

お分かりであろうか？

それに呼応したのが情熱の天狗党。夢は討幕！　ただそれだけで、それ以後のビジョンはよく分からないが、今は亡き水戸学の父、藤田東湖（地震の家倒壊事故で死亡）の4男、藤田小四郎（1842〜65）がリーダーだ。「戊午の密勅」は、親の七光りがさんぜんと輝く17歳の藤田小四郎以下天狗党と三条白マメ朝廷がタッグを組み、暗躍した成果だと、考えるのが自然である。

水戸の「天狗党」。このニック・ネームには、下層武士のくせに朝廷をバックにつけ、鼻高々の天狗になっている、という侮蔑《ぶべつ》が込められている。動きは活発だった。資料をあされば、清河八郎の浪士組による横浜襲撃や江戸蜂起の背後にも天狗党がいた。

安政の大獄はクーデターの鎮圧

ホンモノの「密勅」を入手した井伊直弼の怒りが爆発した。

「なに！　このオレ様を殺せだと？」

復讐が正義だった時代。怒髪天《どはってん》を衝《つ》くものの、全国的に尊皇攘夷運動が盛り上がっている手前、正面切って天皇を処罰することはできない。

そこで水戸藩をいじめた。

「密勅は、おまえたちが天皇の名を騙《かた》って偽装したのだな。腹を切れ！」

「滅相もございません。手前どもも戸惑っているのですが、しかし密勅は巷間《こうかん》言われているような過激なものではなく、公武合体でうまく乗り切りましょうという、なんといいましょうか、幕府応援文でありまして……これがその……」

と汗をかきながら手直し密勅を出すも、「そんな子供騙しが通用するか！」と一蹴《いっしゅう》。調査を開始。すると震源地は水戸であるものの、他藩に渡るハバ広い陰謀が浮上。井伊はキレまくって水戸藩家老を切腹、吉田松陰（長州藩）、鵜飼吉左衛門《うかいきちざえもん》（水戸藩京都留守居役）、橋本左内《はしもとさない》（福井藩）など関係者の斬首、遠島、獄門というきびしい処分をほどこした。

これが世にいう「安政《あんせい》の大獄《たいごく》」だ。

したがって、井伊直弼が突然、狂暴性を発揮したのではなく、幕府側にしてみれば武力クーデターを未然に防ぐ正当といえば正当な、まっとうといえばあまりにもまっとうな防衛措置だった。

タイトルをつけるとするなら「安政の大獄」ではなく、「朝廷クーデター摘発事件」ではなかろうか。

だが明治政府の貼り付けたタイトルは「安政の大獄」。「大獄」というおどろおどろしい二文字を当て込み、その結果、井伊大老というイカレた老人が良識ある武士を見境なく殺した、という180度ひっくり返った仮想世界が世に定着した。こうして歴史の真実がねじ曲げられるのだが、古今東西、支配者は、「大獄」など常に「漢字タイトル」によるイメージ操作を怠《おこた》らない。

話がそれたが、我が藩への「密勅」を朝廷に返すな！　天皇の命令通り井伊直弼を処刑し、討幕を実行しろ！　と騒いだ水戸藩天狗党の一人が下村嗣次、芹沢鴨の正体である。

1863年早々、この内紛で獄中にいた下村と新家（新見とみられる）が、釈放されるのだが、このタイミングに注目すれば、例の清河八郎が、「浪士組」リクルートで水戸に滞在時期とぴたりと符合する。これは偶然ではない。

思い出して欲しいのは「浪士組」の特典だ。

〈一切の罪を赦免する〉

そう、天狗党救済のために、清河はこの条項をゆずることなく、幕府開明派の大物松平春嶽を動かし、呑ませていたのである。かくして下村は晴れて無罪出獄となり、新しい名前、「芹沢鴨」となり、彼のグループがそっくり入隊した。

「浪士組」内の芹沢一派を見てみよう。

新見　錦（1836〜63?　水戸藩）

平山五郎（1829～63　水戸藩？）
平間重助（1824～?　水戸藩？）
野口健司（1843～64　水戸藩）

全員が尊皇攘夷派の聖地、水戸だ。天狗党員とみていい。「浪士組」に入隊し、清河の指示で京都残留で「壬生浪士組」となり、そのまま「新撰組」にスライド。

「ミブロ」の屯所には『尽忠報国《じんちゅうほうこく》』が掲げられていた。国に忠誠を尽くし、国の恩に報いるという意味の四文字は芹沢のお気に入りの言葉で、鉄扇に彫りこみ、いつも離さず持ち歩いていたが、後の明治革命「王政復古の大号令」の文に含まれることとなる。

将軍家茂が公言した攘夷戦の期限は1863年6月25日。しかし幕府は腰を上げない。

優柔不断にイラだった芹沢は7月10日、一日も早い実行を！　と会津公に直訴している。将軍が攘夷戦を口にしたからには、だれハバカることなく言えるとふんだ芹沢は、会津にネジ込んだわけだが、ようするに、なにを言いたいかというと「ミブロ」の正体は、天狗党そのままを引きずる芹沢の尊皇攘夷組織だったということだ。

ところが近藤の本心は違う。京都に来てからは会津一辺倒。なにがなんでも会津だ。まちがった忠義であろうとなかろうと、会津の傭兵としてゆるぎないものがある。そういう男だ。

それに気づかない芹沢。近藤の演技もたいしたもので、局長芹沢に迎合し、「むろん我々は尊皇攘夷でなければなりませんね、局長」などと甘ったるく振る舞っているものだから、疑いつつも、なんとなく気を許していた。そこで重大なミスを犯したのである。

近年の発見、驚愕の有栖川宮日記

最近発見された新事実だ。幕末史をひっくりかえす世紀の大スクープといって差し支えない。１８６３年10月25日、芹沢が、有栖川宮熾仁《たるひと》邸を訪れていたのである。宮内庁所蔵の有栖川宮熾仁（１８３５〜９５）の日記にこう記されている。

〈事前の連絡もなく、芹沢が15名の浪士を率いて、有栖川邸を訪れた〉

芹沢がばたっと畳に伏し、余裕漂う雰囲気ではっきりとこう述べる。

「親王に、お仕え申し上げます」

芹沢は、自分が仕えているのは幕府ではない。天皇でもない。目の前の親皇、あなただ、と熾仁に告白したのだ。目を丸くする28歳の有栖川宮熾仁。

それでは熾仁とは、どういう思想の持ち主であろうか？

私の『幕末 戦慄の絆』（祥伝社文庫）に目を通した読者は、三条白マメに踊らされた哀れな生涯を思い出していただきたい。読んでない人のためにさっと述べる。

孝明の妹、和宮《かずのみや》の許嫁《いいなずけ》だ。公武合体政策をムリやり進める連中に、愛《いと》しの和ちゃんを横取りされたので幼心はズタズタに傷付き、将軍家茂を憎んだ。そしてもう一人恨む相手がいた。己の攘夷欲のために、嫌がる和宮を自分からひっぺがして江戸に叩き売った孝明。胸糞悪《むなくそ》い二人。深く傷ついた人間に迷いはない。その反動で、すっかり反家茂、反孝明の三条白マメに傾倒し、長州と一心同体となっていた。

だからこそ、1863年の夏、「クーデター」直前の16日に、実権を握っていた白マメが、熾仁を西国鎮撫使に任命したのだ。成功していたら今度は官軍総督として、江戸に進軍していたはずだった。実際、戊辰戦争でも同じポジション、東征大総督となって軍を率いている。

明治になっても使い勝手がいいので重宝された。で、あっさり用済み……自分にかかわったすべてに不信感を抱く人生を歩まされて、死亡（おそらく自殺）。有栖川宮家は南麻布の有栖川公園だけを残し、あとかたもなくこの世から消去されたのである。

熾仁は本来なら、「逆クーデター」で白マメたちと一緒に京都を叩き出され、「七卿落ち」ではなく「八卿落ち」になっているところだった。

ところが残った。なぜか？

「逆クーデター」の時、「御所」にいなかったからという説が定着しているようだ。しかしそうではなく、血脈が大いに関係していると思う。

つまり、嫌疑をかけられるものの、和宮の一件で貸しを作っていた孝明の意向もあって、限りなくグレーだが、今回だけはいいだろうということで、首の皮一枚でつながったかっこうだ。

騒動が一段落し、「クーデター」の全容が次第に明らかになってくる。熾仁の関与を疑った会津は、熾仁を危険分子としてマークした。

もはやドン詰まりのデッドゾーン。甘いひと時は終わった。資料からは、追いつめられた熾仁が江戸脱走を計画。憎き将軍と天皇相手に戦う以外に手はない、と死を覚悟して密かに動く様子が読み解ける。

憔悴《しょうすい》の熾仁。

そこに「新撰組」のボス、芹沢が訪ねてきたのである。目を丸くする熾仁。なにせ、大和屋放火で、「クーデター」をぶち壊した相手である。その芹沢が、15名も引き連れているのだ。

何ごとかと身構えると、味方だと告白した。

「大和屋放火は会津の命令でやらされたこと。拒否すれば我々が疑われる、その代わり、我々のクーデター計画が敵に洩れていることを長州側に伝えております」

「おお、それで中止に……」

芹沢は、熾仁と会うことで危険が及ぶことをあまり察していない。ずいぶんワキの甘い動きだが、それだけ泳がされていたのである。泣いて喜ぶ熾仁。熾仁の方も日記に書くことが危いことだ、というリスク・マネジメントが欠落しており、あまりのうれしさについ書いてしまっている。

芹沢は、熾仁が我々三条白マメ派だという情報は摑んでいた。そこで、芹沢は励《はげ》ましの接触を決行すべきだと判断したのである。

グラバー、フルベッキの暗躍と芹沢鴨の暗殺（1863年）

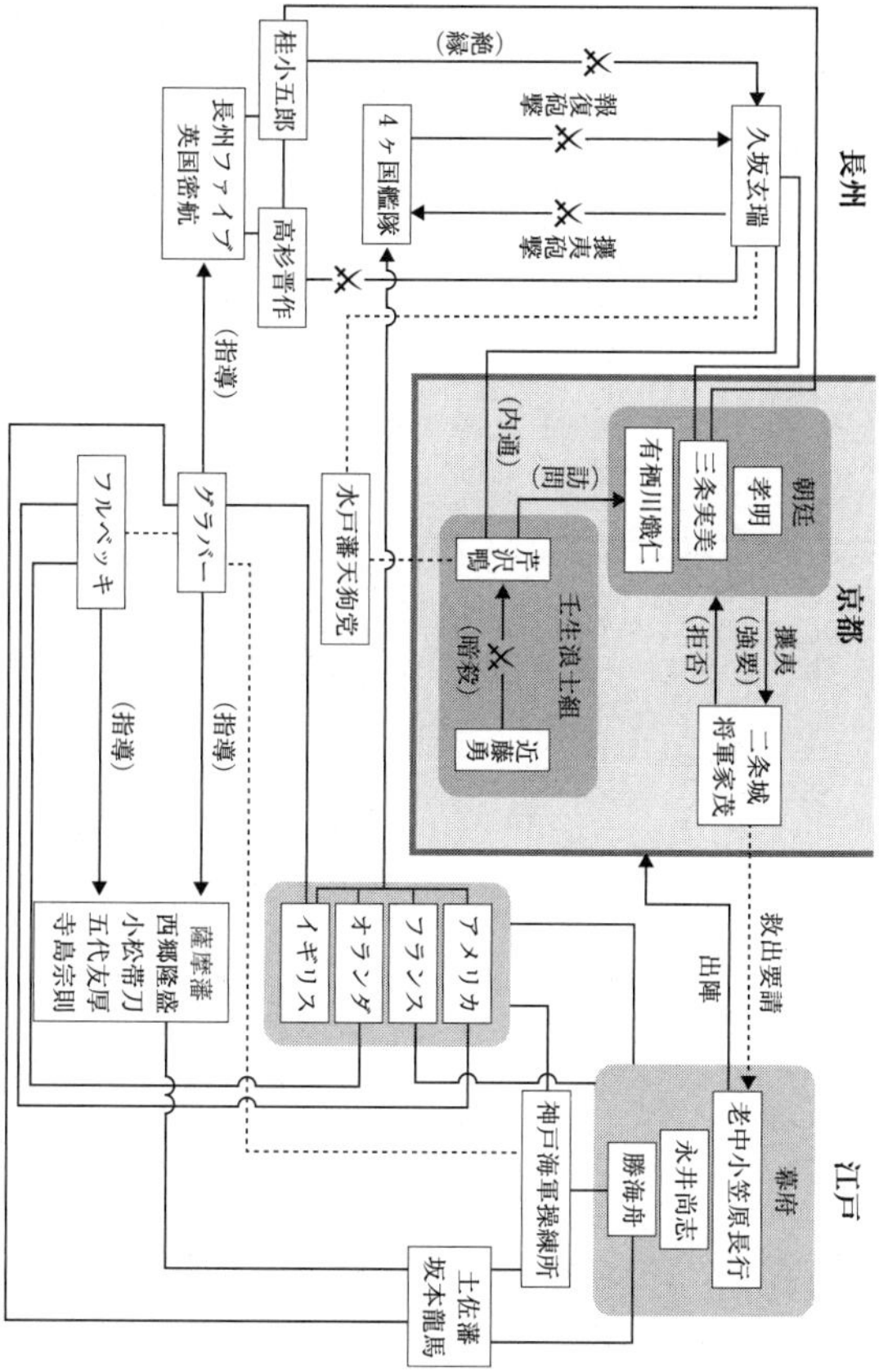

会津の耳に、熾仁、芹沢密会情報が入った。

そもそも「長州クーデター」計画をキャッチし、その件で芹沢に罠を仕掛けたのは会津だ。

京都守護職は芹沢を呼びつけ、しれっとした顔でいい渡す。

「局長、なにやら空気が騒がしい。大和屋がネズミどもの資金源になっている。第二、第三の大和屋が出ないよう、京都の夜空に盛大なる花火を打ち上げてもらいたい」

「御意《ぎょい》」

芹沢は、この情報を長州に漏らす。

「すべてはバレている」

情報はアクセス・ポイントからアクセス・ポイントへと流れてゆく。大物を釣り上げようと目を光らせる会津と近藤。陰謀の迷宮に隠れていた三条お白マメを含む7名の公家を特定。で、「逆クーデター」を策し、追放したのである。

孤立を深め、追いつめられる熾仁。そこにワイルドな芹沢が登場した。

「新撰組」が熾仁の手足になるという前代未聞のオファー。それを察知する会津。もう充分である。とんでもない情報をキャッチした近藤と会津は「芹沢泳がせ作戦」を終わりにした。

10月28日、芹沢は罠に落ちた。大好きな酒をすすめられて前後不覚になったのである。常套手段の騙し討ち。夢にもよらなかった。まったく疑っていなかったようである。あるいは自分の力量に酔い、近藤など取るにたらないヒヨっ子だと侮《あなど》り、背中を見せるな、という「狼の巣」のルールを忘れていたかもしれない。それほど近藤は、芹沢をもてなし、完璧な演技を続けていたともいえる。

過信は死に直結する。芹沢は剛腕だが、自分の命を守るには、鼻が利かなさすぎた。胴と頭が離れた死体。この時同じ水戸の平山が共に殺されている。一緒にいた水戸藩の平間はかろうじて逃走、10日前に殺された新見を含め、元天狗党、水戸グループが壊滅した。

しかし芹沢の仲間、シンパはまだどこかにいるし、うっかり犯行声明を出すと、熾仁を刺激する。ギリギリの状態であるからして近藤は素知らぬ顔を決め込み、ただひたすら長州のしわざになすりつけ11月１日、壬生寺で盛大な葬儀を行ったのである。

第4章　幕末を支配した英国情報網

生まれ変わる「新撰組」

近藤と会津は、早い段階からの秘密パートナー。近藤は機転のきく、器用な男で、めざましい勢いでノウハウを蓄積した。

龍馬が世界の音楽を取り入れるアレンジャーならば、西郷隆盛はバンド・マスターかもしれない。では、近藤勇はなんだろう。相手に合わせて即興的に演じられるジャムセッションの名手といったところだ。

「浪士組」の清河本隊は江戸に帰った。なんども言うが、けんか別れではない。清河は「浪士組京都部隊」という置き土産のすべてを同志的家来、芹沢に託した。

江戸と京都に存在した、清河の二つの「民兵」である。

ところが江戸には、腕利きの刺客、佐々木只三郎が、京都には忍耐強い演技派の近藤勇がぴたりと張りついていた。両名は、「浪士組」結成、わずか半年あまりで江戸と京都で2人のリーダーを殺害、みごと目的を達成したのである。

幕府主流派の作戦が勝《まさ》り、清河、芹沢が劣っていたのだ。

なお佐々木只三郎は、江戸赤羽橋で清河を暗殺した後、京都に入った。働きを認められ、会津藩の指令により「京都見廻組」を立ちあげている。

佐々木只三郎の名は他の件で有名だ。龍馬暗殺団のリーダーである。歴史界にまことしやかに流布している説だが、100％ありえない。京都見廻組の下っ端、今井信郎《いまいのぶお》（1841～1918）の駄ボラに歴史愛好家がころっと騙され、食いついただけである。

詳しくは私が制作監督した映画『龍馬裁判』（DVD）をご覧あれ。

同床異夢を胸に秘め、芹沢を葬った近藤勇。その夜、赤ん坊のように眠った。ここから会津との蜜月がはじまることになる。

出世欲、物欲、性欲、復讐欲……どんな欲でも叶えてくれる夢の「新撰組」。もはやライバルは存在しない。

隊員たちには、かつてのボス、芹沢への未練をきっぱりと捨てるように仕向けた。てっとり早いのは芹沢の悪評である。粗暴、気まぐれ、大酒呑み、残虐で女好き……「ミブロ」時代の汚れ役をふくらませてぜんぶ押し付ける。

で、芹沢グループの隠れ残党は、ゆっくりと始末する。

近藤はこれまで、主義を持ったことはなかった。主義を持たないことでのし上がってきた男だ。

しかし1863年、11月20日。「新撰組」を独り占めにした近藤ははじめて「主義」を持つ。いや口に出した。祇園の一力亭で開かれた、現代風にいえば、大名の京都支店長会議である。京都は最重要拠点だから、全国の藩から選り抜《ぬ》きの支店長が集まっていた。

そこで意外な能力を見せつける近藤。様子見の支店長たちをしり目に、持論の公武合体論を熱く語ったのである。新撰組局長近藤勇、ここにあり！

堂々のデビュー。ド迫力の声と目力。分析力、洞察力は素晴らしかった。響き渡る低音の熱弁。

「何者だ？」

現在の一力亭

その評判は、即、幕府に届いた。

すぐさま反応があった。幕府直々のヘッド・ハンティングだ。夢の幕臣。しかし5日後(25日)、近藤は断りの手紙を出している。

夢を蹴った近藤。会津に気を使ったのか？　それとも傭兵、「新撰組」の居心地のほうがよいと考えたのだろうか。幕府の規則に縛られず、強奪はやり放題だし、酒も呑み放題だし、女は抱き放題、これほど欲を叶えてくれる居場所はない。

「二心殿」

ブレまくりの江戸城では、開明的な一橋派が巻き返し、主導権を握りつつあった。「逆クーデター」で、うっとうしい長州を京都から叩き出したのを機に、参与会議を結成。前を見つめて政治改革に踏み出す。

メンバーは四賢侯と呼ばれる面々のうち薩摩の島津久光を除く3名、越前の松平春嶽、土佐の山内容堂、宇和島の伊達《だて》宗城《むねなり》。それに彼らが推す一橋家の将軍後見職、徳川慶喜だ。

全員が開明進歩派の重鎮。これで開国の方向に歩きはじめた。

年が変わって1864年の年明けそうそう、開国の具体化に向け、「参与会議」を開く。慶喜＋四賢侯。幕府の番犬、会津の松平容保も加わったが、全員が開国に前向きだった。

ところがだ。デカイ落雷が会議の真っ最中に落ちたのである。なにがどうなったらそうなるのか、開国賛成だった慶喜が、突然変心し、鎖国を主張、会議を奈落の底に突き落としたのである。これでおジャン。

この男の本心は、朝廷にあるのか幕府なのか、はたまた鎖国なのか開国なのか、さっぱり読めない。陰では、唐の儀式の正殿『紫宸殿《ししんでん》』をもじって『二心殿』とうんざり顔で呼ばれていたが、まったく前代未聞の理解不能男だ。アダ名がもう一つあった。

「ねじあげの酒呑み」

どういう意味かというと、好きなくせに、呑め呑めと、なんどもすすめないと酒に手を出さない。で、相手がほんとうに呑みたくないのかと、引っこめると突然機嫌が悪くなるという手に負えない酒呑みのことだ。

自分の言葉になんら責任を持たず、変節を恥とも思わないタチの悪い男なのだが、こんな男を将軍後見職、その後将軍にしてしまった幕府の不幸は、この時すでにはじまっていた。

開国を潰された土佐の山内容堂は、ブチ切れて即刻帰省。松平春嶽、伊達宗城もあきれて辞職。ついに全員が辞表を叩きつけて「参与会議」はわずかふた月で空中分解、開国の夢はあっという間に崩れ去った。忠誠を誓う価値などない慶喜に忠誠を誓った者たちが、地獄の渦に呑まれてゆくことになるのは四年後である。

隠された池田屋事件の真相

さて、新撰組である。

2月、ボンボンの家茂が再び関西出張。現地到着後、SPの大役を仰せつかったのはやはり新撰組である。シンボルの隊旗、「誠」の一文字を大きく染め抜いた縦長の旗が、寒風にパタパタとはためいている。周囲にガンを飛ばし、もはやスター気取りだ。今回は、ジャコウの匂い袋まで懐に忍ばせている。

「将軍だぞ、なめんな」

言葉より、見た目をどう表現するか。動乱の世は善良な紳士より、ハデな悪役の方が注目される。

「新撰組は『佐幕』だ。知ってんのか？　佐幕。スタバじゃねえぞ、とうしろうが。『幕』府を補『佐』するってえ業界用語だ、よく覚えておけ」

将軍がなぜ、また京坂に来たかというと、ちゃんとした理由があった。パフォーマンスだ。

昨年、攘夷戦をやると宣言したのに、やらなかった。家来には「武士に二言はない」などといって、しょっちゅう詰め腹を切らせてる関係上このままでは立場がない。それを女房の和宮にチクチク突かれていたのである。

「あーた、しょうがないわね。やらないなら、やりませんと、頭を下げなきゃ将軍としてケジメがつかないじゃないの。このままフェードアウトじゃカッコ悪くて、下々に顔向けできなくってよ」

ということで、義兄の孝明と相談した結果、「ショー」でごまかすことにした。

天皇から「攘夷取りやめ」のお言葉を頂戴する。今ならTVの謝罪会見で済ませられるが、政治宣伝は、大々的な儀式しか手だてのない時代だから、いちいちめんどうくさい。

「諸般の事情により、中止！」

天皇、将軍の「二人舞台」だ。無事、終えた将軍が、江戸に出発した後の6月23日、新撰組が京都で事を起こした。大坂西町奉行与力、内山彦次郎《うちやまひこじろう》を天神橋で暗殺。容疑は長州との内通だ。これは永倉新八の証言だが信用していい。

「逆クーデター」でぶっ飛ばしたのに、戻り長州。革命戦士は、このくらいのねばり腰、ポジティブ・シンキングでなければいけない。が、新撰組の血みどろの拷問で、京都近辺に250名、大坂に500名が潜伏との情報を得る。

我が闘争は「長州壊滅」だからして、「新撰組」の面目躍如たる活劇が、幕を切って落とされたのである。隊列を組んでの市内巡回と偵察、成果は7月8日に出た。

河原町、四条小橋際の道具商、枡屋喜右衛門《ますやきえもん》こと、本名古高俊太郎《ふるたかしゅんたろう》、35歳（1829〜64）を逮捕。大物だった。

なんと京都におけるスパイの大元締めで、長州毛利家と血がつながっており、有栖川宮熾仁との連絡係にもなっていた。表向きは筑前《ちくぜん》藩御用達の道具屋だったから、武士が頻繁に出入りしても怪しまれず、長い間ノーマーク。これまで網にひっかかることはなかった。バタバタと踏み込むと、地下室に武器弾薬、書簡、そして血判状があった。

壬生屯所に連行、得意の拷問で二枚舌をチョン切って、陰謀の全容を吐かせた結果、ゲロった中身は、これまた辻褄の合うものだった。

〈近々、強風の日を選んで御所に放火し、松平容保（会津藩主）を殺害、佐幕派の公家中川宮（朝彦）を幽閉し、孝明天皇を長州に連れ去る〉

ターゲットはまっすぐ孝明だ。長州はあきらめない。

一般の歴史本は、古高が自供した「孝明拉致」は苦し紛れのウソ八百だということで、片づけている。大胆過ぎて頭が付いていかないというより、支配者が放った情報操作にまんまと現代人が洗脳されているのだが、これまでの長州の動きを見れば、古高の自白はさもありなんの想定内だ。

昨年の「クーデター」未遂事件も、目的は孝明連れ出し、長州監禁だ。エビデンスは多くの資料にあり、なにより孝明自身の日記で、「三条は自分を長州に連れて行く気だ」とはっきり述べていることからも明白だ。

「孝明拉致」作戦を手放さない長州。なにがなんでもやりとげる。藩の存続を賭けてもやる。どうあっても「南朝天皇すり替え」を決行する。

あまたどっさりある状況証拠を前にしても、「天皇すり替え」に、違和感を持つ読者が少なからずいる。無理もない。日本人の多くは思考脳人間ではなく、記憶人間だからして、今までの思い込みを覆すのは容易なことではない。これまでの刷り込みを記憶脳からきれいに払拭する作業は、苦痛すら伴うのだ。

天皇など、すり替えられるわけがない。

定説は「癌」に似ている。自覚というものがない。認識するには、ほんとうに「癌」なのか？　と疑って自分の脚で、癌検査に赴く必要がある。認識は、なにものにも勝る薬だ。もっと言えば、認識しただけで改善に向かう体制が整うのだが、記憶脳人間は記憶をなぞるだけだから、１８０度ひっくり返った「認識」が大の苦手なのだ。

それでは次の疑問にどう答えるだろう？　ぜひ思考脳を働かせていただきたい。

長州は尊皇攘夷病にうなされている。狂信的だ。だからこそ孝明が命じた攘夷戦を、ドン・キホーテのように戦ったのである。

ここまではいいだろうか？　クエスチョンは次だ。

ならばそこまで「天皇」を崇拝しているのに、なぜ、作戦A、御所襲撃クーデター失敗（八月十八日の政変）、作戦B、禁門の変（蛤御門の変）と「御所特攻」をくりかえすのか？　なぜ、いやがる天皇を連れだし、なぜ天皇がＳＯＳを発信したのか？　そしてなぜ「御所放火」を目論んだのか？

ほんとうに「尊皇」ならば、そんなことは畏れ多くて、できないはずだ。こうした矛盾を認識していただきたい。

彼らのいう「尊皇」の対象は、不当な北朝の孝明ではないのだ。「尊皇」はあくまでも正統である南朝天皇に対するものだ。

古高の自供は真実である。

「御所に火をかけ、松平容保を殺害、中川宮を幽閉する」

ここまでゲロっているのに、わざわざ「孝明拉致」を自分で捏造して、付け足す理由が古高にはない。したがって「御所放火」も、「会津藩主容保殺害」も、「中川宮幽閉」も、「孝明拉致」もほんとうの話なのである。

仲間の古高逮捕をキャッチした長州。

非常事態だ。集まったのはアジト、池田屋である。夜の9時に古高奪還を議論。だが、今やれば京都の街がひっくりかえるほどの騒動に発展し、本命のドデカい計画（禁門の変）が台無しになる。長州の行く末がかかる大問題だ。古高の命を取るか、長州の運命をとるか？　相手が、いかに大物の古高であっても慎重論に傾きはじめていた。

奇しくも同じ9時、新撰組は新撰組で、会津との共同ミーティングで八坂神社にほど近い、祇園会所に集まっていた。

会津は南下し、新撰組は北上、挟《はさ》み討《う》ちである。総勢33名の新撰組がさらに3隊に分かれる。

鎖帷子《くさりかたびら》で決めた近藤が、三条通に出たのは夜の10時。その時、池田屋の不穏を察知する。昔の家屋は、ガラスも断熱材もないスカスカだから中のザワメキは筒抜けだ。そのうえ、周りはTVもオーディオも車もないのでシーンと静まり返っている。警戒しつつも、つい白熱する議論。近藤のダンボ耳は完全にフグ訛《なまり》を捉らえていた。

表と裏に3名ずつを配置。で、近藤、沖田、永倉、藤堂が池田屋の正面から飛び込んだ。

「御用改めだ。動くな！」

鋭い声に、池田屋の主人は2階に通報しようとした矢先、近藤がダンビラを背後からケサに降りおろす。さすがは名刀虎徹《こてつ》。ドスッという音と共に肩から背骨を唐竹割りである。痛みを感じる間もなく死ねばいいが、そんなことはないだろうから、ドクドクと血が流れ、死ぬほど痛い時間が長く続くんだろうなと思うと、今に生まれてよかったと思うのは私だけであろうか。

上の人数は不明だ。にもかかわらず階段を駆け登る。

吉田稔麿
これ、剣道の何の構えだ？　フェンシングかな？

大ボラの永倉は、上には20人の敵がいたと相変わらずだが、逃げた土佐の野老山吾吉郎《ところやまあきちろう》の証言では、10名ほどだ。（山内家史料『幕末維新』）

近藤が突入したとき、半分は二階からダイブ。道路に張り付いていた新撰組の奥沢栄助《おくざわえいすけ》を、頭上から振り降ろした刀で斬り殺し、他2人に重傷を負わせて逃走。

2階に残ったのは5、6名である。遅れて駆け付けてきた土方隊が加勢し、万事休す。斬り殺されたのは、松下村塾の逸材、吉田稔麿《よしだとしまろ》（1841〜64）はじめ、宮《みや》部鼎蔵《べていぞう》（1820〜64　熊本藩士、清河八郎と昵懇）、広岡浪秀《ひろおかなみほ》（1841〜64　長州の神社神主）、石川潤次郎《いしかわじゅんじろう》（1836〜64　土佐藩足軽）、福岡祐次郎、大高又次郎《おおたかまたじろう》（1821〜64　林田藩士・兵庫）など、出身藩はさまざまだった。

陰謀の蛤御門特攻

「クーデター」失敗。米仏による艦砲射撃戦もボロ負けだし、池田屋でもこの様だ。もっか3連敗中。ガタガタだが、まだゲームは終わらない。

夏、真っ盛り、京の街がうだっていた。この息苦しさは、湿度90％のせいだけではない。

ドックン、ドックン、フグは夏に弱いはずなのに、息を殺し、配置につく長州軍団。その数2500名。密かに嵯峨、山崎、伏見に陣を張り、京の街をぐるりと囲んでいた。

警戒レベルを極限に上げる、幕府守備軍。

幕府の司令長官は、将軍後見職、一橋家の徳川慶喜である。「二心殿」の「ねじあげの酒呑み」だから、ほんとうに肚《はら》が固まっているのか不明だが、一応は幕軍大将だ。その下に京都守護職会津の藩主松平容保と実弟、京都所司代は桑名藩主、松平定敬《さだあき》（1847〜1908）を従えている。

人呼んで、「一会桑」。それに親藩の越前藩、譜代筆頭の彦根藩、淀藩、薩摩藩など幕軍総勢5万（8万という説あり）が結集した。

相手は2500名だから、そんなに多くなくともよさそうなものだが、ものすごい気合いの入れようで、今度こそは全員フグ刺しにしてしまう様相をていしていた。

緊張感で、街はビリビリと震えていた。長州に味方するゴク潰しのアンチ幕府が100

0名ほどたむろっている。それを加えてもせいぜい3500名。勝負は戦う前から決まっていた。

一会桑＋幕連合軍（5万～8万）

VS

長州軍＋反幕浪人（3500）

伏見に陣取っている長州総大将は、家老の福原越後《ふくはらえちご》（1815～64）である。幕府大目付永井尚志《ながいとしゆき》（1816～91）が説得を試みるも、病を理由に面会謝絶。藩主毛利の跡継ぎ養子、毛利元徳《もとのり》（1839～96）をはじめ責任者は、どこに紛れているのか見当もつかない。スマホがないから相手を捜すのがひと苦労だ。しょうがないから、その辺のやつらに手製のメガホンで訴えかける。

「君たちは包囲されている。無駄な抵抗は止めて、国に帰りなさい！」

聞く耳を持たず、言い返す長州。

「幕府は国の代表ではない、すっこんでいろ！　おれたちが相手にするのは朝廷だ。孝明

を出していただきたい！」

と斬新な理論を展開する長州。ひたすら嘆願！　という作戦に出る。なにを嘆願したかというと、昨年の「クーデター」失敗のお仕置き軽減だ。

「藩主、毛利親子の免罪」と、追放された「七卿の復帰」。

むろん朝廷は応じない。今となっては、三条白マメと犬猿の仲、公武合体派（佐幕派）で及び腰の中川朝彦が牛耳っているから、「アホ」などと嘲《あざけ》っている。

「アホとはなんだ、このフニャチン。くだらんこと言ってると宦官《かんがん》にしちまうぞ」

ここで気づいていただきたい。長州の要求は、本心なのかということだ。

要求は「毛利親子の赦免」と、「七卿の復帰」。もし、それがほんとうに願うならば、こうして武力で迫るようなバカな真似はしないはずである。そんなことをすればかえって事態を悪化させるだけで、逆効果だ。わざわざ500キロの道のりをアウェイの京都まで行軍し、たった2500人という小隊での嘆願運動など、まったくもって何を考えているのか理解しがたい。

つまり頭にあるのは「減刑」などではなかった。古高の自白通り孝明の拉致なのだが、追いつめられ、破れかぶれで口にしたに過ぎない。こうなったからには、一点突破の全面展開。闇雲に突っ走る。それをほんとうにやっちまうところが、リーダー久坂玄瑞の病的なところだ。

異端のカリスマ、同じ松下村塾の桂小五郎、伊藤博文らをしのぐ藩内切っての急進派久坂、御自《おんみずか》らの出陣である。

こういう一途さは、ガッツではない。評価の分かれるところだが、やはりどこか脳がおかしい。状況を理解できず、がむしゃら突撃系の発達障害を疑っているが、歴史を振り返ると、このタイプが無茶な賭けに出て偉業を達成してしまったりもする。ナポレオン、ヒトラー、毛沢東、プーチン……みな似た気質だ。一たびエセ・正義の理論で武装し、時代と共鳴するとたちまちカリスマ性を宿し、周囲を巻き込み、世界を引きずり込むから怖い。で、天下を取った後が、バランスがとれないので国民はハッピーになれない。

8月20日、久坂が勝負に出た。

遊撃隊1500名を率いて嵯峨を出発、アドレナリンで顔は幸せに満ちている。まっすぐ孝明。あくまでも孝明。なにがあっても孝明だ。

孝明を拉致って、長州にお持ち帰り、最終的にはそこでチェンジ、正統なる南朝天皇を即位させる。この男の頭は、長州帝国建設という幻想に満ちていた。夢を見ながら死ぬことが救いなのだ。

突撃！

「蛤御門の変」または「禁門の変」の始まりである。撃っても撃っても突き進む久坂の遊撃隊。圧巻の大砲、鉄砲隊の連射を死にもの狂いでかいくぐり、防衛ラインを突破、シビレまくって蛤御門に辿り着く。驚くべき執念だ。

しかし現実は過酷だ。そこには最強の軍団が待っていた。百戦錬磨の会津。そして西郷隆盛率いる一騎当千の薩摩のイモ侍。

大砲がさく裂し、御所を震わせる。無数の銃声と怒号のこだまが幾層にも重なって響き渡る。これぞ修羅場、地獄の黙示録。血だらけになりながら久坂を先頭に決死隊が御所突入に成功。斬り合いとなる。

この時、御所の中では一人の少年が、恐怖のあまり過呼吸になって失神した。12歳になろうとしていた孝明の息子、睦仁だ。

「この子は、女の子よりヒ弱で、将来大丈夫かいなあ～」

女よりヒ弱。実母の中山慶子の呟きだ（骨細、虚弱の子が育ち、やがて巨体となって力自慢の武士と相撲をとって負けない明治天皇になったというのは、ムチャクチャな話で、むろんスり替えられた別人だと断定する）。

追いつめられた久坂らは、公家の鷹司輔煕《たかつかさすけひろ》（1807〜78）邸に立てこもる。薩摩の砲撃により家屋は焼失、久坂は炎の中で寺島と差し違えて自決。御所での自害、死に場所としては極上だ。夢を追い、夢に呑まれ、夢の中に散ったのである。

数ある門の中で、なぜ長州は蛤御門を選んだのか？　通りを挟んで向かいが水戸藩だからだ。水戸藩とは中立を保つと合意がとれており、実際その通りになっている。

この時、新撰組はなにをしていたのかは、はっきりしない。

独立隊として戦っていたという証言もあれば、会津隊に所属して戦ったという資料もある。またそうではなく、新撰組は市中見廻専門で蚊帳《かや》の外、駆け付けたときにはすでに終わっていたという説もある。

手柄を焦った近藤は、長州追撃を命じ、山崎天王山で、かの尊皇攘夷のスター、真木和泉を追い詰めたとか、またまた空振りだったという説も伝わっている。

この時の隊員数もまちまちで、200名くらいはいたという証言もあるし、50名説もある。9月4日、池田屋事件での恩賞が新撰組に出ているのに、「蛤御門の変」の褒美《ほうび》が出ていないところを見ると、やはり、市中警護に向かっていたのかもしれない。

「蛤御門の変」で、焼失した家屋は2万8000。街のほぼ3分の2を焼き、蜂の巣を突いたような騒ぎが数日続いた。しかし長州が放った火はほとんどなく、幕軍の残虐非道ぶりが目立ったとみえ、はんなり京都人が、「なんや、どっちが悪いお人か、分かりまへんなあ」と怒ったという話が残っている。

蛤御門の変の真実

「蛤御門の変」の概要は以上だ。

かなり深掘りしたので、これまでのどの歴史本にも書かれてなかった事実から意外な展開を披露できたので私も胸を張れる。しかしこのストーリー、どこかおかしくないだろうか？

そう、長州の殿様、毛利の「そうせい公」がぜんぜん見えないのだ。まるでいないかのようである。

さきほども述べたように5万とも8万ともいわれる幕軍の布陣。そんなところに突っ込めば軍事的にどうなるのか？　答えは火を見るよりもあきらかだ。

負ければ、どうなるのか？　軽くても領土分割。重ければ藩主切腹、藩取り潰しだ。それなのに、毛利の殿様は、なぜか止めず、20倍以上の幕軍に突っ込ませている。いくらあだ名が「そうせい公」だからといって、帝国の存亡がかかる重大な分かれ目に、「そうせい」はないのではないか。あるいは誇大妄想狂にかかっており、神ワザで勝てる、と踏んだのだろうか？　「もしかしたら」を夢見たならば、狂気の沙汰で、彼もまた、心の病にかかっていたとしか考えられないのだ。

あなたが殿様ならどうだろう？　自分や家族、そして家来たちの首を賭けてまで、こんな危うすぎる選択をするだろうか？

では、こう考えたらどうだろう。

「そうせい公」は、例の帝王学というやつで、「どうぞごかってに！」という放置プレイに徹していた。すると佐幕派が藩の主導権を握って幕府と接近。かと思うと攘夷派が盛り返すいつものシーソーゲーム。で、最終的に攘夷派が勝った。ところが、あれよあれよという間に勢いが強くなり、どんどん過激になって手に負えないほどになる。三家老はおろか、跡継ぎの息子までもが攘夷熱に浮かれ、制御不能に陥った。

「そうせい公」は、生まれてこのかた毅然《きぜん》として決断したことがないから、どうしたらよいか分からず、気晴らしに妾とお座敷遊びなどをしているうちに過激派が、蛤御門に突入してしまった。

このストーリーならばなんとなくつじつまがあう。口を酸っぱくしてなんども述べるが、歴史を見るとき、集団が一枚岩だと思い込むのは危険だ。

長州にだって佐幕もいれば、尊皇攘夷もいた。さらに、伊藤博文など親英開国派グループも急速に育っていた。ここを見逃してはいけない。

「蛤御門特攻」に、藩主の主義主張はなかった。もともと意見を持たない御仁であるからして当然である。

しかし、なんかヤバいな～とは感じていた。で、信頼する高杉晋作（1839～67）に知恵を借りた。このころ助言を求める相手は、晋作しかいなかったといわれており、そして晋作の攘夷熱は、とうの昔に冷めていた。

攘夷は過去の遺物、陳腐でポンコツだ。これからは英国。したがって「クーデター」「池田屋事件」「蛤御門特攻」、いずれも不参加。晋作はむしろ、止めにはいっている。

桂小五郎とて同じだった。小五郎が先に「親英」に目覚め、年下の晋作に感染した。だからこそグラバーの手を借りて伊藤博文含め、長州ファイブと呼ばれた5人を英国留学に出したのである。

ところが過激派の久坂と来島又兵衛（1816～64）は、シーラカンス並みの脳ミソで、水を向けてもぜんぜん進化がないどころか、逆に夷人に魂を売ったのかと食ってかかるしまつである。晋作にしてみれば、かつての攘夷派の神様が、今ではガラパゴスにしかみえなかった。記憶人間と思考人間の差だ。

「時代が違う、方向性が違う、すべてが違う。やめた方がいい」

「裏切り者、おまえは攘夷派の面汚しだ。一緒に来い！」

ののしる久坂と来島。ギャンギャンと責められる晋作。どう言われようと晋作は行きたくはない。

そこで「そうせい公」は一計を案じ、晋作を守るために牢屋に閉じ込めることにした。これにはさすがの久坂もお手上げだった。資料によれば、晋作の罪状は「仲間たちを説得できない罪」となっている。

妙な罪を作ったものだが、苦肉の策をもって長州のプリンス、晋作の京都行きを阻止したのである。

では桂小五郎と高杉晋作は、いつごろから攘夷を捨てたのだろうか？

ポッと開国の火が灯ったのは1862年10月16日、横浜で英国船ランスフィールド号をジャーディン・マセソン社から買った時だ。仲介者はグラバー、窓口は伊藤博文である。

下っ端の博文は、思考人間であるがゆえに、とたんにピストルを見せられ夢中になった。ミイラ取りがミイラ、またたくまに手先になっている。

博文のボスは桂小五郎。小五郎はかわいがっている博文から、イギリスの話を聞く。ピストルなんぞを手土産にされたものだからぐっと傾倒する小五郎。で、密かにグラバーと接触。

「私は武器商人だが、教養とモラルがある」

すっかりハマった。変節は軽蔑の対象だから、すべては秘密裏だ。小五郎は尊皇攘夷の旗は降ろさず、親英派拡大を目論み、「面白きことのなき世を面白く」生きようとする晋作の抱き込みをはかった。

口説くには、懐に飛び込まなくてはならない。いっしょに江戸、御殿山の英国公使館焼き討ちに参加。心を許した晋作はすすめられるままにグラバーと面会し、転向した。

面会は藩をあげての攘夷戦が4カ月後に迫っていた1863年2月くらいではないだろうか。

長州帝国における外国船への攘夷。この戦争の最中、裏では「長州ファイブ」が、敵、英国に密航。密航の準備は、半年前から練られている。

時系列を考慮すれば英国公使館焼き討ちのときには小五郎、博文はすでに親英に寝返っており、晋作説得工作の段階に入っていた可能性が濃厚で、サーカスなみの綱渡りだ。

親英に転向する長州帝国

62年10月16日　ランスフィールド号購入
　　12月中旬　英国密航準備開始
63年1月31日　英国公使館焼き討ち
　　4月　高杉晋作奇兵隊、力士隊結成に動く
　　6月26日　長州、外国船攘夷砲撃
　　6月27日　長州ファイブ英国へ出航
　　8月15日　薩英戦争で薩摩の街全焼
　　9月30日　「長州クーデター」計画失敗（八月十八日の政変）
64年7月8日　池田屋事件で打撃
　　7月13日　伊藤博文、井上馨が帰国
　　8月20日　蛤御門特攻失敗

伊藤博文　親英転向

桂小五郎　親英転向

高杉晋作　親英転向

私の推測するところ、高杉晋作の完全な親英転向は英国公使館焼き討ち後、奇兵隊結成前だ。

空想は終わりだ。リアルに生きたい。攘夷グループはすでに絶滅種、勝つためには最新式の武器、軍備を整えなければ、話にならない。

で、グラバーと会った。英国の議会制、政治システム、平等や自由という思想をセットで吸収、完全なる開国派に転じる。思考人間ならみなそうなる。あたりまえだ。

私ごとだが、1978年から15年間アメリカにいた。こんな私ですら、暮らしはじめて1週間も経たないうちに、こりゃ日本はダメだと思ったほどだ。フランチャイズ・システム、コンピューター・ソフト、ネット通販、フラットな人間関係……あらゆるジャンルでアメリカのシステムをイチ早く導入したものが、これからの日本でノシてくると感じた。案の定、ソフトバンク、楽天、グーグル・ジャパン、ヤフー・ジャパン、スタバ、ファンド金融システム……あらゆるジャンルでそうなった。

幕末もグラバー、アーネスト、フルベッキに接して開国派に転じたのは勝海舟、坂本龍馬、桂小五郎、伊藤博文、五代友厚、西郷隆盛、大隈重信、福沢諭吉……暗殺された龍馬を除き、彼らが主導権を握り、明治を作っていったのである。

小五郎も晋作も「長州クーデター」「蛤御門特攻」には不参加だ。晋作はこもり、小五郎は、逃げた。小五郎は池田屋事件の時も、目と鼻の先にいたのにもかかわらず、つい一年前まで仲間だった攘夷派とは距離をおき、「逃げの小五郎」のアダ名の通り、さっさと行方をくらましている。グラバーを通じて、坂本龍馬（土佐）、西郷隆盛（薩摩）とも交わって、未来を見ていたのだ。

これからは英国と組んで、近代化を進めたい。いつまでも攘夷を捨てない連中こそ二人にとっては厄介なお荷物だったのである。

かつての同志が敵となって立ちふさがる。そして最終局面の蛤特攻だ。

小五郎は逃げ、晋作は止めに入ったあと、やむなく牢獄に入った。ほんとうに入獄したかどうかは定かではないが、とにかく国元にいた。で、京都での結果は？

案の定、攘夷派のボロ負け。久坂などの大黒柱を失い、一緒になって調子こいていた三家老は切腹。手に負えなくなっていた藩内の攘夷バカを幕軍の手によって、刈り取ってもらったというわけである。小五郎と晋作は顔を見合わせ、大きく息を吐く。

「よし、計画通りだ。運が向いてきた」

これで英国とおもいっきり手が結べる。色めき立つ親英派。

つまり幕府はここでも、長州最大派閥、攘夷派を「蛤御門の変」で消滅させることによって、英国と長州全体の接近を許し、自分で自分の首を絞めてしまったのである。

たしかに蛤特攻の総大将、家老の福原は「そうせい公」の「軍令」を持っていた。

ところがその軍令には藩主の「サイン」がなかった。藩主は桂小五郎、高杉晋作に同調し、最後まで首を縦に振っていなかったことはあきらかで、あらゆる状況からみて今、私が述べたのが正しい歴史だと認識してよい。

攘夷派を潰しに行った4か国連合艦隊

またもや外国艦隊が、フグの楽園にやってきた。

蛤特攻からまだひと月もたっていない9月5日。なぜ？　生き残りの攘夷派がいたからである。彼らは気遅れするどころか、なにを食っているのか気力充分といったありさまで、リベンジ・チャンス、覚せい剤でも打っているかのような応戦に打って出る。これに正規軍も引きずられた。エナジー全開で馬関《ばかん》、そして対岸の田野浦、両岸からの砲撃を開始。

が、やっぱり外国艦隊の艦砲射撃に1時間で沈黙。翌日、英国陸戦隊が上陸、ツギハギだらけの砲台をさらに破壊。長州攘夷派は噂以上のヘナチョコだった。

説明の必要上、時計の針を英国艦隊攻撃直前に戻す。「そうせい公」の周りで、二人の若者が、忙しく動いていた。

なんと伊藤博文と井上馨だ。グラバーとジャーディン・マセソン社の世話で、昨年イギリス入りした長州ファイブの二人。今ごろはロンドンでハイボールでも飲み、売春婦としけ込んでいるかと思いきや、神出鬼没、密かに帰国していたのである。

彼らが通っていたのはユニヴァーシティ・カレッジ・ロンドン、通称UCL。半年を過ごし、7月13日には横浜に戻っている。すでに完璧な親英開国の思想を身に付け、もはや007気取りだ。カバンの中にはピストルが入っている。小五郎や晋作の分もある。武士として、ピストル以上の土産はない。

二人が英国の手先？　信じられない？　今まで偽歴史が脳ミソにぶち込まれ、仮想世界が歪められているのでムリもない。では訊くが、どうやって彼らは帰国したのか？

後に語った伊藤の言葉が残っている。

「打ち捨てて放っておくと、国を亡ぼす。帰って（自藩の）攘夷論をひっくりかえそうと（言うと）井上も同意した」

井上も同じことを述べている。

しかし考えてほしい。まだ24歳、下級武士の密航者だ。帰国してなにができるのか？それに英国側を考えても、出国がきびしく制限されており、勝手に出られるわけもない。

むしろ二人の気持ちは逆だ。地元はまだ攘夷派が押さえている。国に帰れば、説得の前に「なに！　きさまあ～、われわれは命懸けで攘夷戦を仕掛けているのに、エゲレスに行ってたあ～？　ロンドンだあ～、金髪だあ～、この下郎が！」

その場でバッサリだ。おっかなくて帰れるわけはない。とてもじゃないが、ぜんぜんノれない。ロンドン・ギャルと、青春を謳歌していたい。

だが、二人に帰国を命じた人物がいた。断れない相手だ。女王陛下の英国情報部、本物の007。

「手筈は整えている。横浜で、君たち馴染みの長崎領事ガウワーとグラバーが待っている。彼らの指示通り動け」

否も応もない。

そもそも長州ファイブは、グラバーが長崎領事ガウワーにつなぎ、英国領事はじめ、本国のミッションで留学させたものだ。英国情報部預かりというより、もはや手足。それも「そうせい公」の公認だ。

帰国した二人の件で、在日公使オールコックとキーパー英国海軍提督、それに外相ラッセルの記録がある。詳しくは拙著『龍馬の黒幕』（祥伝社文庫）を読んでいただきたいのだが、オールコックがキーパーに出した書簡をちらりと述べる。

「（二人の若者は）一日も早く藩主に会いたいと切望している。二人の身の安全を保障し、下関の目的地近くまで送り届けるように」（1864年7月19日付、オールコックからキーパー提督へ）

蛤特攻30日前、4か国連合艦隊砲撃開始の45日前の書簡だ。

一日も早く藩主に会いたいのは、二人の若者ではない。英国の方だ。正式外交文書に、英国公使が無理強いした、とは残せないから長州ボーイの意志に見せかけただけだ。なにせ、二人のためだけに気前よく軍艦を動かしているのだ。周到に事を進めるオールコック英国公使。博文と井上が走り回って、小五郎、晋作と接触。

「艦隊は国元を砲撃します。いいですか、間違えないでください。長州を砲撃するのではなく、頭の固い攘夷バカを殲滅するのです。これで藩は我々のものとなります」

4か国連合艦隊は長州を叩くのではなく、攘夷派残党をやっつけにいくのだ。

目論み通り、うまくことが運んだ。その証拠は英国艦隊が攘夷派をぶっ飛ばした後、

勝海舟
幕府を体内から食い破ったエイリアン海舟

「そうせい公」が、敗戦処理を高杉晋作と伊藤博文に任せていることだ。

バイリンガルの工作員アーネストが万事スムーズに進め、長州が英国海軍を砲撃し、戦争がはじまったのにノー・ペナルティの和平で、すべてを収めている。

蛤特攻と下関戦争は、英国、桂小五郎、高杉晋作、伊藤博文らの共通の敵、攘夷派を消滅させたのである。お分かりであろうか？

で、戦争終結英国領事館パーティに呼ばれたのは、やっぱり親英の桂小五郎、高杉晋作、そして長州ファイブの二人だった。

幕府内エイリアン勝海舟の蠢動

蛤特攻の戦後処理。これをどうするか？　幕府はおさまらない。というか、外様大名長州にナメられっ放しでは示しがつかない。強硬派の突き上げがはじまった。仕置きが甘いと、図にのって真似る藩が出てくるだろうし、逆にきつくすると窮鼠《きゅうそ》が猫を噛むかもしれない。匙《さじ》加減が難しい。

いっそ徹底的にシメ、長州を地上から消し去ったらどうかということになった（第一次長州征討）。

幕府内のタカ派が湧き、強硬姿勢に傾く。幕命による15万の出兵である。

ところがフタを開けてみれば総督の徳川慶勝《よしかつ》（1824〜83　尾張藩主）の様子がおかしい。ヘタレである。すでに歯車が狂い始めていたのだ。

ブレーキをかけたのは、幕軍参謀、西郷隆盛だった。

「クーデター」「蛤特攻」で、長州と犬猿の仲だったのに、なぜかこの時、ためらった。

永井尚志
大目付永井のボディー・ガードは近藤勇。龍馬の死の直前まで頻繁に会っていた同志だ。最後まで気持ち半分男

13人撮り写真
1865年1月薩英戦争講和兼薩英秘密同盟時の写真。右端の大男が西郷隆盛（加治独自の見解）。通訳グラバー。ほぼ全員が後の大日本帝国海軍のトップとなった有名人たちだ。
詳しくは拙著の『西郷の貌』（祥伝社文庫）で

タカ派を急変させたのはイギリスだ。薩英戦争に負けた瞬間に、英国技術導入を決意、心はイギリスの虜《とりこ》になっていたのである。

イギリス軍艦購入、英国留学……なんと1864年末には、薩英講和条約（別名薩英秘密同盟）の準備に入っており、通訳その他お膳立てのすべてをグラバーが仕切っていた。

三島由紀夫（提供AP／アフロ）
高祖父永井尚志の苦しみと歴史が理解できなかったのか、日本の美学という「仮想世界」の中で暮らした作家

そんな状況下での長州征討である。参謀である西郷の幕軍が煮え切らないのも道理だ。

そしてもう一人、暗躍していたのはご存じ軍艦奉行、勝海舟（1823〜99）だ。この男、幕臣ぶっているが、気持ちは1855年長崎海軍伝習所に入所し、教官のライケン、その後カッテンディーケーと深く交わったころから、ほぼ欧米のエージェントだ。幕府の腹に寄生するエイリアンで、密かに西郷と会い「幕府はもたねえよ、これからは諸侯連合による議会政治だね」と、欧米議会方式さかんに吹き込んだのである。

「内戦で喜ぶのは幕府だけじゃねえですかね。幕藩体制を一刻も早く終わらせたいなら、ここはひとつ、あんたたち薩と長が手を結ぶべきだと、あたしゃ思うね」

とグラバーと組み、薩長同盟を訴える幕臣エイリアン海舟。

打てば響く西郷。自分が身を置く幕府を自ら否定する海舟に驚き、その覚悟に感激し、持論だった「断固交戦」を引っ込めた。

そしてもう一人、動いた男がいた。

吉川経幹
長州のパシリとしてがんばったが、謎の死。
その死は2年近く伏せられた、岩国藩主

エイリアン海舟の上筋、大目付の永井尚志（１８１６～９１　大目付　若年寄）だ。

この男の目覚めは早かった。１８５４年の日英約定に調印、翌年にも日蘭和親条約を締結した開明派だ。長崎海軍伝習所を造った、いわば日本海軍の創始者、開国派、一番乗りだ。ただしこの男の目覚めは中途半端で、半分開国、半分忠義のハーフ＆ハーフだから明治では残念な結果に終わっている。

幕末を眺めると、つくづく感じることがある。「運」だ。

幕末、英米人と接するか、接しないかが人生の分かれ目となっている。接すれば多くが開明派になるし、そうでなければ佐幕、攘夷に突っ走ってボロボロになる。まさに人生紙一重。海軍伝習所が長崎ではなく、新潟にあったらどうなっていたのだろうか？　東北が開明派となり、新潟閥や伊達閥が明治政府を支配していた可能性は高い。ちなみに永井尚志は45歳で切腹した作家、三《み》島《しま》由《ゆ》紀《き》夫《お》（1925〜70）の高祖父でもある。よけいな話だが。

伊東甲子太郎
土佐犬の配下となる

薩摩がすっかり冷《さ》め、やる気のなさが周囲に伝播《でんぱ》する。幕府連合軍の足並はぜんぜんそろわない。それでも一応はアリバイ的に攻める。だれもがやりたくないので、グダグダで、早期決着。

幕府側は半分男の永井、長州側は友藩（とみていい）岩国《いわくに》藩の殿様、吉川経幹《つねまさ》（１８２９〜６７）が面会した。

１８６４年12月２日、永井と西郷は、長州から領地領民を取り上げず、「毛利親子の謝罪文」「三家老の切腹」「長州に匿われていた、追放公家５名の九州５藩分散預け入れ」という寛大な処置で収めた。

これには長州を壊さず、革命の発信基地にしたいと目論む英国の意向が働いている。英国としては薩長を媒体にして、しばらくは情報戦に徹する作戦だ。

より自由に、より平等に、より人道的に、そして最後はやっぱりおカネ。リッチに、だれよりもリッチに……英国流政治システムと自由貿易のメカニズムを浸透させ、最新鋭の武器、弾薬、留学……で釣り、じわじわと古い日本を融解《とかし》てゆく。発信基地は薩長、各帝国である。

龍馬暗殺のキーマン、伊東甲子太郎の入隊

１８６４年、長州蛤特攻が落ち着いた10月９日、新撰組近藤勇ら一行４名の姿が江戸にあった。今度は武家伝奏《ぶけてんそう》、坊城俊克《ぼうじょうとしかつ》のボディー・ガードだ。

武家伝奏というのは朝廷の幕府とのパイプ役で、賄賂に埋もれる美味しいポジションである。

公家のお供だ。会津の傭兵、新撰組もえらく出世したもので、幕府のみならず、朝廷からも重宝がられている。

この江戸滞在中に新しく入隊したのが、伊東甲子太郎《かしたろう》（1835〜67）だ。後に龍馬と親しく交わり、龍馬暗殺事件の真相に深く絡んでくる重要な人物だから、ぜひマークして欲しい。

甲子太郎は茨城の、わずか8000石の志筑《しづく》藩士、鈴木忠明を父に持つ。借金で家名は断絶、ボロボロとなって一家は追放。

国なし、家なし、カネもなし。たよるものがなくなると、思考脳人間はすがりつくものを必死に考え、探し求める。貧困に忍び込んでくるのはたいがい宗教だが、甲子太郎はわき目もふらず学問に励んだ。その学問は隣街の危ない思想、例の水戸学だった。それから後深川の北辰一刀流、伊東道場に通う。道場主の伊東は、水戸藩士戸田銀次郎の家来。つまり水戸つながりのコネをたぐってころがり込んだのだが、その縁で伊東の婿養子となって、伊東姓を名乗った。

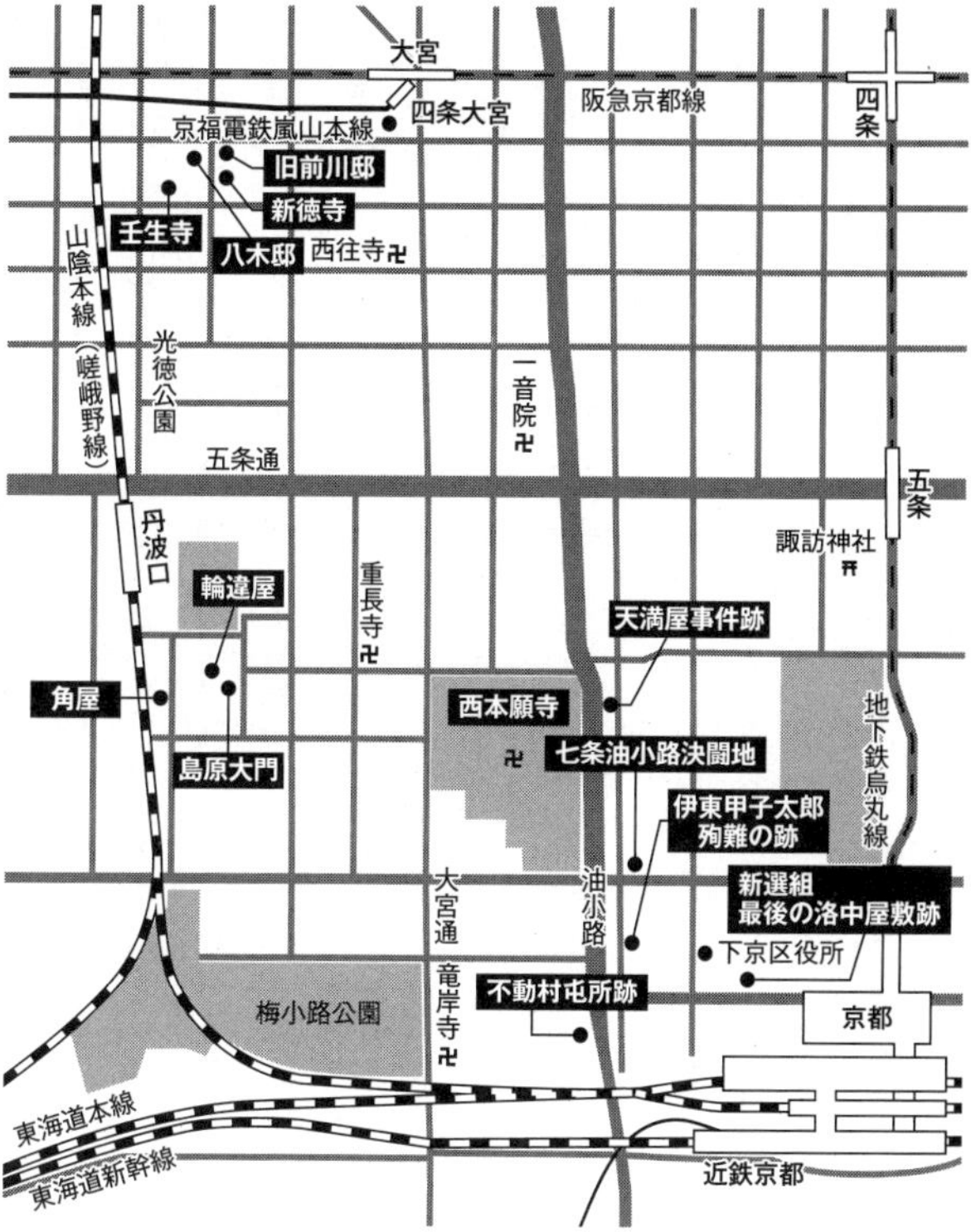

西本願寺周辺の地図

新撰組に入られ、身動きがとれなくなったフグ帝国秘密基地の西本願寺

新撰組に誘ったのは、道場で同門だった隊員の藤堂平助（1844〜67　新撰組副長↓御陵衛士となり、新撰組の手により斬殺）だと言われている。水戸学シンパの伊東は、武家伝奏の警護と看板の「尊皇攘夷」に食いついた。

年が明けて1865年。新撰組の数は増えていた。ハデなパフォーマンスに惹かれて集まっていたのは200名超。あいかわらず氏素性の知れないスパイなども入隊するので、怪しければ斬る、というおっかなくも分かりやすい方針はやめられない。

いったん入京した甲子太郎が、今度はリクルーターとしてUターン、再び江戸に戻った。さっそく50名のニューフェイスをゲットして連れて帰るという連絡が入った。

屯所は手狭だ。移すことにした。で、4月5日、移った先が京都左京区、西本願寺である。

浄土真宗本願寺派本山。実はこの移転には、幕府の深い思惑が秘められていた。

というのも西本願寺の臭いだ。実は古くから長州と、固いむすびつきがあったのである。

さかのぼれば戦国時代、本願寺はバテレン好きの織田信長と対立、兵糧《ひょうろう》攻めを食らって窮地におちいる。で、助けたのがアンチ信長のチャンピオン長州の毛利家、それからの関係だ。

西本願寺は「西」というくらいだから関ヶ原の戦いでも、負け組「西軍」に味方しており、根っからの東、つまり幕府嫌い。このことを常日ごろいまいましく思い、目を付けていたのが会津である。

蛤特攻でも、西本願寺が長州の秘密基地になっており、その後もなにかにつけ、長州兵を匿《かくま》っていた。

で、ついに新撰組を無理やり送り込んだのである。

これは効いた。長州の拠点に、どっかりと腰を下ろす独立傭兵。こんなことは、新撰組にしかできない芸当だ。

広大な敷地にある「北集会所」と「太鼓楼」を屯所とした。それだけならまだしも、坊主の迷惑も顧みず、朝っぱらからその辺を走り回って武芸の稽古を開始したかと思いきや、鉄砲は撃つわ、ドッカン、ドッカンと大砲の実践訓練もおっぱじめるわ、ベジタリアンの精進料理エリアなのに豚肉を持ち込んで、バーベキューの煙までモーモーと上げるしまつ。あれがほんとの豚《とん》所だ、と周囲からバカにされ、大迷惑である。

しかし相手は地獄の軍団、文句を言えばすぐに目が座ってしまう危い輩《やから》だからどうにもならない。うっとうしくもかかわりあいにならないよう、ひたすら目を伏せてシェアするほかはなかった。

7月、家茂上洛。再び新撰組が警護。

だが粛清は止まらない。新撰組が存在する以上、身内の暗殺は日常である。葛山武八郎《かずらやまたけはちろう》、山南敬助、大谷良輔《おおたによしすけ》……。

ついに長州帝国が討幕親英で統一

日本はもはやカオス状態。

ひと頃のアフガンを想像すれば、なんとなく実感が湧くかもしれない。欲まみれの利権争い、派閥争い、背後につく外国勢力、内紛につぐ内紛、攘夷だ、開港だ、貿易だ、外国為替だと頭痛の種はどっさりある。情報が脆弱《ぜいじゃく》だからなにがほんとうなのか会議すらグタグタのズタボロで、幕府はとうの昔に統治能力を失なっていた。そんな中、長州内部でクーデターが勃発。

「やってくれ！　大いにやって、自滅しろ！」

幕臣は、みんな願った。経過をたどればこうだ。

蛤御門特攻失敗で攘夷過激派は一掃され、自動的に舞台にせり上がってきたのはハト派。調子こいて幕府にケンカを売らなけりゃ、こんなみじめなことにはならなかったのだ。この反省から、幕府とねんごろこそ藩存続の王道、という佐幕派「俗論派」がメキメキと力をつけたのである。

「俗論派」というのは自分たちが名乗ったわけではない。バカにしてつけた名称で、さすが明治を牛耳《ぎゅうじ》った長州開国派は教科書に、ウムを言わせず、これを採用している。

まず幕末の寵児、高杉晋作が「俗論派」に異議を唱えた。博文、グラバーの影響を受け、すっかり親英開国に転じていた晋作は「正義派」を名乗った。むろんバックで糸を引いていたのは「七卿落ち」でフグ帝国がかくまっている白マメ三条だ。

「時代遅れの幕府にすり寄る腐った輩は斬る！」「そして長州が天下を取る。武装蜂起あるのみ」と檄《げき》を飛ばした。

晋作は80名の奇兵隊を整える。武士、百姓、漁師、子供……。みんな集まれ！　伊藤博文に「力士隊」を作らせる一方、石川小五郎（1840～1919　グラバーの手で渡英、英国公使）の「遊撃隊」など、緊急部隊も創設。他にも「南園隊」「御盾隊」「八幡隊」と合わせて1000名が決起し、2000の俗論派を押しまくる。

長州は万を数えるが、その多くは巻き込まれたくないノンポリだ。「そうせい公」などは根幹を揺るがす事態なのに「そうせい」といってやっぱり放置プレイ、自分は女たちと庭で目隠し鬼ゴッコに興じていた。

伊藤博文の「力士隊」の中に、男の子がいた。すり替え前の明治天皇「大室寅之祐」だと言われているが、あらゆる状況証拠から私の見立ても同じだ。「力士隊」あがりだったからこそ明治天皇は、ガタイがデカく、相撲が強かったのだ。

その説を後押しするように「力士隊」の記録がまったくない。あれほど活躍し、当時の錦絵《にしき》にも描かれ、伝説としても語り継がれているのに不自然すぎる。合わせて長州力士隊が出入していた大坂相撲の名簿もマジックのように消えている。

現代でも、政府にとって都合の悪い書類が役所から次々と消滅しているが、同じことだ。

博文は明治天皇と親しかった。それも異常なほどで、プライベートでは対等のタメ口。いや、時には上から目線だったという証言はいっぱいある。それもこれも幼いころから寅之祐の近所に住み、お守《も》りと遊び相手をまかされ、力士隊では上司だったことを考えれば、頷ける話である。

「正義派」はグラバーから購入した最新式小銃を手にしていた。射程距離、貫通力が桁違いで、甲冑に長槍という石器時代の「俗論派」をひと月で撃破、藩政を握った。

「正義派」には攘夷急進派の残党、シンパが相当数交じっていた。したがって、晋作は看板の「攘夷」は下ろさず曖昧にした。

他藩も事情は同じだ。すでに一歩も二歩も進化して、開国派に転じているのにまだ多くは「攘夷」で、彼らの「仮想世界」の創り直しは手間がかかるので、ファジーにした。まずは討幕のための統一戦線が優先事項だ。苦しいところだが、このへんは野党連合みたいなもので、勢力結集にはファジー路線は必要な戦略である。ところが後世の歴史の先生までもが騙されてしまって、高杉晋作は死ぬまで攘夷派だったなどと大マヌケに話している。

で、藩を掌握した晋作は、突如討幕の旗を掲げた。幕府の「長州征討《せいとう》」に対する恭順からの180度のひっくり返りに、卒倒する幕府。

「な、な、なに？　なんだ？　降伏します、もうしません。恭順しますって言ったのに、ヨタとばしやがって」

うろたえる幕府。かまわずどんどん事を進める晋作。博文、井上馨など帰国組を藩の幹部に登用し、旧攘夷派残党を排除する。

そこに蛤特攻以後、行方不明になっていた桂小五郎が姿を現わす。姿を消していたのは、攘夷派からは裏切り者として、幕府からは討幕のオタズネ者として、サンドイッチで狙われていたからだ。むろん、アーネスト、グラバー、白マメ、伊藤とは連絡をとっていた。晋作ともだ。これで路線は決まった。目指すは「討幕」の二文字、裏メニューは「親英」である。

太宰府では画期的な出会いがあった。太宰府送りになっていた三条白マメと西郷の面会である。

薩摩は、長州べったりの白マメとはソリが合わなかったし、白マメも嫌っていたのだが、この時点で和解。「鍵」は英国である。英国との戦に敗れ、敗者の魂をがっちりつかまれたイモとフグの2藩、両者のご贔屓《ひいき》筋はもはや英国、それ以外にない。

長州訊問で大目付永井に新撰組同行

幕府はカンカンだった。降伏相手が、一年もしないうちに、牙をむいて討幕だとぬかしたのである。堂々の謀叛《むほん》宣言。

「デッカくでやがって、ヘッポコが。今度こそ潰してやる」

「まあまあ、そう言わずに……その前に、話し合いを持ち、真意を問うたらいかが？」

半分男、大目付の永井とエイリアン海舟ラインは長州訊問《じんもん》を誘導した。

1866年1月2日、永井が広島に到着。この時、正式な家来として付き添っていたのは、だれであろう泣く子も黙る近藤勇だ。この場面は新撰組を理解するうえでの重要なポイントだから、しっかり情景を目に焼きつけていただきたい。

二人の密着は鳥羽伏見の戦いまで続き、一心同体そのものなのだが、長州訪問同行者は伊東甲子太郎、武田観柳斎《たけだかんりゆうさい》、山崎烝《やまざきすすむ》など数名の新撰組隊士がいた。

永井は近藤を気に入り、ひと月間を共にする。ベタ褒めだ。近藤を信頼し、岩国方面探索を命じて、自分は先に帰京した。

3月7日、ついに薩長同盟成立。

不穏な空気に3月14日、半分男永井が再び近藤以下新撰組10名ほどを伴って広島に出向く。長州に対する情報収集である。今度は、京都寸止め老中、小笠原長行も一緒だ。

これで近藤勇は、将軍、老中、大目付と幕閣のトップ三役、さらに朝廷の武家伝奏とつながったことになる。現代ふうに言えば、内閣官房長官永井の筆頭秘書官となり、総理大臣はじめ、主だった大臣と顔見知りになったみたいなものだ。それだけの頭脳と見識を持っていた。

広島で得た情報を元に、近藤は私見を述べている。

「長州は素直に降伏する。しかし、軍事力は捨てない。武備恭順の線で固まっている。それに対して幕府軍の士気は落ちていて、闘っても勝ち目はない。であるからにして長州が、たとえ表面的であっても大人しく従うならば、寛大な処置で対応するのが望ましい」

(京都守護職始末)

驚くばかりだ。いやはやどうしてどうして、分析力は大したもので、あの顔からイメージする単細胞の凶暴性は微塵もない。むしろ逆だ。幕府に媚《こ》びず、冷静な寛大処置を！と幕府をたしなめている。近藤の判断力は本物だ。

この人物像に近い証言もある。

『新選組証言録』（山村竜也著・PHP新書）に収録されている旭形亀太郎の証言だ。

旭形は長州力士隊の一員から大坂相撲に移籍した男だ。「ミブロ」の大坂相撲襲撃事件前後に新撰組に転向。蛤特攻の時、御所の中で孝明を警護した大坂力士隊のリーダーの一人である。つまり大坂相撲は、新撰組と手打ちしたあとは、長州と手を切り、公武合体派に転向しているのだが。旭形は孝明を自らの手で抱き上げ、必死に逃げ、孝明から感謝の「歌」をもらった忠臣力士だ。ゆっくりと読んでいただきたい。

松本良順
家茂、孝明の死因と勝海舟、慶喜の裏切りを直接知っていながら口を閉じた究極の貝男

照る影を
　手のひらに受けし旭形
ちよにかがやく
　いさおなりけり

アサヒビール創設に深く関わって、ア

ご存じフルベッキ集合写真
幕末史の偽装のすべては、真ん中に座るすり替え明治天皇隠蔽のために行われた

サヒビールはひた隠しに隠しているが、社名は旭形の功績をたたえて名付けたものだ（詳しくは拙著『幕末　戦慄《せんりつ》の絆（祥伝社文庫）』参照）。

孝明を救出した時、愛情が芽生えたのか、明治になって「玉鉾神社」を独力でこしらえている。唯一の孝明天皇を祀った神社で、孝明神社と呼べるものは、この玉鉾神社をおいて他にはない。

そんな旭形の近藤評は手放しだ。

〈殿様のようで品がよい〉

上品だというのだ。これだけでも、鬼瓦《おにがわら》の顔から想像がつかない。

〈近藤という人は、なかなか分かった人

で、えらい人だと思いました。発言から文章まで完璧で抜け目がない〉

文も完璧だという。机に向かって、筆を取って思いを巡らすなど、失礼だが、イメージと一番遠い風景ではなかろうか。しかし旭形が絶賛するインテリぶりは、会津藩家老の『京都守護職始末』から受けたイメージと一致する。

〈女にもすごくモテました〉

モテる要素とはなにか？

ハンサムな男はキャーキャー言われるだけで、本物じゃない。そんなのは空モテだ。ほんとうのモテ男は会話力があって、気前がよく、ユーモアがあり、女性にやさしいフェミニストだ。気配り、目配り、カネ配り。心底惚れられるのはそんな男ではなかろうか。

つまり理論家で、言語化に長《た》けている。そのうえ、包容力があり、フレキシブルで理解力もある。

多摩のド田舎で育った近藤が、いつどうやって文章を学び、高度な理論や話術を身につけたのかは謎だが、これでイメージがガラリと変わったのではないだろうか。

明治を創った海軍伝習所人脈

近藤の頭脳をナメてはいけない。人に耳を貸さず、そしてなにも話さない。ただ凶暴なだけならば200名のトップにはなれないだろうし、開明派のエリート、半分男永井が使わないはずである。二人は、1カ月半に及ぶ長州訊問でも一緒にいたし、2度目の長州訊問でも永井が頼りにしたのは近藤で、鳥羽伏見の戦いが始まるまで傍に置いている。

近藤のインテリぶりは近代医学の父と呼ばれた医者、松本良順《りょうじゅん》（1832〜1907）との付き合いでも分かる。

良順は、桁違いのセレブだ。

誕生からして江戸はハイソの街、麻布。

元の苗字は佐藤。父は佐倉藩で病院とオランダ医学塾（佐倉順天堂）を開いていた佐藤泰然《たいぜん》（1804〜72）だ。ちなみにこの佐倉順天堂が、後の順天堂である。

幼い頃から父の助手を務め、その後、蘭学医師、松本良甫《りょうほ》の養子となる。

幕府公認の海軍士官養成所、長崎海軍伝習所に入校。長崎海軍伝習所は幕府が1855年に開設した学校で、半分男永井尚志がボス。その下にいたのがエイリアン海舟である。

なんども述べるが、人間というのは育った水槽が、世界のすべてだ。それまでの水槽を出て、違う風景を見なければ目覚めることは難しく、毎日、毎日同じ水槽なら、死ぬまでに変われる望みは薄い。

しかし幕末期においても、別世界の水槽があちこちにあった。外国人居留地、グラバー邸、アーネストやフルベッキ……これらがそうである。

その一つが長崎海軍伝習所だ。見たこともない機械、ものの見方、考え方、すべてが驚きで、物理、工学、理論において心底納得できるものだった。

オランダ軍人教師がずらりとそろっており、医学、航海術、科学、活版印刷、撮影技術……。そこから派生した長崎英語伝習所では、倒幕外国人三人組の一人、オランダ系アメリカ人宣教師、フルベッキが英語を教えていた。

良順の奔走で、医学伝習所（後の長崎大学医学部）が出来上がる。そこに招き入れたのがオランダ海軍軍医ポンペ（1829～1908）だ。良順が日本近代医学の父なら、ポンペは神様である。長崎海軍伝習所勤務は4年、たったそれだけだったが日本に与えた影響は大きい。天然痘《とう》、コレラなどから多くの日本人を救ったのみならず、我が国の医学の基盤をこしらえている。

判明している海軍伝習所の生徒はぜんぶで130名近い。薩摩16名、長州15名、佐賀48名、筑前28名、津12名、備後福山4名、肥後5名、掛川1名。これでも用心のために一部は破棄されているという。

また幕臣の上層部、永井尚志、勝海舟（参議、海軍卿、元老院議官、外務大丞、兵部大丞）、榎本武揚《えのもとたけあき》（農商務大臣、文部大臣、外務大臣、海軍卿）がいた。薩摩の五代友厚、川村純義《かわむらすみよし》（海軍大将）。佐賀の佐野常民《さのつねたみ》（農商務大臣、元老院議長、大蔵卿、日本赤十字社初代社長）などの面々もおり、この学校で外国人教師と接し、欧米の文化と知識を吸収し、そこで培《つちか》った人脈が幕藩体制を内と外から壊して、明治を作ったことを思えば、海軍伝習所を作った幕府は、これまた自分で自分の首を絞めたわけで、どういう道を選択しても、幕府は倒れる運命にあったということが分かる。

近藤勇は無言のバイオレンス狂ではない

1862年、良順は卒業後、将軍家茂の主治医となっている。同時に医学所（のちの東大医学部）のトップ、頭取に赴任。彼の兄弟たちもそれぞれ順天堂医院初代院長やら、大阪医学校校長など輝かしい。

長男　尚中《たかなか》（1827？～82？　養子、ポンペに医学を学ぶ、大学東校［現東大医学部］初代校長、明治天皇侍医長、順天堂医院初代院長）

長女　つる　林洞海《どうかい》の妻

林洞海（1813～95　長崎で蘭方医学を学び、将軍家定の奥詰め医師となる。大阪医学校＝現大阪大学医学部校長）

次男　良順　本人

五男　董《ただす》（1850～1913、横浜でヘボンから英語を習う。英国留学、帰国後榎本武揚率いる艦隊に参加、捕虜、半年で釈放、後外務省に入省。岩倉使節団で外遊。伊藤博文にかわいがられて香川県知事、兵庫県知事を歴任、外務畑を歩き始め、ロンドン赴任後、英国フリーメーソンに加盟。初代駐英国大使、外務大臣、逓信大臣。林洞海の養子）

孫　多津（榎本武揚の妻）

ひ孫　登志子（作家兼軍医の森鷗外《もりおうがい》の妻）

セレブの良順と近藤勇の親密交際。二人の初面会は、近藤が局長として頭角を現わした64年末だ。紹介者は、半分男の永井。長崎海軍伝習所での縁がとり持った仲である。近藤が武家伝奏警護として江戸に戻ったとき、良順の「和泉橋医学所」に立ち寄ったのだが、付き合いは浮世の義理から、はじまったわけではない。会った瞬間に接着した。開国と攘夷の是非を問う近藤。良順は「刀と大砲の差」だと諭《さと》し、開国が好《この》ましいと話すと、近藤は感服して親交がはじまった。

近藤は加持祈禱《かじきとう》をよりどころとせず、近代医学を選ぶ男であり、良順の説く開国すら素直に受け入れる柔軟な頭の持ち主で、今度は良順を西本願寺の駐屯所に招待している。記録によれば、65年5月だが、ふらっと立ち寄ったのかと思いきや、そうではない。アドバイスを受けたかったのだ。良順の指示にしたがって本部の病室を別室に改装し、清潔を保つことなど、治療所として改善に本気で取り組んでいる。ちなみに西本願寺での大迷惑な豚肉バーベキューは、栄養失調を危惧した良順のアドバイスを受け入れてのことだった。

良順は著書『蘭疇《らんちゅう》自伝』でこう書き記している。

〈（新撰組）隊士中、山崎烝という者あり。もと医家の子なり。性温厚にして沈黙、よく事に堪《た》ゆるあり。勇（近藤勇）の最も愛する者なりし。彼に救急法を口授し、大いに隊中の便益をなしたり。烝自ら笑って曰《いわ》く、我は新撰組の医者なり〉

大坂出身の山崎隊士は医者の子だ。内部調査の役目だったが、近藤にかわいがられ良順から医学を習い、新撰組の主治医を名乗った。心温まるエピソードだ。

近藤の死後、良順は供養塔まで建てているくらいだから、そこには熱き友情という心模様がゆらいでいる。

つまりなにを言いたいかというと、二重人格なら別だが、近藤は巷間言われているようなバイオレンス狂ではなく、知識人で、良識人だった。私はここを強調したいのだ。

第5章 龍馬と近藤勇は同志だった

グラバーが龍馬に作らせた〈亀山〉社中

ここらで、いままで書いたことがない我らが龍馬の秘密に触れておく。「亀山社中《かめやましやちゆう》」のことだ。

幕末ファンならだれでも知っている〝日本初の商社〟だと言われている。1865年の初夏、長崎で始動。しかし、ほんとうの姿は別にある。裏の顔はだれも知らないはずなので、当時の商売をとりまく環境から説明する。

会社設立など、今ならわけはない。だが封建時代はそうはいかない。商材を仕入れさえすれば、あとは好き放題に販売するだけだ。だが封建時代はそうはいかない。幕府や藩の規制だけではなく、封建社会であるからして既得権組合の掟と序列によって取り扱い品目、量、価格までもが厳しく割り当てられ、新規参入はほぼ不可能だ。

ところがこうした商習慣、縄張りをぜんぶ無視したのが「社中」〈当時の文献には「社中」だけで、「亀山社中」というのは後にだれかが付けたもの〉だった。つまり現代の「会社」だ。「社中」の品目は武器、茶、建材……海運業。そのうえ売り先に藩の垣根はなく、天下御免の勝手三昧《ざんまい》。そんなことができたのもバックにだれもが一目置く、巨大なグラバーの存在がひかえていたからだ。

グラバーの力はどれほどだったか？

財力一〇〇万石といわれ、調べればすぐに分かるが、グラバー邸のある丘全体が、一種の解放区、英国兵たちがこぞってバーベキューをし、テントを張って野営するなど治外法権エリア。長崎奉行はじめ顔役には、きっちりとソデの下が渡っていたことは想像をまたない。

商売のイロハをグラバーに教えてもらった龍馬は、「社中」、あるいは「カンパニー」を気取った。

当時の大英帝国は地球の半分が領土。それを保っていたのが貿易システムである。言い換えれば、たえまなく稼ぐ貿易商社こそが国家で、国が商社なのだと、貨幣経済と国家を一から教えるグラバー。

「最高の武器がカネだ」

資本主義。はじめて習う学問である。

で、龍馬の「社中」は、グラバー商会やジャーディン・マセソン社の下請けとしてスタートした。

ではなぜグラバーは、長州でもなく、薩摩でもなく、土佐の龍馬に創らせたのか？　土佐藩でなければならない事情があったのである。英本国との関係だ。反英勢力への経済封鎖。このころからの国家戦略だ。攘夷戦に前のめりな大名には武器弾薬を売ってはならない、という本国の方針は、世界中で守らなければならない基本的ルールだ。

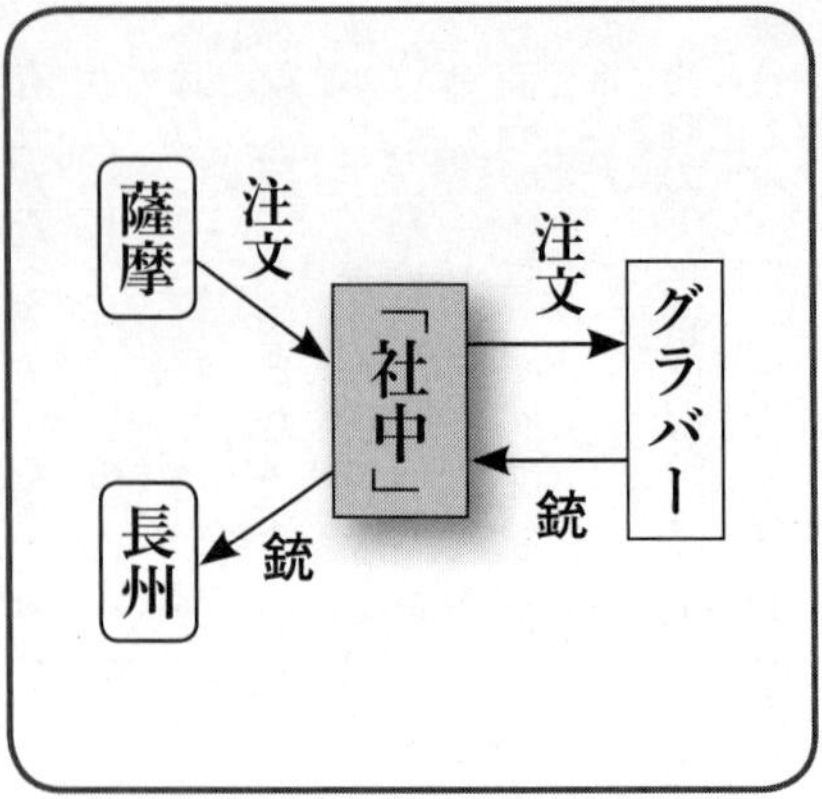

その対象となっていたのが、とりわけ長州、そして薩摩も△印。

本国の議会決定であるからして、グラバーをもってしても、手も足も出なかった。そこでダミーを考える。で、土佐の龍馬だ。このへんは今の北朝鮮に目を向ければ分かるはずだ。アメリカの経済封鎖は、第三国に作ったダミー会社を経由すれば破れるのだ。

長州は喉から手が出るほど武器弾薬が欲しい。しかし経済封鎖だ。グラバーはバンバン売りたい。しかし売れない。そこで第三の藩、土佐の龍

グラバー
薩長連合を世界一切望した男。100万石の財力で幕末を主導。明治政府にないがしろにされ、頭にきて「天皇すり替え」暴露で脅し、大蔵省の仕事を得る

丘の上のグラバー邸
大砲を設置し、治外法権を勝ち取っている

馬をダミーにした。しかも注文主の名義は薩摩だ。薩摩は1863年の薩英戦争後、即、薩英秘密同盟を結び、英国とは軍艦を買う仲、問題はない。

65年初夏、「社中」は薩摩名義で銃4000梃を受注。注文書はそのまま親会社のグラバーに回り、銃は「社中」をスルー、最終地点の長州へと渡った。

で、グラバーと龍馬はしっかりとコミッションを得る。

ウィン、ウィン、ウィンの三角貿易。

正式な「薩長連合」は1年後だが、商売上ではもうすでにグラバーと龍馬が中に入って、完成していた。

社中は龍馬の私設海軍

薩長の仲介者は龍馬かもしれないが、グラバーの存在が大きい。はたしてバックのグラバーなしで、龍馬は相手にされただろうか？

それはともあれ、グラバー・バックの「社中」で、龍馬は一躍《いちやく》、名を轟《とどろ》かせたのである。

薩長連合の成立は1866年の3月だ。それまでの長州は、いつも単独行動。まるで引きこもりだ。私はそれを、学生時代からずっと不思議に思っていた。討幕を目指すなら、まずは同盟だ。同盟は戦の常識で、武将なら、なにをおいても味方になりそうな他藩の同志を広範囲にかき集めるはずである。だれだってそう考える。しかし長州は、孤独なまま単独アタックを幾度も幾度もくり返している。

もう気付いていると思うが、それしかできなかったのだ。

だれにも打ち明けられない長州の秘密、「南朝天皇すり替え作戦」が、引きこもりを生み、他藩との連帯を拒んでいたのである。長州の囲い天皇による「南朝革命」など、口が裂けても打ち明けられない。

ところが燃料切れ。精も魂も尽き、もはや、明日があるさ、などと悠長《ゆうちょう》に構えている場合ではなかった。いったいどうすればいいのか？

その時、同盟を囁く男がいた。

あらゆる状況証拠が示すところから、グラバーだ。すでに薩・長・土に武器を売りまくり、日本を俯瞰《ふかん》し、力関係を知りつくしていた武器商人であるからして、一藩の限界はだれよりもよく知る立場にいた。戦力は大砲と鉄砲の数に比例し、簡単に推しはかれるのである。そしてなにより、このまま長州が恭順の沈黙では商売上がったり、そんな状況では

パークス
龍馬を土佐に張り付け、勝海舟を通じて将軍慶喜をあやつった

売り上げは伸びない。武器商人は混乱と動乱、革命前後にもっとも繁盛《はんじょう》する。

「薩摩も反幕、長州も反幕、だったら一緒にバリバリやらんかい！」

しかし、現実を見れば薩長のソリは合わない。

薩摩にしてみれば「朝廷クーデター」、「蛤特攻」で衝突。なにが狙いなのか、ホラー映画みたいに満身創痍《まんしんそうい》の血だらけでも理解不能な行為をやめない長州。バカを繰り返すロクデナシの藩で、手を組むなどジョークである。

しかしグラバーはマジだ。フグであろうとイモであろうと討幕勢力の結集こそ、なにをさしおいてもやってもらわなきゃならない。未来を賭けた本物のビジネスが目の前に、手の届くところに転がっていた。

薩長連合のプレゼンをパークス、そして龍馬に託すグラバー。

龍馬は師と仰ぐ、幕府内エイリアン海舟に話す。勝から西郷、そして半分男永井に広がってゆく。思想はウイルスと同じだ。タイミングが合えばパンデミックを起こす。薩長が手を結べば土佐のカツオ武士や広島のカキ侍も続く。龍馬は、どんな相手にも向かっていく土佐犬、中岡慎太郎を巻き込んだ。

土佐犬中岡の働きは強力で、あっという間に三条白マメ、薩摩の大久保利通とべったりの岩倉のもとに駆けつけ、かくて薩長連合が固まってゆく。

英国に選ばれし者たちである。これ以後、攘夷派は急速にしぼみ、檜《ひのき》舞台は英国をバックにした特権的オーラを放つ彼らに、ゆずることになる。

日本人の手による日本人のための明治維新などというのはたわごとだ。以前、私はそのことで御用学者とやりあったことがあったが、彼らの「仮想世界」は完全に化石化していて、過去を復元する能力はおろか、真実を事実で押し合うという議論の意味も理解できないのか、時間のムダであった。

薩長同盟だって、私は英薩長三国同盟と言い換えたいくらいなのだ。英国抜きでは明治革命はできなかった。この自覚がないからどんどんつけあがって、オレだってできると勘違いし、真珠湾攻撃をやっちまって、東京、広島、長崎を最大の火葬場にしてしまったのである。いったいだれの責任か？　真実を見抜けない、あるいは見ようとしない既得権支配者のせいである。

ともあれグラバーと龍馬「社中」の蜜月時代は短かった。浮世は移ろいやすく、人の考えも変わってゆく。諸行無常だ。

龍馬は、商道徳上もっともマズイことをやった。グラバー抜きの頭ごしで薩摩、長州、越前、土佐と商談、あるいは長崎の豪商、小曽根《おそね》や大浦《おおうら》と接近、直《じか》取引先を拡大したのである。すべてのノウハウを盗まれたグラバーは烈火のごとく怒った。

コントロール不可能と見た英国勢は、龍馬を切り離す。そんなわけで明治時代のグラバーのインタビューを読めば分かるが、死んでいるのに龍馬を悪《あ》し様《ざま》にこきおろしている。

「社中」には、商社とは別の顔があった。

いや、龍馬にとっては、こっちの方が本筋だったのではあるまいか。

龍馬の私設傭兵《ようへい》、小型海軍だ。

「社中」をあなどってはいけない。隊員全員が航海術を心得、艦砲射撃法、砲弾道距離計算法、信号旗、接近戦での操作を学んでおり、かなりの仕上がりだ。第二次長州征討戦では、長州の軍艦ユニオン号に乗って下関戦争に参加、幕府を迎撃し、勝利に導いている。

強力な戦力を有しているイギリス国策商社、東インド会社とジャーディン・マセソン社を真似たのだと思う。アヘン戦争では、イギリス軍より、二社の戦力の方が勝っていたという評価すらあったほどで、現代のイメージとはまるで違い、商社＝軍隊である。まさに「商社は国家なり」で、「社中」も、それを目指していたのではないだろうか。

龍馬は北海道に興味を持っていた。しかし巷間言われているように、汗水流して百姓をやろうというのではない。新政府構想に失敗した時のための布石、北海道の独立国家樹立だ。革命家ならだれでも夢見ることで、それには軍艦による海上封鎖が必要になってくる。

あとになって、この「独立国」構想をそっくりいただいたのが、北海道に立てこもった榎本武揚だ。幕府海軍を率いて、「蝦夷（函館）共和国」を宣言してみせたところなんぞ、龍馬の考えそのままである。

共和国というのは選挙によって議員を選び、国家を運営する形をとる。

天皇は必要ない。長州にガッチリ囲われている南朝天皇革命への興味は薄れたと思う。というのも、船中八策のどこにも天皇の登場はなく、すでに龍馬は天皇制を捨てていた。

そういう解釈でなければ、私の実感に合わない。

幕末政治に、公然と介入しはじめた英国

66年。3月にホップ、ステップの2回、最後は5月10日の大ジャンプ。合計三回、なにかというとジャパンタイムズに載った大論文だ。

『英国策論』である。若干22歳アーネスト・サトウの書いた内容は激しい。

〈外国を欺《あざむ》き続けた将軍は、その座を降りろ〉

〈日本国は、天皇と大名の連合体が支配しなければならない〉

〈約束した兵庫開港期日がこじれれば、イギリスは強制と流血の手段に訴える〉

開港の期限は1868年元旦。さもなければ流血の手段、早い話、英国が攻撃するというのである。

表向き、局外中立とか、内政不干渉だと言ってたくせに、「流血の手段に訴える」などは、アメリカ独立に武力で介入した英国王、ジョージ三世気どりだ。

この宣戦布告を織り込んだ論文は、ただちに日本語に訳され、大坂、京都の全書店、及び貸本屋で発売、異例の売り上げを記録する。３００藩に漏れなく送り付けたらしく、西郷などはそれを頭上にかかげて、我々の目指す議会制は英国の明確な意志だと言って回った。

『英国策論』は、薩英戦争前から英国のエージェントとして活躍し、その後英国に放たれた薩摩の伝書鳩、寺島宗則が、英国外務大臣クラレンドン伯爵に提出したものと、内容が一致している。薩摩（西郷）とアーネストの合作以外のなにものでもない。

受け取った諸藩にしてみれば目が泳ぐどころではない。薄々感じていたものの世界最強国が公然と薩長帝国と一体であることを表明したのである。今で言うならば、九州、中国連合に米軍がつき、イージス艦と原潜が東京湾に入り、ステルス戦闘機で核をちらつかせ、永田町に政権交代を突きつけたくらいのインパクトだ。

「戦略核一〇〇〇発くらいあるけど、あんたの県は、どっちにつくんだ？」

不安を煽り、意のままに操る。これで、たいがいの藩がガタガタになって、幕府から距離をおいた。『英国策論』。「言葉は神であった（ヨハネの黙示録）」のだ。

文字は武器、文章は魔法である。壁を突き抜け、山を飛び越え、どこにでも忍び込んで敵を脅し、洗脳する。英国は情報戦を心得ていた。

『英国策論』は、これまで討幕の主役だった攘夷思想を可燃ゴミとしてきれいさっぱり処分。で、「開国の種」を列島にまき散らしたのである。あとは大きく育つまで待つ。

その後起こった幕末史はアーネストのスケジュール通りだ。そう、『英国策論』の「香《こう》盤表《ばんぴょう》」にしたがって1868年1月、強制と流血の手段、鳥羽伏見の戦いがはじまるのである。

将軍家茂急死の怪

幕府は第一次長州征討に続き、第二次にも打って出た。むりやりの出陣は、アーネストの『英国策論』への対抗だ。あんな文章など、へのカッパだ。幕府はやる時はやるぞと、諸藩引き締めを目論んだ大デモンストレーションでもあった。

あたかも米海軍の威嚇《いかく》航行に、北朝鮮が虚勢を張ってミサイルを発射してみせるがごとき哀《あわ》れさが漂っている。ミサイルは米軍というより、自国民に対するアピールで、第二次長州征討戦もそういう色合いが強い。

下馬評《げばひょう》通り、二回目は前回と打って変わって、薩摩が出兵を完全拒否。他藩も、『英国策論』が効いて、すっかりビビッている。ようやくかき集めたのが8万の幕軍、士気のないまま、だらだらと開始。

近藤勇の分析が的中、線香花火よりショボかった。

迎撃の長州にはグラバーがついていた。4000の新式銃が兵隊全員に配られているうえ、砲弾の飛距離も違った。火縄銃VS新式銃。無気力VS気力充分。開きがありすぎた。

龍馬の私設海軍、「社中」も長州の軍船乙丑丸《いっちゅうまる》を巧みに操舵し、幕府軍船をかたっぱしから撃沈、敵の大砲部隊を破壊した。

途中で総督の徳川御三家、徳川茂承《もちつぐ》（1844～1906　紀州藩主、和歌山県知事）が、一方的に辞表を提出してドロンと消えたあたりから、事態は坂道をころがりおちるように悪化の一途。こんな状況でなにが、できようか。荒野で弾丸の餌食《えじき》になるより、早く国に帰りたい。帰って風呂上がりに一杯やりたい想いがつのっている。

晋作は攻勢に転じた。やる気のない幕軍めがけ、小走りに小倉城に迫っている時だった。そこに予期せぬニュースが飛び込んでくる。

将軍家茂急死

正確には8月29日の死亡、将軍おん歳21。

幕軍の歩みはずっとムーン・ウォークだったが、肥後（熊本）のタヌキ侍が、藩をあげて敵前逃亡という唖然とするふるまいに及び、これで万事キュース。

死因はなんだ？

なにもない時代だから、噂以上の娯楽はない。尾ひれがどんどんくっついて秒速100メートルで、暗殺説が広がってゆく。場所は大坂城、病に倒れ、江戸から駆けつけた合計6名（4名説あり）の漢方医。いや、到着前に、だれが診《み》ていたのか？　そう主治医はみなポンペの弟子、良順もいたという。さては一服盛ったのではあるまいか？　そういわれてみると、たしかにあまりにも急だし、周囲の動きが妙だといえば妙で、潔白はだれも証明できない……きっと全員グルで、真相に口を閉ざしたのだという話は、風に乗って広がってゆく。

幕府の完敗。これが第二次長州征討の結果だ。

で、今までどこでどうしていたのか、資料にないからさっぱり分からないが、突然華々しく戦後処理の大舞台に登場したのが幕府内のエイリアン海舟である。

海舟は明治に入って、この時の処理交渉は、死を覚悟して臨んだと回想しているが、例によって反論するのもバカらしくなるほどの大ボラ吹きである。

海舟の寝返りは、長州側にも伝わっていた。そのことを、『氷川清話』で遠回しに自分で告白している。読めば分かるが、つまりはこうだ。

和平交渉ののっけから「自分の家宝は南朝天皇の子息の刀だ」などと耳打ちし、その刀を周到に持参しているのだ。

つまり、孝明は北朝天皇なのに「オイラは、あんたらと同じ南朝天皇を崇拝しているよ」という暗示。あとは落としどころに落とすだけの一人舞台。

幕軍は撤退するので、これ以上追撃しないでね、というだけの誇りの欠片《かけら》もない交渉で、それ以外ない。

勝海舟のしたことを卑劣で、赦《ゆる》しがたい裏切り行為だ、と思うかもしれないが、それは残酷な戦争の当事者ではない現代人の無責任な評価だ。私の見方は違う。デキレースのおかげで無駄な血は流れなかったというべきではないだろうか。

海舟の辞世の言葉は「これでおしまい」だったが、ほんとうは「ぜんぶウソピョーン」と言いたかったのではあるまいか？

孝明天皇急死の怪

孝明を囲った三条白マメとの派閥抗戦に負けた岩倉具視は、京都郊外の故郷、岩倉村にいったんは蟄居《ちっきょ》。口癖の「ドモナラン」を連発していたが、しかし1年ほど前から、こっそり抜け出し、ちょろちょろと動き回っていた。で、公武合体から討幕へ転向。白マメが長州ならこっちは薩摩だ。自分を蟄居に追いやった憎っくき孝明一派を一掃すべく、大久保利通（薩摩）らと朝廷中枢へと、その小っちゃな手を伸ばしていた。

で、「国内対立の根本は孝明にある」と堂々と批判。「孝明は天下に謝罪しなきゃドモナラン」と舌鋒《ぜっぽう》鋭く攻撃。日増しに国の敵は孝明だ、との発言を強くする。

将軍の突然死から半年後の1867年、1月10日に家茂のあとを継いだのは、二心殿の慶喜。

と、その20日後、最後まであきらめず長州攻めを号令しつづけていた孝明が、ポックリと死亡。タイミングがよすぎませんか？

薩長同盟が成立し、長州に進軍したとたんに将軍が死亡、岩倉が策動したとたんに、天皇が死亡。英国の最大の敵、反開国派の将軍と狂信的な攘夷主義者の天皇、邪魔者の両巨頭が、あいついで日本から消えたのである。これを偶然すぎる、ありあえない、おかしい、と思わない人の方が頭がおかしい。アーネストは日記に、他殺を匂わせている。

王を殺せば王になれるが、天皇を殺しても天皇にはなれない。なぜなら、そこには血筋という難関が横たわっているからだ。支配者の選ぶ道は三つ。世継ぎの「玉」を人質に取って操縦するか、ルールを変えるか、血筋を偽るかだ。日本史は天皇らしき人物が出現した650年ごろから、約1350年間、この三つでやりくりしてきている。

新撰組分裂

新撰組の粛清は続いていた。いや、もっとひどくなっていた。

大石《おおいし》造酒《みき》蔵《ぞう》を殺害、河合《かわい》耆《き》三郎《さぶろう》斬首、小川《おがわ》信太郎《しんたろう》強制切腹……そんな中、分裂の兆《きざ》しが芽生えていた。

中心人物は中途入隊、前に述べたハンサムな茨城の志築《しづく》藩士、伊東甲子太郎だ。

水戸学を引きずったまま新撰組に参加、すでに3年間を過ごしていた。頭脳プ

土方久元
土佐藩士。明治になって薩の海軍、長の陸軍。行くところがないので土佐は隙間をぬって警察官僚と宮内省ポジションをゲット。宮内大臣、農商務大臣を歴任した

レイは得意中の得意で、参謀兼文学師範、隊内での人気も高かった。美貌と頭脳、それに野望が加わったのは、龍馬暗殺の10カ月ほど前、67年の春である。2月22日、九州遊説の旅に出て、そのまま太宰府に入った。

そこで、だれと会っていたのか？

土佐犬の中岡慎太郎、土方久元《ひじかたひさもと》、真木外記《げき》（1821〜1901　蛤特攻で自害した南朝崇拝者真木和泉の弟、隠岐県知事、大森県権知事）などの討幕派幹部と会い、新撰組からの独立を話し合っていたのである。3月7日のことだ。

これで伊東の仮想世界が見えてきたと思う。彼もまた攘夷を捨て、親英派に進化した転向組だ。

三条白マメに面会、新撰組の実態を話した。

「尊皇で募集しておきながら、本籍は幕府の会津。私は南朝崇拝の水戸の出ですから水と油、決して交わることはありません。この際、分離独立をやり遂げたい」

「おおう、そうかそうか、そうしなはれ、期待してるでおじゃる」

「しかしそれは禁断の裏切り行為。あのアナーキー集団に、ありとあらゆる地獄を見せつけられるのは目に見えています。怒らせることだけはしたくはない、どうしたらよいのやら……」

　途方にくれる伊東。

「脱退希望者は何人かえ？」

「15人ほど」

「簡単でおじゃる」

　白マメが知恵をつける。

戸田忠恕
考古学をメチャクチャに偽造した男の偉業を
そのまま宮内庁が受けつぐ

「戸田君がいい」

「戸田？」

「うむ……幕府をダシに使う」

「？」

「分からんのか……ほれ、幕府の配下に入るのじゃ。そうすれば、いくら新撰組でも、手出しはできないでおじゃる」

「幕府の配下……」

「新撰組から、別の幕府の組織へ鞍替えするのでおじゃる」

白マメの口元が、勝算ありとかすかに微笑んでいる。

「幕府の、尊皇組織でおじゃるよ」

「はて……」

「山陵奉行《さんりょう》」

「キティちゃんでござるか？」

「それはサンリオ。こっちは、山陵」

山陵とは天皇の墓のことだ。「山陵奉行」は天皇陵墓の補修、管理の専門職である。

幕府が公武合体を標榜《ひょうぼう》するならば、そのくらいはやるべきだと朝廷に押しつけられて、新設したいわば独立法人だ。官僚の本能は際限のない増殖であるからして、ほんとうは官益なのに「公益」と偽ってナワバリをどんどん拡大するがごとく、この時の朝廷も、公武合体をアセる幕府につけ込んで奉行ポストを一つ増設、人事指名権を獲得した。で、「山陵奉行」を、息のかかった仲良し同好会である宇都宮藩の独占としたのである。

朝廷大好き宇都宮藩主、戸田《とだ》忠恕《ただゆき》（1847〜68）。天狗党の反乱にも同情的で、追討しろ！　の幕命を無視し続けたにもかかわらず、処罰されなかったのは、ひとえに三条白マメの存在が大きい。

ようするに「山陵奉行」というのは、白マメと戸田が知恵を巡らせた幕府と朝廷の共同外部団体である。

高台寺 月眞院
御陵衛士最後の屯所。食費は薩摩藩から出ていた

しかし「山陵奉行」の歴史学上の罪は大きい。

尊皇整備と称して、目星をつけた古墳には土砂を大量に積み上げるわ、拡張はするわ、存在しなかった堀まで出現させるわで、原形をとどめないほどやたらめったらの大改造。中には円墳だったものを、勝手に四角を付け足して、前方後円墳にしたものもある。歴史の破壊行為は、その後の古代研究に、誤解と苦難の道を積み上げたのである。

当時としては天皇陵は、立派で豪華の方がいい。杓子定規《しゃくしじょうぎ》に考えることはない。すべては尊皇、権威のためである。

「伊東君、君を山陵奉行配下に置く」

白マメが続ける。

「天皇の御陵を守る『御陵衛士《ごりようえじ》』。これならば幕府と朝廷の正式な役職だから、新撰組とて、手出しはできまい」

「た、たしかに……白マメ……じゃなかった三条様は天才でござる」

「マロは、奉行の戸田チャンに貸しがある。話を付けておくので、安心してたもれ」

土佐犬の中岡も横でほっとして、しゃべった。

「伊東君、あの近藤勇という自信家は、世の中を外から見られない限界男だが、くれぐれも気を付けたまえ」

「バカな真似はさせないつもりですが……」

「こう言ったらどうかね。今回の独立で新撰組の看板はおろしますが、むろん店仕舞《じま》いはしません。あくまでもこれはポーズ。自分は新撰組と仲たがいをして独立チームを作るふうを装って、薩摩の懐に入り、連中の食べカスを拾い集めて一つ一つ分析して動向を探って伝える。と、こう持ちかけるのですよ」

「新撰組のスパイに？」

「そう、それで近藤は君を信用する」

伊東は京都に帰ると、「山陵奉行」の宇都宮藩主、戸田忠恕から「御陵衛士」を正式に拝命、正面切って新撰組からの独立に成功した。苦虫を噛む近藤勇。が、相手が山陵奉行じゃ、いかに理論派の近藤でもどうにもならない。

手筈通り、本来の目的を隠して、ニコやかに挨拶をかわして退室する伊東。

4月24日、伊東甲子太郎以下16名が分離、西本願寺から城安寺《じようあんじ》に引っ越す。翌日、さらに五条善立寺に移動した。

新撰組
↓
御陵衛士（16名）

6月13日、伊藤の部下、新井忠雄《あらいただお》が太宰府に到着。鼻高々で東久世通禧《ひがしくぜみちとみ》、三条西季知《さんじようにしすえとも》、真木外記、土方久元に「御陵衛士」結成完了を報告している。

分裂したのは新撰組だけではない。組織は常に分かれるので、討幕組もまた、パックリと二つに割れていた。

（亀山）社中はなぜ海援隊になったのか？

前にもちらりと触れたが、「亀山社中」という表記は、正式名称ではない。当時はだれもそのようには言わず、ただの「社中」と呼ばれていた。

異変が起こったのは1867年5月、龍馬暗殺の約半年前だ。突然の社名変更、ニューネームは「海援隊」である。

「社中」から「海援隊」へ。気まぐれでそうしたわけではない、そこには重大な事柄が隠されていた。お分かりだろうか？　そうせざるをえなかったのだ。

「社中」と「海援隊」。この二つはどう違うのかを考えてみる。

両者は海軍と商社を兼ねた組織であることに変わりはない。では、なにが違うのか？

なぜ、「社中」を捨て「海援隊」にしたのか？　原因は二つ。

まず、かつての贔屓筋、グラバーが「社中」にイチャモンをつけ続けたことだ。自分のダミー子会社として作り、その番頭として龍馬を置き、ノウハウを教えたのに、あたかも自分がオーナーであるかのようにふるまい、かってに商売を決め、しかもマージンを寄こさない龍馬。そこで絶縁状を回した。アーネストやパークスに、龍馬は信用ならん、「社中は」もう預かり知らぬ団体だとチクったので、なにかと動きづらくなったのが一つ。

さらに薩長との関係もおかしくなっていた。彼らも龍馬と距離をおきはじめたのだ。詳しく調べれば分かるが、互いの意見が、嚙み合わなくなっていたのである。

この辺りを見てみよう。薩長連合は隠し玉を共有していた。「すり替え天皇計画」だ。これは、平和革命を目指す龍馬には呑めない。将軍が降り、天皇は孝明の息子睦仁でなければ平和革命はムリなのだ。しかしアーネスト・サトウと、サトウの盟友西郷隆盛、大久保利通、さらに岩倉具視、三条白マメ、伊藤博文ライン、つまり英、薩、長連合＋朝廷三条白マメ、ドモナラン岩倉にとって南朝革命は決定事項、そのための武力による「御所」包囲➡職員全員追放という舞台設定が必要だった。したがって強引な武力革命を目指し始めていたのである。

英薩長朝廷南朝派（武力革命路線）→討幕密勅

VS

龍馬幕府開明派（平和革命路線）→大政奉還

龍馬の、諸藩合議制による平和路線と英薩長武力革命路線の対立である。

薩摩を牛耳《ぎゅうじ》った武力派グループは本来の目的を隠しながら、龍馬とその民兵、「社中」を潰しにかかった。

「諸般の事情により、これ以上資金は出せない」

薩摩藩は社中への資金を止めた。当然武力革命で一攫《いっかく》千金を夢見るグラバーからも、やいのやいの言われており、龍馬に未練はなかった。頼るべきは大政奉還の同志、土佐の参政、後藤象二郎《ごとうしょうじろう》と事実上の藩主山内容堂。で、生まれ故郷に、資金面も含めて丸ごと抱えてもらって誕生したのが「海援隊」である。

それなのに書店に並ぶ歴史本はどれも、「龍馬は政治のごたごたより、世界を見据え、貿易を考えて新しい商社、『海援隊』を設立した」などと書き、意味不明の男のロマンを理由にあげている。

なぜこんな切羽詰まった忙しい時期に、わざわざ名称を変える必要があったのか？　その問いに答えられるのは、今私が述べた背後関係だけだ。

海援隊は商売が目的ではない。武器取引で、隊員たちを食わせてはいるものの、見据えていたのは、万が一の武力衝突だ。だから「社中」ではなく「隊」にしたのである。「隊」は軍隊の「隊」。手短に言えば、龍馬と後藤が目論んだ「大政奉還」実現のための民兵だ。

隊員約20名（15～30の諸説あり）、保有船1隻、使用船3隻、これがスタート時の海援隊の大ざっぱな戦力である。

陸援隊の敵は海援隊

その情報は、すぐに土佐犬中岡の耳に入った。

中岡は薩長と通じている武力革命派だから、遅れること2カ月後、対抗するべく私兵を持つ。これが陸援隊だ。隊員数70名（100名説あり）と数では海援隊を圧倒した。

中岡がなぜ大人数を集められたのか？

その裏にはドモナラン岩倉の存在がある。エビデンスは陸援隊に集まった顔ぶれだ。土佐藩ではなく京都出身者9名ほか、水戸藩、十津川《とつがわ》郷士など岩倉筋の息のかかった人脈で成り立っているのだ。

「陸援隊」の主要な密命は「海援隊」の阻止、ようするに対立する龍馬の大政奉還封じ込めで、これでザックリと、幕末維新の真実が見えてきたはずである。

板垣退助（31歳）
土佐大殿の山内は薩長と一緒に兵を挙げようとしている板垣をアメリカ留学に追いやり、大政奉還を進めようとしたが失敗。大目付となった板垣は土佐全軍をひきいて薩長州と合流、内務大臣を3回も歴任した

龍馬ダマシの薩土密約

武力を選択肢のド真ん中に置く、薩長同盟。

バックには、イギリスがついている。プロデューサーは英国公使パークス、アーネストはディレクターだ。これで完璧。

コントロールセンターに陣取るアーネスト。各藩、各グループに忍ばせているレポーター（工作員）から次々と上がってくる情勢をつぶさに分析しながら、薩・長・土を武力討幕へと誘導してゆく。見事としかいいようがない。いよいよ運命を賭けたクライマックスに突入する。

〈革命は、日本人がやったように見せなければならない〉

パークスとアーネストに課せられた本国の指令だ。公文書に幾度も登場する文言で、これこそ明治革命は英国が仕切っている証拠である。

表に出るな！　支配者ではなく、解放者に見せろ！　未開国の植民地化は、150年の経験があり、成功したアカツキには富が英国に流れる。しかし、そんな時代は過ぎている。英国本国の領土拡大熱は冷めているものの、パークスとアーネスト・サトウは前のめりだった。

討幕連合の朝廷の主要メンバーは、ドモナラン岩倉と三条白マメ。軍の全体は原住民の親分みたいな薩摩の西郷がまとめている。南朝天皇を囲っている長州軍は桂小五郎と伊藤博文が仕切っているので不安はない。問題は土佐だった。薩長と秘かに組んだのは土佐犬の中岡グループ。しかしそこに、幕府の若年寄の永井尚志とエイリアン勝海舟とのパイプが太い龍馬の大政奉還、平和路線が立ちはだかっていたため、土佐軍は金《かな》シバリになっていた。

ギリギリまで手の内を見せず、平和路線ポーズを取り続ける中岡率いる土佐武力討幕派。彼らのポーカーフェイスを疑う龍馬。

「中岡どん」

西郷が続ける。

「薩長同盟に奔走してくれたのはありがたいが、ばってん、肝心のあんたんとこはどうなっておるんかいの？　土佐じゃ、容堂公も、参政の後藤象二郎どんも、龍馬どんのドンパチやらない大政奉還路線で固まっており、その案が、徳川はじめ他の藩にウケまくってお るっちうごわすじゃないですか」

「いんや、西郷さん。土佐のことは土佐、カツオ武士のこの私めにお任せきに」

と土佐犬が吠えれば、カツオ武士の大目付板垣退助も横からこう述べる。

「薩長が蜂起すれば、我が藩論のいかんを問わず、この板垣めが、全軍を率いて参戦するきに」

　こうして１８６７年６月23日、京都の薩摩藩家老、小松邸で密約が交わされた。

教科書では『薩土密約』と呼ばれる同盟が成立。薩摩と「土佐過激派土佐犬グループ」だけが手を握った武力革命の決定的瞬間である。

「ほんじゃ、平和ボケの龍馬を、どげんかせないかんですな」

　このとき、龍馬の運命が決まった。

御陵衛士を殲滅せよ！

伊東甲子太郎の御陵衛士が始動、７月９日アジトを月眞院《げっしんいん》に移した。

どえらいことが起こったのは４日後だった。新撰組から10名が脱走し、我も我もと御陵衛士への合流を希望したのである。

近藤との取り決めは、引き抜き禁止。これは破れない。止めなければ10倍の数の新撰組が全力で襲ってきて、御陵衛士は秒殺。ヤバい！　伊東は迷惑千万だと追い返した。

離脱組はあきらめなかった。翌日には行先を変えて、望みを会津守護職にたくした。新撰組はキツすぎる！　いやだ！と脱退請願書を提出する。直談判をここころみるが、あっという間に駆け付けたのは物騒なダンダラ羽織。

佐々木高行
龍馬から中岡へ転向した男。大政奉還阻止のため龍馬を京都から引き離し、仕事をさせなかった

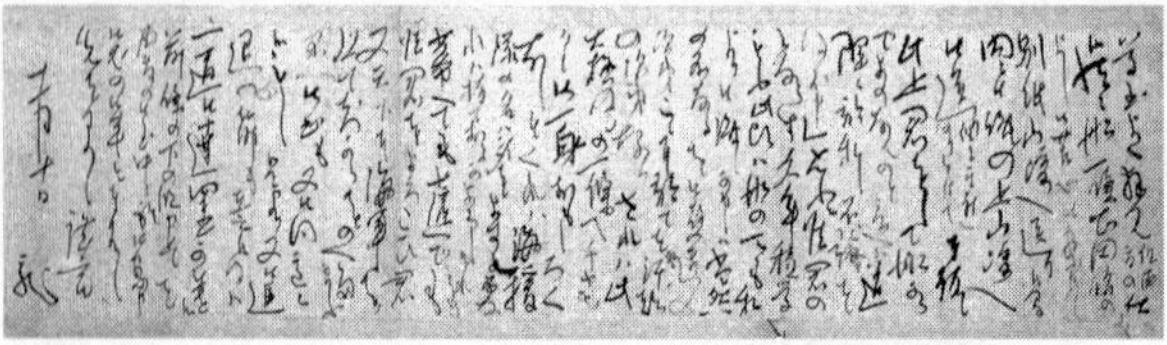

龍馬から林謙三への手紙（高知県立坂本龍馬記念館『龍馬書簡集』）

「笑える。図に乗ると、ためにならんぞ」

説得するも意固地の10名。業を煮やした近藤は会津の許可の元、すぐさま4名の切腹を強制し、6名を新撰組から追放した。こうしたやり方を続けていると、やめ時が分からなくなって、粛清が止まらなくなる。

悪いことがあったあとに、近藤にとって良いニュースが飛び込んでくる。気分一新の朗報だ。

7月11日、夢の幕臣になったのだ。新撰組全員が非正規から正規の公務員。時代遅れの傭兵は、まさに幕府好みで、近藤特務機関の情報収集能力と鉄砲玉的即戦力は混沌とした時代、利用価値があった。前回は断ったが、今回は喜んで受け入れる近藤勇。

来たる日本の大改革を予感し、幕府直参の方が、新政府でいいポジションにありつける。会津からのランク・アップだ。この召し抱えには、半分男永井や腰くだけの小笠原の力も働いていた。

4日後、新撰組が引っ越した。

移った先は不動堂村、静かな郊外である。行ってみるとこつ然と姿を現わしたのは、大名屋敷と見まごう豪勢な新築物件だった。西本願寺のはからいである。

「近藤様、いかがでございましょうか？」

「うむ、これはこれはありがたい。断れんな」

新築費用はぜんぶ西本願寺持ち。笑いを嚙み殺しての最上のモテなしである。

この、はなばなしい演出には、むろん裏があった。来たる鳥羽伏見戦への布石だ。新撰組を、「御所」に近い西本願寺から遠ざけておく、という長州の策略だ。殺しても墓の中から這い出して刀を振り回すような連中だから、天皇すり替えの下準備として少しでも、「御所」からは遠ざけたい。

7月23日、近藤勇が幕府親藩会議に出席。立ち上がって、軟弱な諸藩の非難演説をぶつ。弱腰、日和見《ひよりみ》を痛烈にやりこめ、なにかを企んでいる長州攻めを主張した。翌々日、土方が非協力的な親藩批判の建白書をまとめ、提出している。

7月23日、新撰組は除隊した武田、加藤羆《かとうひぐま》の二人を惨殺。その日、近藤は旗本となる。百姓が、わずか5年で旗本になるなど、めったにあるものではない。それほど弁舌に長《た》け、実行力があったのだが、秀吉並みの奇跡の大出世だ。

同じ日、京都三本木の料亭で、「薩土同盟」が成立。

薩摩は小松帯刀《こまつたてわき》、西郷隆盛、大久保利通。このメンツはひと月前の「薩土密約」とそっくり同じだが、カツオ武士の方はがらりと変わっている。土佐藩上席、後藤象二郎。オブザーバーは龍馬と中岡だ。こちらは平和革命大政奉還を目指す正式な同盟だ。

つまり薩摩は水面下で陸援隊率いる過激派の土佐犬中岡グループと「武力蜂起」を約束し、表では海援隊の龍馬と「平和路線」を誓ったのである。相反する二つの同盟。

ダイコン役者は聞いたことがあるが、イモ役者の大嘘芝居だ。龍馬、永井の大政奉還グループはすっかり騙され、これで出し抜かれることになる。

一人、注目すべき人物が同盟締結に出席していた。土佐の佐々木高行《ささきたかゆき》（1830〜1910　土佐藩士大目付、工部卿）だ。

佐々木は龍馬と親しい。龍馬が手紙を出した相手としては姉の乙女《おとめ》の次に多く、分かっているだけで12通。

しかし佐々木は9月10日、土佐犬中岡からも手紙を受け取っている。武力蜂起を促す内容だ。佐々木は、生きのびるために龍馬を見限り、土佐犬討幕グループを選んだ。状況は流動的で敵、味方が見極めにくいが、確実に龍馬の周りが一人ずつ切り崩されていて、さまざまな状況がそれを示しているのだが、あることに忙殺されていて龍馬本人は気づかなかった。

イカルス号事件は龍馬を封じた

薩土同盟成立！　大政奉還……龍馬が平和革命の夢に向かってまっしぐらに動きはじめた矢先、それは突然起こった。

８月末の「大極丸事件」だ。龍馬はその件で西郷に呼び出されている。

大極丸は、薩摩から土佐が買い取り、海援隊が使用中、神戸停泊時にその乗務員、つまり海援隊員が殺人事件を起こしたのではないかというのだ。釈明に身体をとられる龍馬。しかし事件はうやむやで、ほんとうにあったかどうかすら判然とせず、西郷、大久保の芝居だった可能性は残る。で、ようやく京都にもどると、今度はイカルス号事件が待っていた。

７月６日の長崎、イギリス人水兵二人が何者かに斬り殺された事件だ。

突然パークスは、海援隊が下手人だと騒ぎだす。証拠はなにもない。しかし執拗に追及するパークス。バジリスク号でわざわざ土佐まで出かけ、面会した後藤象二郎をギャンギャン怒鳴りつけている。

事件は酔っぱらいの下級水兵が、イザコザを起こしたうえで斬られたというのだが、過去にも似たような事件は起こっている。しかしだからといって、大英帝国の公使自らが、これほどまでに口を突っ込んだためしはない。異常だ。

パークスを乗せた船は8月31日から3日間、土佐須崎港に停泊。

注目して欲しいのは、その間龍馬も須崎港に密航、そのまま三邦丸《みつくにまる》に潜伏しているという事実だ。自分の意志で来たのではない。京都にいた龍馬は、松平春嶽から山内容堂公にあてた秘密書簡を、土佐へ向かう佐々木高行に手渡すために追いかけて三邦丸に乗船、話し合っているうちに船が出てしまったというのである。これは偶然を装った佐々木の罠だと私は思っているが、そういうわけで龍馬は京都、大坂を離れてしまうのである。

ひとくさり騒いだパークスは土佐を後にするが、残ったアーネストは容堂公と面会。主題は来たる武力革命だろうことは、想像するまでもない。そこに龍馬の姿はない。船の中に隠れたままだ。その後は偶然なのか計画的なのか、アーネストと同じ、「夕顔」で長崎に向かい、結果京都からはさらに遠く、引き離されることになる。

けっきょく犯人は海援隊でなく、土佐ともぜんぜん関係のない福岡藩の末端だったのだ

原市之進
同じ水戸藩士の二人に、よこしまなヤローだと殺される

が、いったいパークスの大騒ぎはなんだったのか？

　私はこれについて改めて考え、これまでずっと、思い違いをしていたことに気付いた。長い間、龍馬が土佐に乗り込んだのは、山内容堂公と大政奉還を共有するためにパークスの大芝居だと思っていたのだ。

　言い換えるとパークスは、龍馬、エイリアン海舟と共に平和革命を選択し、アーネストは武力を進めるという和戦両にらみで、二つのグループから情報を吸い上げていたと思っていたのだが、パークスの腹はすでに武力討幕で固まっていたのだ。つまりこの時は秘かに武力派に加担していたと考えている。

　パークスとアーネストはイカルス号事件を口実に後藤と龍馬を振り回し、大政奉還で動けなくする作戦をとった、というのが今の私の見立だ。龍馬を長崎、土佐と連れ回したのは土佐犬中岡と通じていた佐々木高行で、土佐から長崎へはアーネストが受けもった。

　鬼のいぬ間に、土佐犬の中岡慎太郎と板垣退助は土佐の藩論をまとめ、ちゃくちゃくと

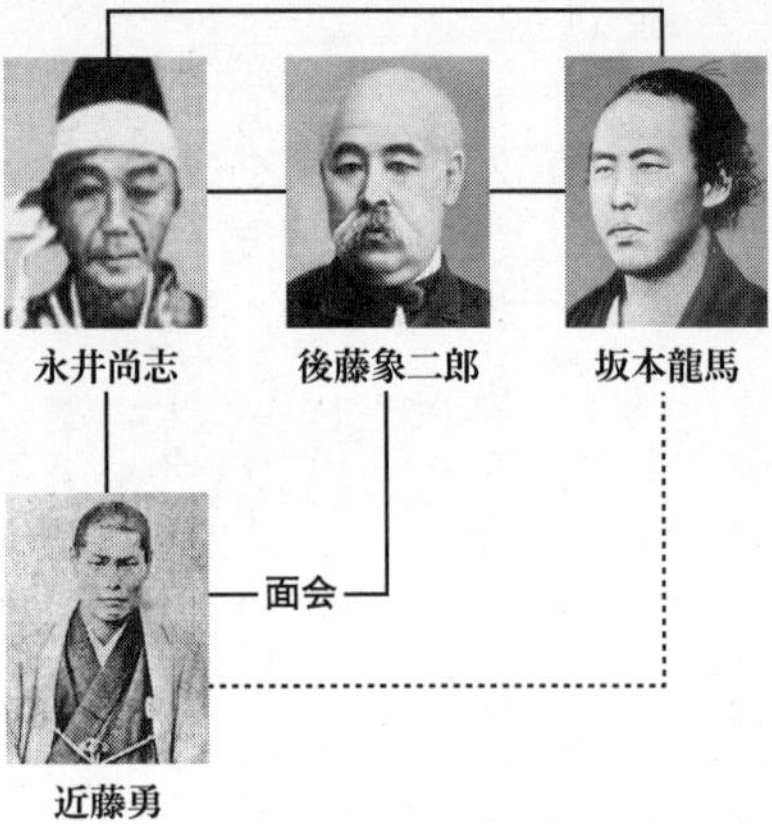

武力蜂起の足場を固めたのである。

　土佐犬中岡は秀逸だった。8月21日、藩内に影響力を持つ大物、本山只一郎《もとやまただいちろう》（1826〜87土佐藩大目付、板垣退助の親族。板垣のために迅衝隊《じんしょうたい》を結成し参戦）を一本釣りし、大政奉還構想批判書簡を出し、自分の陣営に引っ張っている。

　8月28日には、「陸援隊」を結成、本陣は京都白川に設置した。

　前にも述べたが「陸援隊」は完璧な軍事組織だ。来たるその日にそなえたもので、龍馬と海援隊、そして新撰組を封じる中岡の傭兵だ。龍馬に張り付き「大政奉還が失敗したら、討幕は一緒にやろうね」と、あくまでも海援隊と協力しているポーズを貫き続ける。

　同日、土佐犬は太宰府からのつきあいだった御陵衛士、伊東甲子太郎と面会。9月15日、再び御陵衛士を訪問。御陵衛士の橋本皆助《はしもとかいすけ》（1835〜71）が陸援隊に移籍した。

橋本は天狗党→新撰組→御陵衛士→陸援隊を渡り歩いた討幕の男、「陸援隊」と「御陵衛士」は同盟関係にある。

10月29日、中岡はふたたび大目付本山只一郎に手紙を書き、大政奉還をムダな「机上の空論」だと痛烈に批判、龍馬封じ込めを展開する土佐犬。

イカルス号事件にふり回され、ようやく龍馬が京都に帰ってきたのは11月のはじめだが、時、すでに遅し、土佐犬中岡はすでに足場を固めていた。

龍馬は、もっとも濃密で大切だった黄金の夏をただただ土佐、長崎とムダに漂流するのみ、望まぬ京都不在の3カ月は取り返しがつかない。

イカルス号事件を利用したパークス一座の演技は武力討幕派にとって、アカデミー賞総ナメの値《あたい》千金である。

佐々木の裏切りに気づいた龍馬は、10月26日、桂小五郎宛ての手紙の返還を佐々木に要求。以降なじまず、断交した。

近藤勇は龍馬とつながっていた

1867年、9月11日、二心殿の将軍慶喜がようやく「大政奉還」の一心殿となったのも束の間、アシスタント、原市之進《はらいちのしん》（1830～67）が殺害される。下手人は不明。前任者の平岡円四郎《ひらおかえんしろう》（1822～64）もヒットマンに殺られて失っており、大胆にも刃《やいば》はド真ん中、将軍の側近、幕府のトップまでのびているのが分かる。事態を重くみた佐幕派の公家、及び腰の中川宮朝彦がオロオロと青ざめ、もはや信頼のおけるのはこの侍しかいない、と慶喜ボディー・ガードに新撰組局長近藤勇を推薦した。

が、近藤は、その話を断っている。

自分はあくまでも半分男永井の家来、二君に仕えることはない。二人は長州訊問からの付き合いだが、近藤は身辺警護だけではなく、アドバイザーとして対外的な調整役もこなし、その後の親藩会議では、プレゼンター、ネゴシエーターとしての能力を発揮、永井の方も近藤勇の忠義、度胸、会話力のすべてを高くかっている。

ここからの展開は龍馬暗殺の犯人が新撰組ではないことをはっきりと裏付ける場面なので、気分を一新して読み進んでいただきたい。私なら『利休楽』という旨い抹茶を点《た》て、一服する。

全面的に信頼を寄せた半分男永井も、ようやく一人前になって、10月17日、なんと土佐藩参政、後藤象二郎に近藤勇を売り込んだのである。後藤も馬が合って、近藤との再会を約束して別れている。

10月27日、近藤勇のもとに後藤から一通の手紙が届く。

〈大政奉還の建白書の件で忙しく、身動きが取れない。再会できないのが残念である〉

後藤ははっきりと大政奉還に触れている。このことから、前回のミーティングで、龍馬と一緒に推し進めている唯一の徳川温存策、大政奉還構想を打ち明けており、近藤はそれに共鳴していたことが分かる。そうでなければ、わざわざ手紙でこれから先に成立する極秘の「大政奉還」の四文字を記さないだろうし、それを理由にすることはない。行間からは「君も大賛成の大政奉還。私はそれに汗をかいているのだから、会えないことを許してね」という雰囲気が読みとれる。

この手紙を出したのは、龍馬が「大政奉還」を朝廷に提出する10日前だ。その時すでに龍馬、後藤、永井、新撰組の近藤の四人は、心を通わせている。

死の直前まで龍馬は永井に会い続け、手紙にははっきりと「永井は同志だ」と書いているのである。

点と点がつながったと思う。こうした状況からして新撰組が龍馬を狙っていた、などというのは180度トンチンカンな戯《ざ》れ言《ごと》だということが、見破れるはずだ。11月2日、近藤のアンテナに重大な情報がひっかかる。陸援隊への潜入スパイ、村山謙《むらやまけん》吉《きち》がもたらした緊張すべき計画だ。討幕武力蜂起。

〈実行日は11月10日。薩摩兵が二条城へ突入、同時に京都所司代には陸援隊と十津川郷士、そして新撰組屯所には、ほかの討幕浪士組が襲撃する〉

新撰組もターゲットだ。ここまで書いて気付いたことがある。京都見廻組の存在だ。手紙やら書簡に名前が登場しないのだ。つまり、かつて京都所司代の末端に作られたはずの団体は、戦力にならないほど霞んでいたのではないだろうか。

警戒レベルを上げ、ただちに京都所司代に使いを出す新撰組。

龍馬暗殺一月前の探索レポートをもう一度述べる。

この時点で新撰組の敵は龍馬でもないし、海援隊でもない。あくまでも薩摩と土佐犬中岡の陸援隊である。状況、思想、どの角度から見ても、この時期、龍馬と新撰組とはケン

鳥羽伏見の戦い直前の英薩長連合

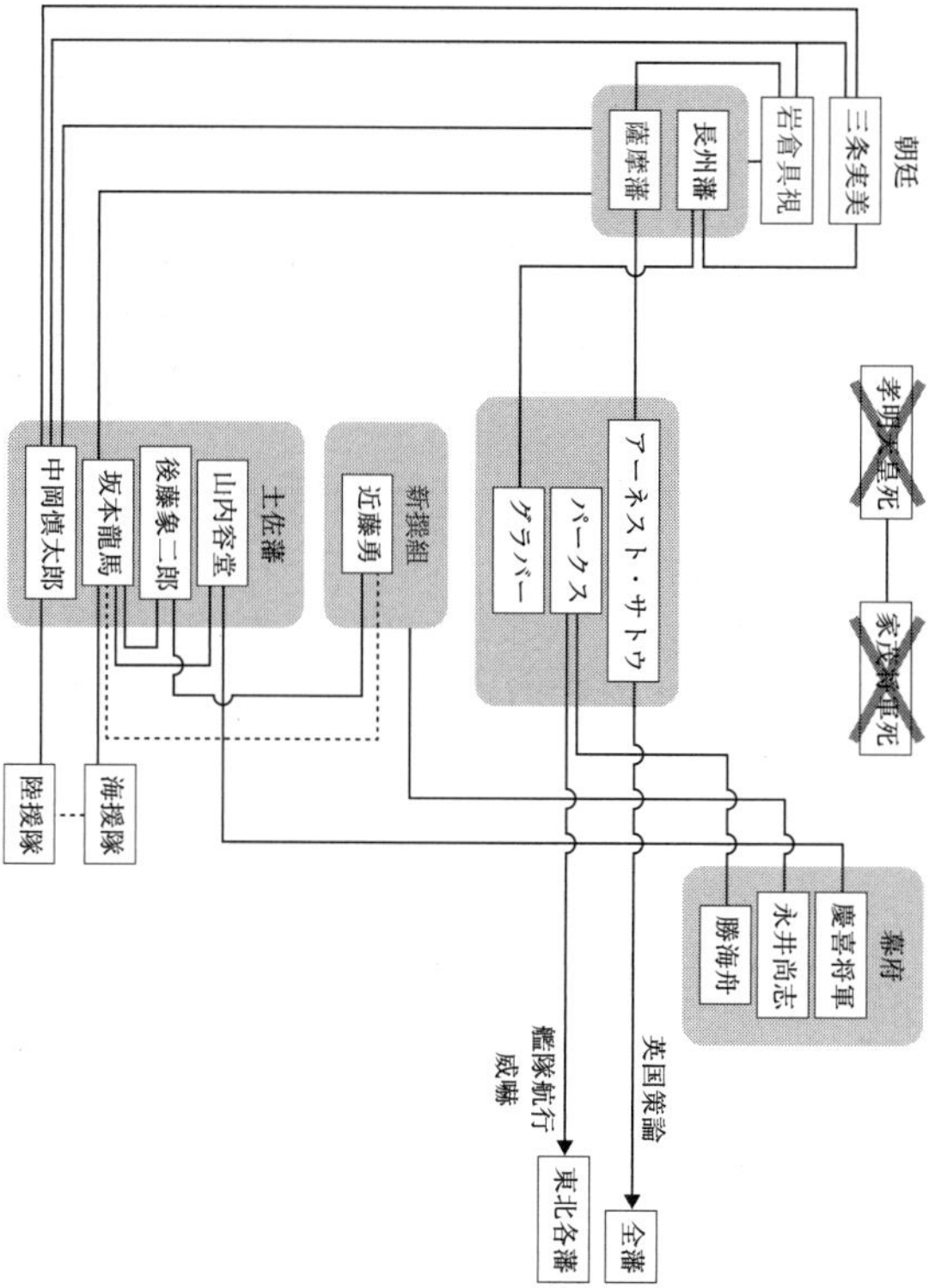

力にならないばかりか、逆に、徳川温存で同じ道を歩む最後の同志、いや新撰組こそ龍馬の砦となっていたと考えるべきだ。

第6章

脚本英国、メインキャスト勝海舟、徳川慶喜(幕府)側の明治維新

幕府、最後の切り札、龍馬の大政奉還

1867年11月9日。

摂政《せっしょう》、二条斉敬《にじょうなりゆき》（1816〜78　慶喜の従兄弟、明治革命で失脚）ら朝廷上層部が龍馬、後藤たちの「大政奉還」を受理。前日、在京の10万石以上の大名、40藩が二条城に集められ賛同を得ての結果だ。この日をもって将軍は全権を手放し、幕府が消滅。領地、領民……すべてが朝廷のものとなったのである。

一滴の血も流さず、徳川武断政治265年の世が臨終を迎え、平和革命が成功した。まさに奇跡。考え、激論を戦わせ、追われ、襲われ、疲れていながらも投げ出さなかった龍馬の到達点で、世界でも類をみない称賛されるべき偉業だ。

ほんとうに実現したのである。龍馬はこの瞬間をそっくりそのまま冷凍し、感動を永久保存したかったに違いない。これからが晴れ舞台、新世界の建設である。頭には、閣僚の面々が浮かんでいた。

ところがだ。おかしなことが伝わってきた。薩長挙兵の動きだ。大政奉還を自ら許可し、すでにトップの座についている天皇が、「討幕の密勅」を出したというのである。

すでに倒れ、存在しないのに討幕とはこれいかに？　笑止千万《しょうしせんばん》どころか、意味不明である。四方八方情報を集め回る龍馬。しかし、暴力に満ち溢《あふ》れた処刑命令はほんとうだった。歴史をほんのちょっと巻き戻し、「大政奉還」をなかったことにしたのは闇の勢力。真っ黒な陰謀が、龍馬が導いた道とは真逆方向に向かって進められていたのである。

だれの差しガネか？

やはり、そうなのか？　ドモナラン岩倉具視、薩摩のカミソリ大久保利通、長州は逃げの桂小五郎と女好きの伊藤博文、そして……土佐犬中岡……。

情報が錯綜《さくそう》し、複雑で流動的、まだ闇の現実が耳に届いていない龍馬は、それでも希望を胸に新政権樹立に向け歩み始める。ところが、薩長が兵を挙げるという噂は消えないどころか、ますます強くなってきた。

緊張が走った。

「そんなバカな。討幕？　幕府などなくなっちょるきに」

必死に情報を集める龍馬、同じ土佐の後藤、半分男永井、京都守護職、新撰組と連絡をとる。

闇でなにが起こっているのか？　たしかに、なにかが忍び寄ってきている。

龍馬が土佐犬中岡に尋ねる。

「薩長が騒がしい。おまはん、ひょっとしてなにか知っちょらんか?」

「いや。そんなことより新撰組が、おまはんを狙っちょるきに」

などととぼける土佐犬。龍馬が死に物狂いで探る様子は、私が解読した「龍馬の暗号手紙文」にはっきりと表われている。

あちこちにアンテナを飛ばして探り続ける、死の直前の龍馬の手紙だ。

暗殺2日前の手紙
龍馬から陸奥《むつ》宗光《むねみつ》へ

一、さしあげんと申《もうし》た脇ざしハ、
まだ大坂の使がかへり不レ申　故、わかり不レ申
一、御もたせの短刀は（さしあげんと申た）
私のよりは、よ程よろしく候。（但し中心《なかご》の銘及形）。

是ハまさしくたしかなるものなり。然るに大坂より

刀とぎかへり候時ハ、見せ申候。
一、小弟の長脇ざし御らん 被レ成度とのこと、ごらん二入レ候
十三日　謹言。
陸奥老台　自然堂《じねんどう》　拝

（現代訳）
一、陸奥に、あげようとしている「脇差」（小刀）は、
大坂から使いが帰らないので、いつになるか分からない。
一、陸奥が使者に持ってこさせた「短刀」は、私があげようとしている
「脇差」より、いい品物である。刀の中心の質や形もとても確かだ。
大坂で研いだ刀が返ってきたら、お見せしましょう。
一、私の「長脇差」を見たいとの希望、お見せしましょう。

この手紙を読み、龍馬は無類の刀好きだったという多くの学者がいる。思考脳がないのだが、切羽詰まったキワキワの時に「脇差」が大坂に研ぎにやっているとか、「長脇差」を見せようとか、ありえるわけがない。

では「脇差」「短刀」「長脇差」とはなにか？　それぞれ薩摩、土佐、長州の動きを探る龍馬が放った自分のスパイだ。薩長が兵を挙げるのか挙げないのか、大坂へ送ったスパイからの情報を待って、陸奥宗光に知らせようとしているのだ。

「討幕の密勅」は革命宣言ではない。革命なら「大政奉還」で、すでに完了しているのだ。したがって天皇名によるクーデターである。

だれしも清廉潔白とはいかないし、純然たる善でも悪でもない。彼らにもたくさん言い分もあるだろう。しかし岩倉、白マメ三条、薩長の日本横取りという暗い欲望は邪悪だ。

平和を潰し、日本中をペテンにかけ、「天皇すり替え」の証拠を隠滅するためだけに、戊辰戦争という大量殺戮《さつりく》を演じた。これが私が到達した幕末維新史である。

アーネストが日記に記した「荷物」とは？

高い所から全体を俯瞰《ふかん》できたのは、イギリスの工作員、アーネストただ一人だ。鳥羽伏見の戦いのちょうど1カ月前、12月3日に大坂に到着。直ちに情報指令センターを設けている。

アーネストの日記によれば、半分男の永井をはじめとする幕臣、薩摩の西郷隆盛、吉井《よしい》幸輔《こうすけ》、長州は伊藤博文、土佐の後藤象二郎、紀州の陸奥宗光など実に討幕グループから幕府グループまで幅広い人間と連絡を取り合っている。これだけでも驚きだが、この英国のジェイソン・ボーンは鳥羽伏見の戦い勃発直後も西郷隆盛、大久保利通、長州の桂小五郎、品川弥二郎《しながわやじろう》、土佐の後藤象二郎らと会い、官軍より先回りして江戸に入り、エイリアン海舟に会っていたことが判明している。

アーネストは西郷とべったりだ。彼の日本名、薩道愛之助《さとうあいのすけ》が示すとおり薩摩に入れ込んでおり、大久保の片腕である吉井幸輔を自分の手足として使っている。

その吉井が12月14日アーネストの元に馳《は》せ参《さん》じ、薩摩、土佐、宇和島、長州、広島が連合し、武力で押し進める方向で準備を固めていると報告したあと、龍馬暗殺を告白した。アーネストは自分の日記に、吉井は「犯人は不明だが下手人は3名」だと述べたと書いている。が、腑《ふ》に落ちない。なぜ犯人が不明なのに、3人だと断言できるのか？

吉井はちゃんと報告し、アーネストはすべてを把握しているのだ。しかし書かなかった。もし土佐犬中岡、谷干城《たにかんじょう》、田中光顕《たなかみつあき》という下手人の名を書けば、後々土佐藩内ゲバが露見し、何が起こるか分からないからだ。

土佐の大殿山内、大将後藤はもとより、薩摩の家老小松帯刀は龍馬の支持者だ。大政奉還を共に喜び、歩み出そうとしていた連中は他にも、譜代《ふだい》、外様《とざま》問わず少なくない。にもかかわらず、その心臓である龍馬を殺したとなれば、不測の事態が発生する。ペテンにかけられたと知った彼らは、命がけで結束する可能性は高く、そうなればダメージは大きい。絶対に知られてはならなかったのである。

武力革命はアーネストの信念だ。独裁国家における革命は彼の使命で、討幕派のために新政府樹立宣言文の下書きまで書いて渡すなど、未開の二流民族の操作などチョロいもんで、まさに意のまま、その有り様は弱冠24歳のアーネストの日記に生々しい。

その中に、妙な「荷物」なるものが登場する。

日付は、維新革命コントロールセンター設置で大坂出発のために江戸麻布の英国公使館を出、横浜に着いた翌日だ。

11月28日

〈パッケージ（荷物）が届かない。やむなく一日中、探し歩く〉

11月29日

〈昨夜、ラットラー号に乗艦。艦長はスワン。今朝早く蒸気をおこし、パッケージを探しに江戸に出かけたが、発見できなかった。横浜に戻ってみると、すぐにパッケージが届いた。われわれが江戸へ向かうのと入れ違いに、横浜についていたらしい〉

11月30日

〈夜明けに出航〉

パッケージとは英語で「荷物」のことだ。そのくらいはだれでも知っている。しかしこの場合は普通の「荷物」とはかなり様子が違う。

アーネストが一日中探しまくり、それでも見つからないので、わざわざドでかい軍艦を動かし、横浜まで探しに戻っているのである。丸2日を潰したと日記にも書き込むなど、よほど大切なものだ。荷物とはなにか？

武器はどうか？　薩長に渡す武器だ。たしかに重要物資だが、それほど大きなモノならば、見つかるはずである。それに、わざわざアーネストが戻る代物ではない。大物アーネストがめんどうくさがらず、うとんじることなく軍艦を動かさなければならないモノ。それが「パッケージ」である。

英語の「パッケージ」にはもう一つの意味がある。これを見逃してはならない。

パッケージは「隠された誘拐被害者」、あるいは「隠さなければならない重要人物」という意味だ。

この場合「隠さなければいけないＶＩＰ」ではないだろうか？　そう推測するほうが腑におちる。

ラットラー号（８８０トン）は、両舷《りょうげん》側に大きな水車が付いた旧式の外輪船ではなく、足の速いスクリュー軍船だ。最新式のＶＩＰ専用船を、たった一個の「荷物」のために動かしたのである。大切などというものではない。アーネストじきじきの庇護が、欠かせない「荷物」、いやＶＩＰ。そんな人物などめったにいるものではない。

おそらく艦長も知らなかったと思う。他と情報を共有しないアーネストだけが知っている最重要人物だ。

では「荷物」は幕府内のエイリアン、海舟であろうか？　アーネストの日記（11月18日）によれば、「荷物」日記の10日前に、軍艦奉行に昇格した海舟と会っている。

その時、海舟は、「内戦が勃発しそうだ」などと、内部情報を与えている。アーネストが討幕側であることを承知で、幕府内エイリアン海舟はタレ込んでいるのだから、どうにもならない軍艦奉行だが、なにを言いたいかというと、自前の軍艦があるのに軍艦奉行の海舟が、わざわざ英国船に乗る必要もないし、むしろそんなことをしたら内通がバレるおそれがある。それ以前の前提として、海舟は、すでに京坂に移動しているのだ。したがって「荷物」は海舟ではない。

消去法でいけば、長州が囲っていた南朝天皇の子孫、「大室寅之祐」しか考えられない。すり替え時期が刻々と迫って来る。どうやって京都御所まで運ぶのか？　陸路はまずい。陸送が漏れれば、死力を尽くして襲ってくるはずで、海上が安全だ。

かといって、容易なことでもなかった。

すでに幕府艦隊を率いる軍艦頭《がしら》榎本武揚は大坂湾にいた。近づけば臨検《りんけん》は避けられない。どうすればいいのか？

そう、英国船はフリーパスなのである。イギリスはじめ外国艦隊はすでに大坂湾に結集しており、臨検を受けていない。どうしてなのか？　もうお気付きだと思うが、長崎海軍伝習所で半分男永井尚志とエイリアン勝海舟の下にずっといた榎本武揚が英薩長と通じていたからにほかならない。

つまりアーネストと一緒が一番安全だということだ。むろん英国本国の革命不介入命令がある以上、「すり替え天皇」を運んで加担したなど、口が裂けても言えない。そこで日記にも「パッケージ」と書き、パークス、艦長は共に知らんぷりで目をつむった。そう考えるのが一番しっくりくる。

で、アーネストと寅之祐は、ラットラー号で無事大坂に上陸。「すり替え」の約2カ月前のことである。

怪しすぎる勝海舟

勝海舟はヌエだ。めまいを感じるほど、とらえどころがない。

龍馬が海舟の弟子になったのは1863年初頭、殺される4年前。松平春嶽（福井藩主）の紹介もあり、一目惚れした海舟は即、神戸海軍操練所の海舟塾、副塾長（塾頭説あり）として龍馬を抜擢した。

2年が経った1865年の春、神戸海軍操練所が廃止。それ以降、少なくとも表面上では龍馬との付き合いが途絶える。それまでは龍馬の手紙からはメンターと愛弟子《まな》みたいな関係が読み取れるがパッタリとはこのことで、晩年の海舟の口述本、『氷川清話』でも、龍馬の存在はカスミ扱い。これはもう異常なほどで、そう言えば、通りすがりにおもしろい若者がいたっけ、といったふうである。

なにより海舟が最後まで守り抜いた徳川温存策、歴史に残る「大政奉還」をやってのけ、その結果、命を散らした功労者であるにもかかわらずだ。海舟のほめちぎる相手は、いつも打てば響く西郷で、この男のためなら歌まで残している。

勝海舟
アカデミー主演男優賞

私は違和感を持ちつつも、こうした断絶はきっと自分の調査不足で、ほんとうは水面下ではあるものの、最後まで手を握り合っていたのだと長い間信じ、そういう視線で本を書いてきた。しかし、そうではなかった。海舟は操練所廃止と同時に龍馬も切っているのだ。一線を画すどころか、半分男永井、土佐の後藤象二郎、龍馬が進める平和革命を捨て、「大政奉還」を降りたような色合いが濃い。

考えてみれば、現代の政治の世界でも生涯変わらぬ盟友とか、不動の友情などあったためしがない。世界情勢の変化、周囲の変化、利害の絡む変化……「仮想世界」が変わる要因はいろいろある。主義主張だってどんどん変わるもので、もし仮に変わらないとしたら、流動する情勢をさばけない無能な政治家。それはそれでまた、置き去りにされてゆく。

考えは変わる、信念も変わる、人生には分岐点がある。

引き金は1864年10月、西郷隆盛との面会がきっかけではなかろうか?

神戸海軍操練所廃止で、失業した関係者をそっくり抱えたのが薩摩。路頭に迷う若者たちを優しい思いで救ったわけではなく、そこには薩摩なりの計算が働いていた。目的は海軍強化。薩摩戦争でボロ負けした薩摩はすぐ英国と和解、グラバーを通し、英国から軍艦を購入。海軍力強化のために、軍艦操縦士と機関士をぜんぶいただいちゃったのである。

現代でいえば、ステルス戦闘機のパイロットと取説付きのメカニックをごっそり独占したようなもので、これこそ渡りに船、こんな美味しい話はない。

この時、海舟の気持ちがぐぐっと薩摩に傾き、完全無欠のエイリアンになる覚悟が決まったと見ている。

西郷のなんたるスケール、なんたるスピード感、なんたる実行力、なんたる資金力。

一方、グラバーにもつかず、薩摩にもつかず、長州にもつかず、さりとて土佐藩の資金すら持って来られず、海舟にも平然と独自の「仮想世界」を口にする斬新な異端児が坂本龍馬だ。呑み込みが早く豪放磊落《ごうほうらいらく》。損得なく自分を笑うくらいおおらかに人生を楽しむ龍馬スタイルは現代の我々からはウケるのだが、当時の武力革命派からみればこんなにやりづらい男はいない。

どう説明したらいいのだろう、オーケストラの奏者が、突如出現した態度のデカいラップスターをウザく思う気持ちといったら分かるだろうか？　このラップスター、住んでる世界が違った。偽《いつわ》りだらけの暴力より、平和と真実を重んじたのである。

進化が早すぎてつかみどころがなかった。武力で成り立っている世の中なのに、それを無視して理想に走る不安定な男。お龍などというヤンキーみたいな、わきまえない女をどこでも連れ歩くのも鼻につく。西郷や桂小五郎、そして土佐の中岡慎太郎の方が、数段安定感があった。

機を見るに敏、海舟は、この先どうなるか分からないので、すり替え天皇、大室寅之祐

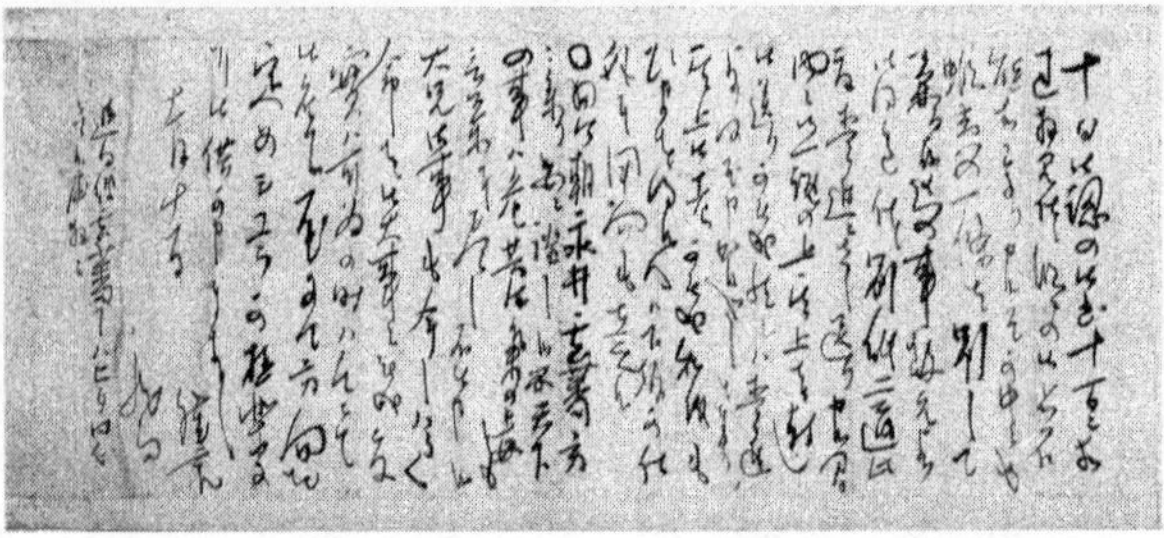

「ヒタ同心」龍馬の手紙（高知県立坂本龍馬記念館『龍馬書簡集』）
龍馬が幕臣永井と手を組んだ証拠だ。で、近藤は永井の正式な家来、ボディー・ガードだ

をちゃんと教育した米国宣教師、フルベッキと接触。長男小鹿《ころく》のアメリカ留学願書をさっさと依頼し、鳥羽伏見の戦いの4カ月前、抜け目なく渡米させている。この如才のなさには舌を巻く。

エイリアン海舟は鳥羽伏見の戦いの1年前から頻繁にパークスと会いはじめるが、龍馬と連絡を取り合った形跡はない。

資料にあるだけでもパークスとの面会は、1867年4月11日、9月12日、同月20日、11月17日（大政奉還8日後）の4回で、尋常ではない。

これを見てもパークスとはねんごろである。

龍馬を守った近藤勇

近藤勇が大目付の半分男、永井尚志のボディー・ガードとなったのは1867年11月4日、鳥羽伏見の戦いの

84日前、龍馬暗殺の36日前である。

会津藩主、松平容保による正式命令だが、龍馬が永井邸を訪ねたのは、その翌日だ。永井は大政奉還に圧倒され、龍馬に唸った。ただちに同意し、立場を共にする。このことは龍馬の手紙で明確だ。

永井に対して「ヒタ同心（心の通った同志）」と書いてある。この一語が龍馬と永井がぴったり連帯した瞬間を、みごとに切り取っている。

注目すべきは、永井の警護近藤勇だ。どこに行くにも付き添っている。近藤は龍馬の上筋、土佐の大将後藤とも永井の紹介で会っていることを合わせて考えれば、私の脳裏に龍馬は永井だけでなく、もう一人、近藤を交えて話し込んでいる情景が３Ｄで立ち上がってくるのである。

その後龍馬は、頻繁に永井を追いかけ始める。永井が龍馬を追いかけるのではなく、龍馬が永井を追いかけるのだ。

薩長の挙兵はほぼ間違いない。そうなれば「大政奉還」はぶっ潰される。どうしたらいいのか？　この泥沼から脱するには幕臣の永井のラインしかいなかった。

11月2日　薩摩二条城突入、陸援隊奇襲の情報
5日　龍馬、永井を訪問。その後、中岡を訪問
7日　龍馬近江屋に移動
8日　慶喜、大政奉還の決意を表明
9日　討幕の密勅
10日　御陵衛士伊東甲子太郎が龍馬を訪問、身辺危機を忠告
14日　龍馬、伊東甲子太郎を訪問
12月5日　龍馬が永井を訪問するが不在
6日　朝、龍馬、永井を訪問面談。夜再び永井と面談
同日　龍馬、永井とは「ヒタ同心」だという手紙を林謙三（1843〜1909　海軍中将、男爵。広島藩から薩摩藩に移籍した軍艦の専門家。龍馬暗殺後近江屋に着き、真犯人グループと口裏を合わせる）に出す
9日　龍馬、永井を訪問
10日　龍馬暗殺
12日　中岡死亡

お分かりだろうか？　死の直前、龍馬は命を狙われていると伊東から警告を受けたという。状況から己の危険をはっきりと自覚している。レッド・ゾーン。そのうえで、幕臣の大物、半分男の永井と頻繁に会っていたのだ。

「薩長には英国がついている。幕軍はバラバラだ。戦争になれば負ける」

永井からの情報である。たよるべきは平和革命、もはや「大政奉還」、一心同体の大目付永井のみ。そして永井の警護役が、近藤勇なのである。

龍馬は武力革命阻止ユニットの構築に動きはじめる。そのために永井と何度も会ったわけだが、なんとしても土佐軍団を動かして、薩長にぶつけたい。ところが、ここに来て土佐犬中岡が、それは状況的に難しいのではないかという態度を取りはじめたのである。

もう一度なぞるが、11月8日、二条城に滞在中の二心殿慶喜は、40藩の代表を招き、全政権を朝廷に明け渡す「大政奉還」の決意を正式に表明している。

翌9日、慶喜が、「大政奉還」を朝廷に提出、10日、朝廷が大政奉還を受理。

この日付は、もうすでにお気づきかもしれないが、前に述べた新撰組の情報である。

〈薩摩による11月10日の二条城襲撃……〉

「薩摩と陸援隊と十津川郷士が10日、二条城、京都所司代、新撰組を狙っている」

という陸援隊への潜入スパイ、村山謙吉のもたらしたレポートだ。日付に注目していただきたい。決行日はまさに「大政奉還」を朝廷が受理した日だ。この時点で近藤勇は薩摩のみならず、「陸援隊」と「十津川郷士」も新撰組の敵、つまり龍馬の敵だと分かっているのである。このニュースは、その日のうちにただちに龍馬の耳に入っていると思ってい い。

むろんこれは薩長側のかく乱フェイントかもしれない。ニセ襲撃情報を流すことによって、幕軍がどう動くかを眺め、防衛態勢をじっくり見学したということも考えられる。

実際の動きを見せたのは「京都守護職」「京都所司代」「新撰組」の、たかだか1500～2000の兵のみ。

チョロい！　薩長は自信を深めたに違いない。ものの数ではない。対してこちらは英、薩、長、土、そして広島……6000名と最新兵器がそろっている。来たる本番に向け、あとは水面下でしゅくしゅくと準備を進める。挙兵の噂はあるものの、そんなものはガセネタだと龍馬に否定する土佐犬中岡。

「大政奉還でいくという薩土盟約があるきに、安心だがよ」

イカルス号事件でふり回され、ニセ情報、ニセ演技で完全に出し抜かれている龍馬。

その間に周囲はすっかり敵で固められ、龍馬の夢は終わっていた。

もし龍馬が生きていたら、退屈より死を選ぶ男、新撰組と一緒になって、天下を欺《あざむ》く邪《よこしま》な企《くわだ》てに立ちはだかっていた、という考察は的外れではない。

近江屋、龍馬暗殺

龍馬最後の晩、近江屋の二階はどういう風景になっていたのか？　私の映画『龍馬裁判』でも描いたが、もう一度ふり返ってみる。

床の間を背に、龍馬が座っている。

龍馬は海援隊の白峰駿馬《しらみねしゅんめ》を従えていたものの、相対するは全員が武力討幕派のメンバーだ。

土佐藩は陸援隊隊長中岡を筆頭に、同じく陸援隊の田中光顕。谷干城は、土佐軍を率いる板垣退助の名代である。さらには同じく土佐の剣道指南役であり、目付の毛利恭助《もうりきょうすけ》

（1834〜77）。薩摩、大久保利通の名代、吉井幸助の顔もあった。

計5名全員が、薩摩と武装蜂起を誓い合った、「薩土密約」のメンバーだ。むろんその時、龍馬はカヤの外に置かれた。一般的に言うと、5名は、事件後いち早く駆け付けたとなっているが、よりによって薩土密約のメンバーだけが偶然集合することはありえない。事件前からいたのである。

龍馬との最終決着。勃発する大激論。中岡は、大政奉還は甘い。夢物語に未来はない。武力革命でなければ、幕藩体制は絶対崩れない、とたたみかける。

笑って相手にしない龍馬。

当然だろう、将軍はすでに「大政奉還」を呑み、朝廷はじめ、あらかたの藩主も認めているのだ。もはや幕府は倒れているのだから、消滅している幕府に対して、いまさら討幕もへったくれもない。

「おまはんらの議論そのものが、おかしいぜよ」

と突っ込む龍馬。中岡は焦っていた。

龍馬は、おとなしい馬ではない。土佐藩主はおろか、中老、後藤象二郎はじめ、影響力のある上級武士とつながっている天駆ける龍だ。ひとたび目をカッと見開き、天に昇れ

大政奉還当時の相関図

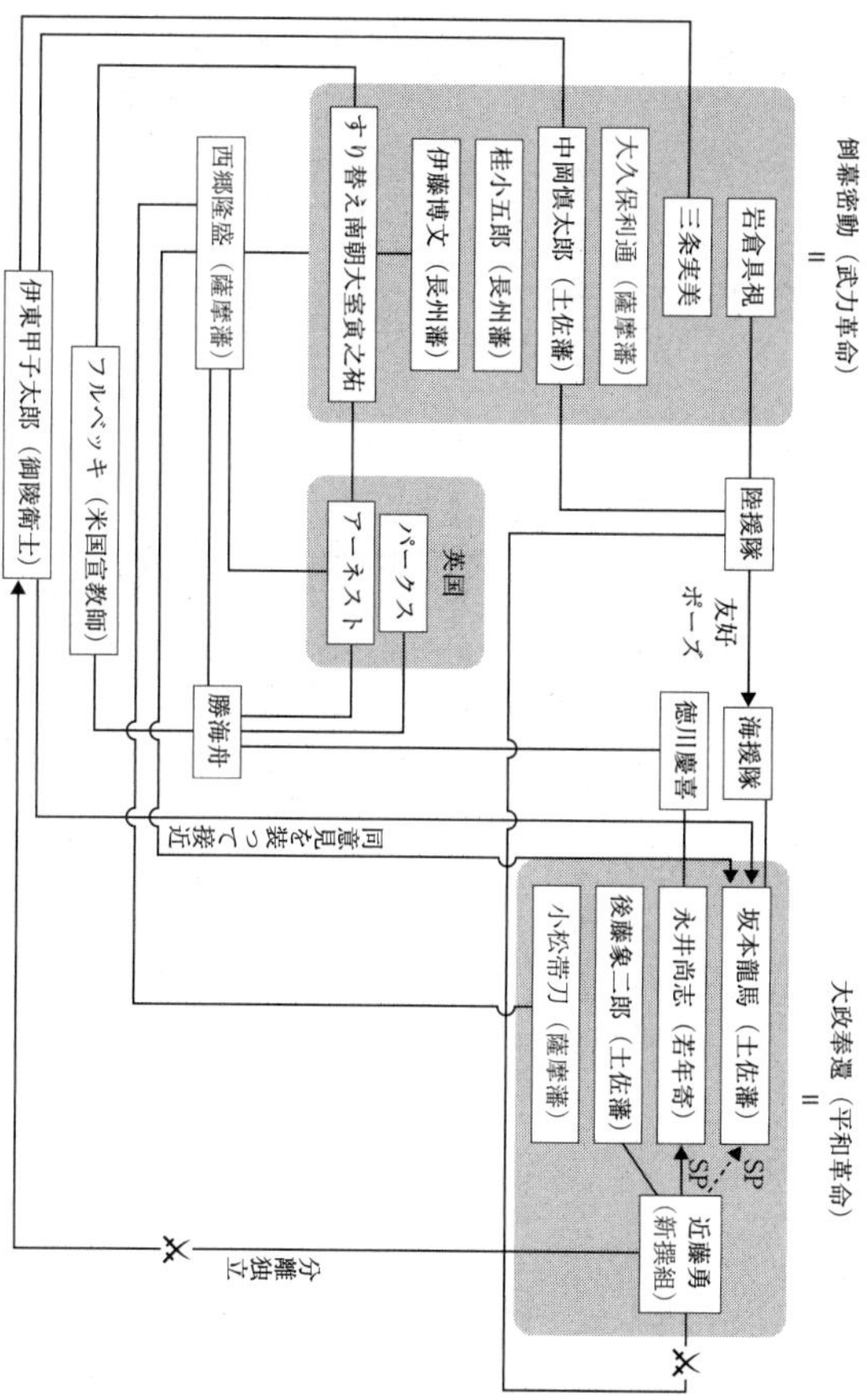

倒幕密勅＝（武力革命）
岩倉具視
三条実美
大久保利通（薩摩藩）
中岡慎太郎（土佐藩）
桂小五郎（長州藩）
伊藤博文（長州藩）
すり替え南朝大室寅之祐
西郷隆盛（薩摩藩）
フルベッキ（米国宣教師）
伊東甲子太郎（御陵衛士）
英国
パークス
アーネスト
陸援隊
友好
ポーズ
海援隊
徳川慶喜
勝海舟
同意見を装って接近
大政奉還＝（平和革命）
坂本龍馬（土佐藩）
永井尚志（若年寄）
後藤象二郎（土佐藩）
小松帯刀（薩摩藩）
SP
SP
近藤勇（新撰組）
分離独立

ば、暗雲を走らせ、ごっそりと全土佐軍が持っていかれる。

それに薩摩の家老小松帯刀だ。小松も龍馬の「大政奉還」を熱烈に支持。それは越前(福井)の松平春嶽や会津も同じことである。まずは平和革命、それでダメなら武力討幕に切り替えればいいという二段構え、長い間、西郷もそれに近かった。

龍馬を説得しなければ、薩摩が動かない可能性もある。

しかし、長州と岩倉、薩摩の大久保利通の目的は新政府樹立ではない。「天皇すり替え」だ。それにはどうあっても、どさくさが必要なのだ。大砲をぶっ放し、動乱の舞台を作らなければすり替えのチャンスは生まれない。混乱にまぎれて「御所」を占拠、全員を追放して「天皇すり替え」を決行する。その後は、バレないように「神」に祀《まつ》り上げ、薩長で囲み、だれも近づけさせない。幾度も話し合ってきた作戦である。

地元土佐では板垣退助が、中岡の龍馬説得にヤキモキしていた。岩倉、薩摩の大久保も、固唾《かたず》を呑んでいる。

龍馬を説得できるか？　できないか？　土佐軍が敵につくか？　味方につくか？　この差は大きく、まさに天王山。

なにせ、幕府中枢の「一会桑」、すなわち一橋家の慶喜は二心殿だからはっきりせず、会津の松平容保は引っ込んでいるし、桑名は口を閉じたハマグリだから、他の幕臣はどうしていいか分からず戸惑うばかりである。そこに「大政奉還」を成功させたばかりのカリスマ龍馬が、平和革命の旗を明確に掲げ、薩長に立ちはだかれば、土佐軍、薩摩の西郷も引きずられて同意、全国の藩は、どっと結集するかもしれなかった。

中岡に後はなかった。説得できなければ龍馬を殺る。これがドモナラン岩倉、薩摩と交わした密約である。

「土佐のことは土佐にお任せください」

薩土密約で、宣言してしまった手前、それに呪縛される中岡。

「のう中岡。幕府がないのに、いまさらだれと戦うんじゃ？」

龍馬の、この一言で腹を決めすべてをぶちまけてしまう中岡。

「龍馬……実は天皇をすり替える。正統なる南朝天皇にだ」

「なに？　やっぱり、ほんとうにやるだかや」

「長州の南朝天皇の子孫を担ぎ、西南勢力が天下を取る」

「しかし……バレるぞ」

「逆らう者は、滅ぼす」

「やめた方がいい。日本が真っ二つに分裂するきに」

「国のためにどんな犠牲も払うぜよ。それが正義じゃ」

「いいや、そんなんは人殺しだがよ」

「龍馬、もう遅い。薩摩、長州、宇和島、広島、佐賀はすでに挙兵で固まっておる」

「大政奉還に協力すると言ってたではないか？　騙したのか？」

「龍馬、もう遅い。天皇すり替えを知ったからには、生かしてはおけんのじゃ。龍馬たのむ。最後の頼み。こっちと組んでくれ」

龍馬がぐっと中岡を睨みつけ、そして首を横にふる。

「龍馬、抜け！」

「なんと？」

「抜け！」

「バカなまねは、やめろ！」

土佐犬は、真っ向勝負を挑んだ。無理強いに、一歩遅く応戦する龍馬。三太刀、四太刀で、勝負は終わった。これが晩年、谷干城の告白につながる。

「刀を取っては、坂本先生より中岡先生の方が上であった。それが見ての、実感である」

目の前で目撃していたからこその台詞《せりふ》だ。

『天皇すり替えを知り、従わぬ者は処刑する』

南朝革命秘密同盟のおそろしい掟だ。龍馬は、「天皇すり替え」を中岡から知らされたがゆえに、殺害されたのである。中岡はそこまで自分を追い詰め、龍馬を追い詰めた。知らされなかったら生きていただろうか？　いや、裏表のない龍馬のこと、いずれ突き止め、騒ぎ始めるはずで、そうなれば同じことが起きたはずだ。

むろん私はこの光景を目撃したわけではない。物的な証拠もない。あくまでも私の妄想だ。しかし、あらゆる状況、あらゆる角度から思考しても、他のシーンは考えられない。

この妄想に、だれも反論しにくいと思う。

新撰組の御陵衛士襲撃は、龍馬の仇討ちだった

伊東甲子太郎が襲われたのは、龍馬暗殺の3日後（12月13日）である。

3日後という日にちが重要なポイントなので、印象付けておいていただきたい。

伊東は夜6時ごろ、近藤の妾宅に赴いている。そこには土方、原田といった新撰組幹部もおり、宴会が始まった。

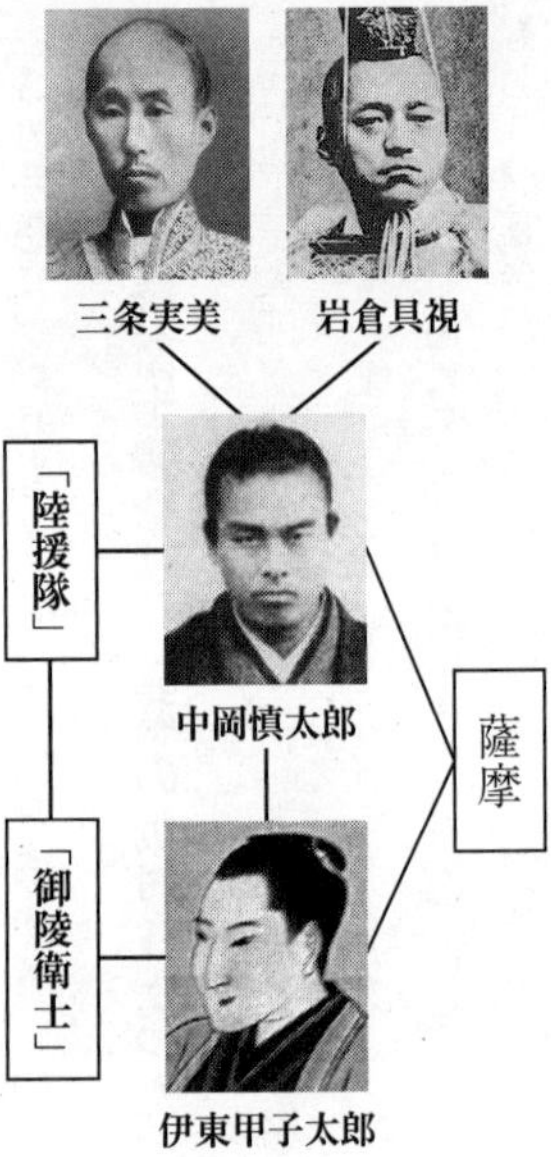

宅を出て、千鳥足で妾宅を出たのは夜の8時、いい気持ちで油小路《あぶらこうじ》を北に向かった。何の前触れもなく、突然鋭い槍が伊東の腹部を貫通した。背後から別の一太刀。泥酔の伊東は、あまりのことでなにが起こったのかが分からない。反射的に抜刀するも半歩踏み出し、前のめりに崩れた。

刺客は大石鍬次郎ほか数名の新撰組隊士。絶命を確認すると「伊東遭難」の知らせを御陵衛士の本部、高台寺に飛ばし、遺体を七条通の真ん中にひきずって放置した。オトリである。

小走りにやってきたのは、7名の御陵衛士。そこに暗闇からヌッと出る戦支度の新撰組、その数40～50名。どっと襲い掛かかり、たちまち3名が斬り殺され、残る4名が脱兎《だっと》のごとく駆け出し、逃げ込んだ先は薩摩藩邸である。これで御陵衛士の正体が見えるはずである。

通称、油小路事件。御陵衛士は、事実上壊滅した。

なぜ、油小路事件が起こったのか？

原因は近藤勇暗殺計画にあった。世間ではそういうことで読み飛ばされている。しかし、それは強引すぎる。伊東はバカじゃない。わずか15名の御陵衛士で、２００名を上回

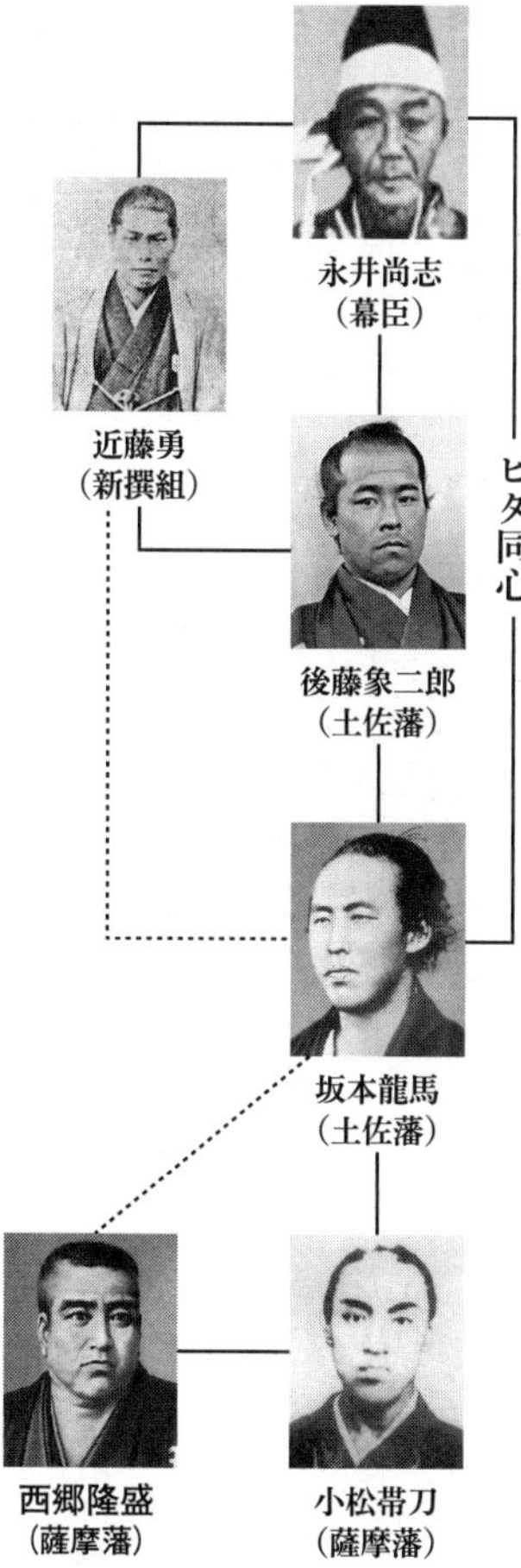

大政奉還勢力図

る地獄の軍団、新撰組局長の暗殺を考えるだろうか？　仮に暗殺に成功したところで、それからどうしようというのか？　報復の皆殺しにあうのがオチだ。近藤暗殺計画はありえない。

もう一つの説は、薩摩藩のスパイ説だ。

「薩摩藩に潜り込み、情報を盗んで新撰組に知らせる」

伊東は分離独立のさい、こう約束して、近藤を説得したという話が伝わっている。しかし、実際にはその逆だった。新撰組の情報が薩摩に筒抜けで、それに気づいた近藤が激怒し、粛清を命じたというものだ。

これは考えられる。

この時代、二重スパイはザラだ。むしろあって、あたりまえ。それをうまく利用し、ガセネタを流し合って情報戦を勝ち抜くのが、組織対組織の戦いだ。古今東西、スパイは構造上そうなる。伊東は薩摩及び、土佐犬中岡と通じている。近藤の方も、そんなことはとうの昔につかんでいて、殺そうと思えば、いつでもできる立場だった。が、「大政奉還」と「討幕の密勅」。相対する勢力が入り乱れる中、敵とパイプを持つ伊東は貴重な情報源、泳がせた方が得策だった。

しかし、抹殺した。

なぜか？　許せなかったのだ。なにに激怒していたのか？　カギは龍馬暗殺三日後だ。永井のボディー・ガードをしていた関係上、「大政奉還」の盟主、龍馬警備もおおせつかっていたとみていい。すると暗殺、それ自体が大失態で、我慢ならなかったのである。こう藪から棒に言えばシラけるかもしれないが、しかし私の推理ではどうしてもそうなる。

忘れてならないのは、伊東の出自。そして御陵衛士の成り立ちだ。

思い出していただきたい。伊東は水戸へ遊学し、南朝天皇こそ正統であるという水戸学の信奉者になっている。天狗党への参加を検討していたが、情勢が急転して天狗党そのものがマズくなって見送ったほどである。

そこに尊皇攘夷を掲げる新撰組が登場し、誘われた。

ちょうど1864年は甲子の年。「きのえね」「こうし」「かっし」、呼び方はいろいろあるが意味は一つしかない。徳を備えた人間に、天命が下される新しい「革命」の年だ。

60年周期で訪れる甲子年には平安時代以降、「動乱」と「革命」を防ぐために「改元」するのが習わしで、784年の甲子年には、長岡京への遷都を実施している。むろん西宮《にしのみや》市の甲子園《こうしえん》という名も、設立年の1924年という甲子の年にちなんだものだ。伊東の新撰組入隊も、甲子年の1864年。

自分のことを徳を備えた革命志士だと思っていたのだろう、決意も新たに、本名「大蔵」から「甲子太郎」に変え、たくらみを持って結成1年目の新撰組に入隊した。芹沢鴨はじめ水戸派が一掃されたあとに送り込まれた薩摩のスパイである。

伊東グループはそろそろ潮時だと考え方針を転換、新撰組離脱を考えるが、しかし離脱には例の恐怖の処刑が待っている。

向かった先が、九州太宰府だ。土佐犬中岡の紹介で白マメ三条と会って、知恵とお墨付きをもらって平和裏に分離独立、御陵衛士結成に成功した。

この流れからいけば、御陵衛士は、完全に薩摩、白マメ三条、土佐犬中岡の配下。私が念を押さなくとも「討幕の密勅」、挙兵一直線である。

実際、橋本皆助のように、伊東と中岡が会って、その場で、御陵衛士から陸援隊にスライドした者もいるほどで、したがって「陸援隊」と「御陵衛士」は、白マメ三条とドモナラン岩倉の同じ母体から生まれた兄弟組織といっていい。

対する龍馬の平和革命、大政奉還グループのつながりはこうだ。

幕臣ナンバー2の若年寄、永井がトップ。意外に思うかもしれないが、「大政奉還」建白で、土佐藩家老後藤象二郎の背中を押し続けたのは、将軍の側近の永井と龍馬だった。資料を読み込んでの「大政奉還」派ランキング1位が永井だ。まさに龍馬が「ヒタ同心」と手紙に綴《つづ》った同志である。

で、永井の身辺警護が新撰組。永井の紹介で後藤と会った近藤勇は、「大政奉還」に感激した。新撰組は、龍馬の「大政奉還」を選んだのである。

ここを間違えないでいただきたい。もういちど念を押すと、１８６７年10月、「大政奉還」前、すなわち龍馬暗殺の2カ月前には、新撰組が龍馬の「大政奉還」支持に回っていたというのが事実。したがって、現代の常識とは１８０度のひっくり返りだ。

教科書になんと書かれていようと、新撰組は龍馬サイドで、逆に守る側だったというのが、私の推理。永井、近藤、後藤を考えると龍馬と立ち位置が同じになる。

挙兵準備をちゃくちゃくと整える英薩長。察した龍馬は「大政奉還」を急いだ。将軍が降りさえすれば、武力革命を阻止できるからだ。そう龍馬が仲介し、土佐藩と薩摩藩が結んだ「大政奉還」同盟ともいうべき「薩土同盟」を信じた。

「大政奉還」こそ徳川温存の最終兵器。だから永井たちと結束を固め、急ぎ足で嫌がる二心殿の慶喜に呑ませたのである。

これで武力革命はない！　と安堵する龍馬。しかし違った。何度もいうが、敵の肚は、どうあっても武力だ。そうでなければならない理由、そう、動乱に乗じて「天皇をすり替える」という神をも恐れぬ大陰謀。将軍が降りようが、幕府が白旗を上げようが、そんなことはどうでもよろしい。目指すはただ一つ。「動乱」と「御所完全制圧」のみ。

大政奉還ラインに、勝海舟の姿はない。このことから海舟は、薩長に与《くみ》していたことが分かる。密かなる寝返り、慶喜は二心殿そのままに、永井の「大政奉還」平和路線と海舟の薩長ラインの二股、両勢力にチップを置いた。海舟は勝者に付く策で、キワキワになってフロントから姿を消した。したがって鳥羽伏見の戦い前後、どこでなにをしていたのか黙して語らず、だれも分からない。

薩摩と土佐過激派にダマされた龍馬が斬られ、「大政奉還」も死んだ。

近藤は、陸援隊、薩摩に潜らせているスパイから、ただちにそれをつかむ。

陸援隊隊長中岡慎太郎が龍馬を斬り、幹部の田中光顕、顧問谷干城がトドメを刺した。

大坂の「武力革命指令センター」に陣取るアーネストが吉井から報告を受けたセリフ、「3名の者に殺害された」というのは、中岡、田中、谷を指すというのが私の見立てだ。

伊東甲子太郎は龍馬を探り、攪乱し、気をそらす重要な役割を担っていたはずである。

私は、幕末史研究において、これまでいささか性急すぎた。物書きには締め切りが設定されている以上、足早にことを運ばざるを得なかったこともあり、数点、大きな読み違いを犯していたのである。一つは勝海舟と龍馬のつながりだ。最後まで太くつながっていたと思っていた。もう一つは、グラバーと龍馬の関係である。両者の関係は一、二年で大きく崩れていたのだが、それらについては、この本でおおむね正しておいた。そして、もう一つは御陵衛士、伊東甲子太郎の立ち位置である。

さまざまな資料を読み込むと伊東の考えが、あまりにも龍馬の「大政奉還」と似ているので、２人の間には同志的な信頼関係があったと思っていたのだ。

ところが資料を漁《あさ》り、実際の伊東の動きを見てみると、岩倉、三条、そして土佐犬中岡と結ばれている。新撰組からの分離独立も３人の力で、中岡が武力革命の必要性を公然と口にした後は、いっそう親密になっている。それに加え、御陵衛士と陸援隊と薩摩藩の交わりから、今の私の目には御陵衛士が陸援隊の別働隊として明確に映っている。

歴史は置物ではない。ドンドン形を変える生物だ。

ドモナラン岩倉が、龍馬抹殺を中岡に命じたのはいつか？

「討幕の密勅」を出した時点だ。私が岩倉だったらそのタイミングで出す。

「中岡殿、約束通り、土佐のことは土佐にお任せする。今こそ、薩土密約を果たす時でおわす」

「お任せください」

託された土佐犬中岡は、作戦を練る。天皇すり替え決行日は、アーネストが『英国策論』で宣言した1月1日以降。それまでひと月ちょっと。

龍馬は後藤象二郎以下、土佐上層部平和革命派、ならびに永井を通じて幕軍とのアクセス・ポイントである。中岡は平和革命派を装って龍馬の動きを探った。あくまでも、「大政奉還」に協力するポーズを貫き、薩長の挙兵については煙幕を張っておく。

そうしておいて四六時中監視、いつでも殺《や》れる身近な場所に龍馬の身柄を誘い込んだのである。

討幕の密勅が出た翌日、中岡と示し合わせた伊東が腰を上げる。配下の藤堂平助を連れ、龍馬を訪ねる。そこには中岡もいた。伊東は、「幕府（新撰組）が龍馬の命を狙っているので、気を付けろ」と本人に忠告したという資料がある。ほんとうだろうか？　内容をそのまま鵜呑みにはできないが、もし、真実だとしたら、中岡も伊東も、龍馬と半分男永井との密度、つまり近藤との密接な関係をつかんでいないのだ。密着している幕府が自分を狙っていると言われた龍馬はどう思ったのか？「なにガセかましてんだよ！」とムカっ腹を立てたはずである。その時龍馬は嫌な顔をしたと書かれている。

また11月13日の龍馬の手紙にも、大久保のアシスタントで、アーネストとの連絡員、吉井幸輔（薩摩）が「そこにいては危険だ。幕府の役人が狙っている」と薩摩藩邸に入るよう誘ってきたと書かれている。

これもほんとうだとしたら。討幕グループはシャチのように龍馬を囲み、「幕府が、狙っている」「新撰組が襲ってくる」というさまざまな情報を投げ込み、判断力を奪い、薩摩藩邸に誘っているのだ。つまり、当初薩摩は、龍馬拉致を計画していたというのが私の見立てだ。

それに対して、龍馬は〈襲われたら仲間と共に戦って、土佐藩邸に逃げる〉と手紙に書いている。文面からは薩摩はヤバいが、土佐藩邸は安全だ。つまり中岡と御陵衛士の正体に気付いていないようで、同じ日、龍馬は御陵衛士の屯所、月眞院を訪れている。

狭められる罠。気づかない龍馬。しかし、勘づくのは時間の問題だ。資料を洗えば、死の2週間ほど前あたりから、手紙の中身が切迫しており、周囲を疑心暗鬼の目で見渡している龍馬が読み取れる。それでも中岡が腹を決めているとは、夢にも思っていなかったはずである。

コントロールされていると気付かれずに、相手をコントロールするのが最高なのだが、そうはいかなかった。

龍馬はあまりにも他人を信じやすかった。そして落命。

ただちに近藤特務機関は下手人を割り出す。陸援隊と御陵衛士。

龍馬は自分のボス、永井の同志だ。にもかかわらず、守れなかった。そのことに激怒した。龍馬を出し抜いた一人が、元の新撰組隊員伊東だけにメンツは丸つぶれ、怒髪天を衝く勢いだった。

「許せん！」

龍馬暗殺3日後、近藤は伊東を妾宅に呼ぶ。幸い伊東は、近藤と龍馬の関係には気づいていない。いつも龍馬の方が二条城の永井に会いに出向いていたので、同席している近藤勇のことは知らなかった。にこやかに酒をすすめる近藤に、気を緩めた。

「伊東君。龍馬が死に、土佐挙兵で一本化。薩長の挙兵は早まりますな」

「そうかもしれません」

「こう幕府が揺らいじゃ、我が新撰組も態度を決めかねておりましてなあ」

「どういうことです？」

「いっそ、勝ち馬に乗ろうかと」

「局長はお酔いになっておられますか？」

「酔っているから本心が出る」

と、隣の土方を見る近藤。土方も応じる。

「新撰組は、カネには困らない。君のところに流してもいい。ひとつ薩摩に手を回して、討幕傭兵、として、新撰組を取りたててくれるよう計らっていただけまいか」

「薩摩に……」

「いやいや、無理にとは言わない。戯言《ざれごと》だと聞き流してけっこう。まま、ひとつ」

呑ませる近藤。伊東はもはや泥酔状態である。

「ところで龍馬斬りは、実に鮮やかであった。中岡君の大手柄、伊東君の動きも見事でしたなあ」

「わ、わたしなんぞ……脇役で」

うっかり口を滑らせる伊東。

「では、薩摩へのお取り計らい、よしなに」

床に手をついた近藤は鬼の形相であったに違いない。容赦はしなかった。凄まじい御陵衛士への怒り。そうでなければ、死体をオトリに使ってまで、殲滅《せんめつ》をはかろうなどという前代未聞の掃討作戦はない。この一連の流れ、なんども繰り返したのでお分かりいただけたと思う。

クローザー、勝海舟

幕府軍を、これほどへナチョコにしたのは二心殿慶喜とエイリアン海舟のコンビだ。演技はアカデミー賞ものである。

鳥羽伏見の戦いが勃発する直前、二人の演技がはじまった。態度をあいまいにすることからスタート。そうしておいて、やる気満々の主戦派を重要ポストから解任。2月10日、慶喜は海舟を海軍奉行並、その6日後にはなんと陸軍総裁に昇格させたのである。

このあたりも冷静に俯瞰《ふかん》すればよく分からない。大政奉還で幕府はなくなっているはずである。あったとしたら新政府設立準備委員会だ。幕府がなければ幕軍もない。すでに辞職し、存在していないはずの将軍が、存在しない幕府陸軍の総裁に海舟を任命するというのは、いったいどこの国の話なのだろうと頭をかかえてしまうが、もはや戦争が勃発しており、ならば戦争のルールはただ一つ。ルールがないことであるからして、なんでもありでいいのである。

軍隊は上意下達《じょういかたつ》だ。大将がいて、その大将の号令ではじめて機能する。

ところがこの将軍、二心殿だから都合が悪くなるともう将軍ではないと言い張り、都合がよくなると将軍だとしゃしゃり出る二枚舌。威光は保ちたいが責任は取らないという最悪男の典型で、この時も、いつのまにか大将を降り、したがって号令も発しなかったのである。ならば幕兵15万が、動くはずもない。

最後まで一言も発しなかった二心殿。恐怖のあまり判断力を失っていたわけではない。このことは幕末の七不思議と言われているが、私の本を読んでいる読者は、納得しすぎて、お釣りがくるほどだと思う。シンプルな話だ。

慶喜と海舟が、パークスや西郷と気脈を通じ、新政府に寝返っていたから沈黙していただけであって、こんなバカげた行為などそれ以外に、ありえない。

いち早く抜けたいのだが、正面切っての全面降伏はムリ。いくらなんでも、そんな裏切りがバレれば昔気質《むかしかたぎ》の家来が黙っているはずもなく、死んでも口にできない。

かと言って超高速白旗の無条件降伏では、敵に安目を売ることになる。どうせなら飛び切りの高値、好条件をモノにしたい。叩き売りはごめんだ。それには、幕府軍があるていど強く、敵を悩ませる必要があった。

「ほれ、手を焼くだろ？　厄介な兵隊たちを解体するには、つまり、慶喜の特別な威光が必要だってことなんだわさ」

と最後まで思わせなければならない。威光を保つには将軍をヤメない方がいいし、薩長に殺されないためには、ヤメた方がいい。だからボンヤリ重ね合わせ状態。武力においては小競り合い、押し引きを繰り返し、やり過ぎず、しかし妥協し過ぎず、一点、一点、ポイントを稼ぎながら最後に自分たちだけがエデンの園に収まるのが最高の策だ。

絶妙に微妙な役を演じ切れば、バラ色の未来だ。

鳥羽伏見の戦いが勃発したとき、二心殿慶喜は京都、二条城にいた。で、なんの対策も講じず、なんの号令も発せず、やったことはただアホのように側近たちとバタバタと大坂に逃げ、闇にまぎれて江戸に脱出しただけである。しかも用意されていたのはアメリカの軍船。この時、会津の殿様、松平容保、弟で桑名の焼きハマグリ藩主定敬《さだあき》も共に乗船、これはもうなにをか言わんや、ダメだろう。

　ボスが消えちゃった京都を守る「京都守護職」、「京都所司代」はどう動いたのか？

　置き去りになったのは事情を知らない下っ端と数藩の家臣と新撰組。つまり下々だけがどうしていいか分からず右往左往するばかり。こんなことで薩長連合軍に勝てるわけがない。

　京都はもういい、問題は江戸だ。武士の街である。なにがどうなっているのか分からないが一応幕臣トップが集まって全軍をまとめあげ、イモだフグだの西南のカッペ侍をコテンパンに粉砕するという噂でもちきりになっていた。

　ところが海舟と二心殿将軍慶喜のやったことは、忠誠を誓う主戦派軍幹部の首を切って、自分たちの寝返りチームにすげかえたことだった。で、将軍本人は計画通り、黙して語らず寛永寺に引きこもった。

　反撃は今か今かと待っていた江戸っ子にしてみれば、突然将軍が表舞台から消え、行方不明、狐につままれたような話である。

　なるほどそうか、江戸城内は薩長のスパイがウジャウジャいるから、寛永寺からの遠隔操作で一気にやっちまうのだと勝手に解釈し、さすがは将軍、ぜんぜん動じない。余裕

渋沢成一郎
エイリアン海舟の手駒。従弟の渋沢栄一とともに幕軍を秘かに裏切った、大出世男

だ。我々もここはひとつ冷静沈着に戦の準備だけは済ませて、出動要請を待つとするか、などと刀の手入れなどしながら待機する家来たち。

一方の二心殿は、ビビりまくっていた。

裏切りのデキレースに気づかれたらどうなるのか？　いや、ひょっとして海舟の舌先三寸に、こっちの方も騙されているという可能性もある。

「まさかオレの首をぶった斬って、岩倉に差し出すのじゃあるまいな？」

だれも信じられない。パークスは身の安全を保証すると言ったが、岩倉はしっかり約束を守ってくれるだろうか？「生かしておいてはドモナラン」などと心変わりして刺客を送ってくる悪夢は毎晩見る。

いや待てよ、家来がこっちの裏切りに気づかなくたって、別の角度の危険はどっさりある。

たとえば、なにも知らない幕臣たちが押し寄せて、自分を祀り上げて幕府軍の再編成を強要し、「反撃のノロシを！」などとやられたら、すべてはオジャンだ。オレの立場を忖《そん》度《たく》しろ！　といってもできないから下々なんだよな。その場合は、病気だ。なんなら痙《けい》攣《れん》、ひきつけで危篤を装ってもいい、それであきらめるはずだ。海舟を呼ぶ。

「あのね、私は不安で夜も眠れんのよ。こんなことなら、将軍にならなけりゃよかった。ガードは？　強いのたのむ」

「そうなると……幕軍にはたよれませんわな。バレた時の怒りは怖いからねぇ」

「ダメ、ダメ、一番ダメ」

「しかし、薩長にたのむのも妙だし」

「たわけ！」

「外部委託というのは？」

「なにそれ」

「新撰組。でも問題は近藤勇。あの面《つら》で、切れ者なんですな。あんたのクサイ芝居などすぐに見破って、段平《だんびら》でバッサリ……」

「あのね」

天野八郎
幕末のドサクサに戦国武将の夢を実現した元火消しの八郎

「そうだ、浅草の俠客《きょうかく》、新門《しんもん》辰五郎《たつごろう》（1800?～75）一家はどうですか？ヤクザなら善悪、正邪《せいじゃ》は問わず、用心棒になる」

幸い、辰五郎の娘は慶喜の妾《めかけ》だった。そんな関係で浅草一帯を仕切らせ、ミカジメ料をがっぽり貯め込ませている。持つべきは妾、そんなわけで二心殿のたよるべき相手は、今や俠客《きょうかく》しかいなかったのである。寛永寺、水戸、静岡と謹慎の三段高飛び、そのすべてに付き添って警護をつとめたのがヤクザの辰五郎。背信の将軍は、それほど武士道を携《たずさ》えた家来が恐ろしかったのである。

彰義隊という忠臣ホイホイ

ヤクザばかりではマズいので、エイリアン海舟は陸軍調整役にしておいた寝返り仲間、本多敏三郎《ほんだとしさぶろう》（1844～1921　一橋家家臣）と、渋沢成一郎《しぶさわせいいちろう》（1838～1912　一橋家家臣、日銀などを作った大実業家渋沢栄一の従兄。大蔵官僚。実業家）に、二心殿の警護隊結成を命じた。集めたメンバーは全員が安心安全の慶喜の出身母体、一橋家の家臣17名。拠点は浅草の東本願寺。1868年2月12日のことである。

その名も「尊皇恭順《きょうじゅん》有志会」。

ネーミングでも分かるように、官軍に従う恭順の会だ。

恭順は降伏の意味だ。これではもう「将軍が官軍に降伏した」と、告白しちゃったも同然で、正直というか、バカというか、「一戦も交えなかったが、実は将軍は官軍に降伏しました。したがって身内のご立腹が怖い。で、今回、味方から将軍の身を守るために、信じられる者だけの警備隊を急きょこしらえたわけです」

と本心がそのまま名に表われているネーミング・ミスだ。武士というのはあまり疑問を抱かない人間が多いので、ただ緊急募集要項が「将軍守備隊」だったから、職活浪人侍がダラダラと集まってきた。

そこでだれかがフッと、名前の奇妙さに気づく。

「尊皇恭順有志会？　恭順？　なんか、おかしくねぇぇ？」

東武皇帝
無能で、利用されるだけ

「これからのいとなみは、尊皇旗を掲げた薩長との戦だろ？　な、そうだろうさ。そんじゃ、なんでこっちも恭順なんだよ」

となった。体裁を整えないとマズい。「尊皇恭順有志会」結成10日後、慌てて、改名したのが「彰義《しょうぎ》隊」である。

尊皇恭順有志会 → 10日後 → 彰義隊

「義《ぎ》」を「彰《あきらか》」にするというネーミングとは裏腹に、飯を食う絶好のチャンスだとばかりに、失業浪人、ケンカ上等、イザコザ大好き遊人などで膨れ上がる。

次第に、上品な一橋家家臣に対する視線が変わってきた。「おまえらヤル気ある？　変だよな」「薩長の回し者じゃねえの？」という白い目。で、身内からの将軍警備がバレそうになり、ヤバくなったので一橋グループ全員撤退。母屋《おもや》を乗っ取られてしまった格好だが、実はもっけの幸いとほくそ笑んだのがエイリアン海舟。いやいや、こういうことは得意中の得意、頭が回る御仁《ごじん》なのである。思い出していただきたい。5年前の「浪士組」のホイホイ作戦。危ない輩を呼び込んで、一網打尽にする秘策を、ここでも使ったのである。種を明かせば最初から、戦闘意欲のある輩を呼び寄せるトラップだった。

そうとも知らず一橋グループに代わって、「彰義隊」を掌握したのが天野《あまの》八郎《はちろう》（1831～68）。元は江戸の火消しで、事情などよく知らないくせに、旗本だと詐称して乗り込んできたとんでもない男である。見た目は、野生のイノシシ。

寛永寺でニセ蟄居を演じ続けている二心殿は、半分ノイローゼになっていた。

なんと、恐ろしいことに4月3日、彰義隊が「最後まで薩長と戦うぞー」などというシュプレヒコールをあげながら、浅草東本願寺から二心殿のいる寛永寺に移ってきたのである。

イノシシ天野はことあるごとにはせ参じ、「なあに、将軍様から一筆いただければ、10万の兵を集め、薩長のクソガキの死体を五重塔くらい高く積み上げてみせますって。世が落ちついたら正式な旗本にしてくんろ。ま、それまでは女でも抱いていておくんなまし、などと、元火消だったのにパートナー気取りだ。

「彰義隊」は、旧幕臣を中心にあれよあれよと膨れあがって2000人を超えた。

いまさら芝居だとも言えず、ありがた迷惑を通り越して、真っ黒な腹を読まれた時のことを想像し、チック病にかかっている。頰をピクピクさせながら海舟に泣きつく二心殿。

「どうする？　でも降伏宣言はナシだぞ。味方に殺されるから」

ネットワークを構築中の海舟は、さっそくパークス、西郷と密談。

あらゆることを考慮して、江戸はマズイということになった。二心殿の出身母体の水戸徳川家転居を計画。だからといって、なんの理由もなく移動するのはおかしいから、その前に江戸城を官軍に明け渡すことを決定した。そうすれば、元将軍様であるからして江戸退場のかっこうがつくソフト・ランディング。西郷とエイリアン海舟のクサすぎる名場面「江戸城無血開城」。西郷はテレるが、海舟は、もうすっかり役者業が板に付いているから見事に演じ切った。

「もう将軍はいなくなったから、彰義隊の仕事は慶喜警護から外れる」

「えっ？　いや、どうするの？」

「江戸市中の見回り」

しかしイノシシ天野はめげない。

将軍がいなくたってへっちゃらで、寛永寺にいた無思考脳の持ち主、なにも分かっていない輪王寺宮《りんのうじのみや》（1847～95　孝明天皇の義弟、朝彦親王の弟）こと北白川宮能久《きたしらかわのみやよしひさ》親王を引っ張り出し、結束を固めた。あっちが官軍なら、こっちだって官軍。対等の勝負だ。

この輪王寺宮こそ、寛永寺から東北に逃げ延び、情報弱者の東北の藩が集まって作った、反薩長「奥羽越列藩同盟」が擁立した東の天皇、「東武皇帝」である。

教科書やメディアはほぼ黙殺しているが、外国に「日本は、二人の天皇が争っている」と言わしめた人物である。

南北朝時代を彷彿《ほうふつ》とさせる東西朝時代の到来か？　と思いきや、東北の雄、仙台藩は江戸藩邸が麻布の米国公使館ワキにあったことから、米国と早々に通じており、はなっから戦う気はなく、スタート前に列藩同盟そのものが息切れしていた。

「西南カッペのニセ官軍が、武士の街、江戸に押し寄せ火を放つ！」

この噂が江戸に広がりはじめ、市民は彰義隊に「頑張って！」などと声援を送りはじめるしまつ。それに押され様子見の武士が集まりはじめる。

「まずい！」

とつぶやいたのは海舟だ。

思惑とは裏腹な方向に歩き出している。このままでは薩長連合軍と大激突になるかもしれない。そうなれば犠牲者が増え、任せろ、抑える、と言った手前、海舟はホラ吹き男になる。ヘタをすれば、もう使えないと葬られる可能性だってないわけじゃない。

で、海舟は彰義隊に解散を命じた。

すでに二心殿とエイリアン海舟の裏切りに、うすうす気づいているイノシシ天野は、

「こんだけ集まってんですから、解散はムリってもんでがしょ」と、陸軍総裁の言うことをぜんぜん聞かない。

そう天野はもう昔の火消しではない。2000名の大将、気分は真田幸村《さなだゆきむら》だ。

火消しの分際でしゃらくせえ、といい案を思いつく海舟。ならばこの際もっと集める、「浪士組」方式のオトリ作戦だ。

3000人に膨れ上がったところで、官軍を名乗る薩長土肥＋佐賀の総攻撃がはじまった。

7月4日。徹底抗戦を叫ぶイノシシ天野。猪突猛進とはこのことで、武芸も免許皆伝も

へったくれもない。北京原人のような額にハチマキをぎゅっとしめ、着物の裾をまくってグイっと帯に手挟《たばさ》んだかと思うと、二刀流で先頭を走った。

「一太刀《ひと》あびせてくれるわ。ウォォォォ……」

二つの真っ黒な鼻の穴から水蒸気を出し、100メートル10秒を切る走りっぷり、勢いあまって敵陣を突き抜けてしまい酸欠で捕まる。

「わき目もふらずまっしぐらに敵陣に突貫《とっかん》したが、ふと気が付くと自分一人。まわりにはだれもいなかった」

捕らわれた牢獄でこう述懐し、武士の不甲斐なさを嘆き、拷問が元でポックリ死亡。

かくしてエイリアン海舟の「彰義隊ホイホイ作戦」は幕府の反革命勢力を一掃し、マイレージが大きく加算された。

海舟の新撰組始末

パフォーマー海舟は大活躍だ。そのホコ先は地獄の軍団、新撰組にも伸びていた。

1868年1月3日、「王政復古の大号令」で、京都守護職、京都所司代、新撰組が廃止、解体した。公務員だったのに、いきなり身分が剝奪《はくだつ》されたようなものである。一足飛《いっそくと》びの丸裸、今の会社なら労働組合が騒ぐところだが、そんなものはないから突然の解雇に驚いたのなんの、さっぱりわけが分からない。

「幕府がなくなったらしいから、オレらは朝廷側にスライドするんじゃないの？」

「違う？　なにが起こったの？　戦争？　でも、その前にオレらは解散？」

理解不能だが、行き場を失ったことだけは確実だった。薩長が京都に攻めてくるという噂に、在京幕府勢力には京都を守らなくっちゃという本能が働く。旧幕勢力は有志を募って「新遊撃隊」を組織。幕臣の元新撰組もそっくりそこへ編入した。

1月6日、新遊撃隊は、なんとなく二条城の守備に就く。さっそく、くだらんことで水戸との内輪モメ。

「新遊撃隊？　知らねえよ」

と軽くあしらわれて、思わず怒鳴った。

「新撰組だ、バカヤロー。死にてえか？」

ぎょっとする水戸の面々。

「失礼つかまつった」

新撰組の方が、名が売れている。即、名を元に戻す近藤勇。

1月12日、馬上の近藤勇が陸援隊に狙撃され、右肩負傷。同行の隊員井上新左衛門《いのうえしんざえもん》と付き人に命中し、２人が死亡。陸援隊のミッションは、龍馬暗殺の真相を知る近藤新撰組である。龍馬暗殺は土佐藩内部の内ゲバだとバラされては、まだまずい時期だ。鳥羽伏見の戦い直前で土佐藩内にバレれば龍馬の「大政奉還」派、事実上の藩主山内と実力者後藤象二郎が土佐軍を止める可能性が大きい。近藤勇口封じは、陸戦隊に課せられた幕末最後の任務だった。

新撰組の動きをざっと追ってみる。

1月12日　近藤勇狙撃、負傷
15日　薩摩購入のイギリス船で、三条白マメなど討幕派の公卿が京都に帰還
27日　鳥羽伏見の戦い勃発
30日　新撰組、淀千両松《よどせんりょうまつ》の戦闘で敗走
2月3日　新撰組、大坂を脱出
7日　横浜着
16日　丸の内の秋月邸を屯所とする

逃避行の末、60名ほどが丸の内の邸宅（現、三菱ＵＦＪ銀行本店地）に落ち着く。なつかしい江戸弁が周囲から聞こえていた。生きのびなければ……。だが、飛んで火に入る夏の虫、ここは終わりの始まりの罠だった。

家の持ち主は秋月《あきづき》宇京 亮《うきょうのすけ》（１８３３〜１９０４）だ。九州は高鍋藩《たかなべ》（2万７０００石）元藩主。どういう男かというと、表面上幕府側だが、裏では薩摩と通じていた。

１８６７年に幕府の若年寄に抜擢されたが、本人の心はすでに薩長にあり、病気を理由に出勤せず、薩摩の船で大坂に逃走。討幕陣営に加わっている。

その証拠に丸の内の自邸を新撰組に提供する直前の2月10日、京都にできたホヤホヤの新政府に駆け付け、あらためて協力を申し出ている。打てば響くように、新政府は参与にとりたて、明治では公議所議長、左院少議官……とんとん拍子のパラダイス男である。

一方、江戸の幽霊船に収められ、監視下に置かれているとも知らない新撰組。さすがは修羅場をくぐってきただけあって、近藤勇はもう原点に立ち返っていた。今年の花見はこれからだ。薩長の血で真っ赤に染めた夜桜を楽しもうぜ、とがぜん前向き。

しかし海舟は、近藤勇の料理法を考えていた。

龍馬と懇意だったし、諸々の情報から、「天皇すり替え」ネタをすでに握っている。その真実を拡散させてはならない。とりわけ彰義隊と合体し、江戸城占拠、立てこもりという最悪の事態だけは避けたい。

問題は近藤のカリスマ性だ。西郷みたいな軍のシンボルになる可能性だってある。なにはさておき、新撰組と各藩をバラバラに切り離し、情報を与えず、発信させず、孤立させたまま消滅させることだ。

考え付いたのが新撰組による山梨甲府城の確保だった。江戸から一〇〇キロ以上離れたド田舎、戦略的になんの意味もない。目的は江戸からの追い出し、切り離しのためだけに考案した作戦である。

３月21日、陸軍総裁勝海舟が命令を下した。

甲府城は盆地の中にポツネンと隆起した丘の上に建っている。四方から、大砲で攻められたらひとたまりもない丘城《おかじろ》で、そこに誘い込む。

そもそも甲府藩など存在しなかった。だれが城を管理していたかというと、遠く離れた佐倉《さくら》藩（千葉県佐倉市）だ。城代という形で預かっているだけである。「島流し」ならぬ「山流し」と言われる定年前の閑職で、掃除、修繕《しゅうぜん》係の老いぼれ20～30名ほどが詰めていた。

海舟は５０００両の軍資金と大砲２門、それに小銃５００挺をあてがって作戦に信憑《しんぴょう》性《せい》を持たせ、最後に、手柄を立てれば10万石で甲府城主に取り立てる、という甘い言葉を耳打ちした。相手は陸軍総裁だ。「大名！」うれしさで10センチほど舞い上がったであろう近藤は、それにノッた。新規隊員募集！ 結果総勢約２００。近藤は、海舟の楽勝だという言葉を、まともに信じたのである。

海舟にしてみれば、先の処刑が見えているからこそのてきとうな空《から》約束で、藩主だろうが10万石だろうが、なんでも言える。

3月24日に出発。近藤勇は、駕籠《かご》に乗っていたという証言もあり、気分はすでに10万石の藩主だ。

殿様気取りで乗りつけたのが、わずか10キロ先の内藤新宿。女郎屋を貸し切ってのドンチャン騒ぎ。なにせ百姓あがりが10万石の大出世目前である。己を太閤秀吉に重ねていたのだろう、バカ騒ぎも海舟手回しの匂いがする。翌日、二日酔いでよろよろと甲州街道を進み、途中出身地、今の調布市を通過。親戚筋からヤンヤの喝采《かっさい》を受け、その時だけは背筋をしゃんと伸ばし、ご満悦の近藤。

進軍4日目、甲府市に到着、駒飼宿《こまかいしゆく》に宿陣。ところがだ。予想だにしていない事態が起こっていた。土佐のカツオ武士板垣退助率いる３０００の自称官軍が、一足先に甲府城に到着していたのである。

お気付きだと思うが、新撰組をマークしているのは土佐超過激派「陸援隊」である。板垣は龍馬を斬った陸援隊隊長中岡慎太郎の同志だ。龍馬暗殺を知る者たちの口封じを担っていた。

突然の大軍を前に、留守番の年寄りたちの口は開いたままふさがらなかった。なにがどうなっているのか、恐れ慄《おのの》き、あっさりと無血開城、土佐の砦となっていたのである。

それを知った近藤はひっくり返らんばかりである。

「かんべんしろよ！」

エイリアン海舟からは、おじさんたちがいるだけの城だ。すべては了解済みで、行けば万事分かるようになっている、と言われていたのである。そのために合言葉の名前まで用意してあった。

「新撰組の名は出さん方がいいわな。近藤勇も有名だからダメ。先方は陸の孤島、日本の内情などトンチンカンだから、近藤は大久保大和を名乗ってくれればいい。役人っぽい響きだし、土方は内藤隼人がいい」

大和と隼人、アニメの主人公みたいな二人の名前変更は陸軍総裁の正式命令である。この名を合図に、城は開く手はずになっていた。

ところが現実は違った。すでに、土佐の板垣隊の手に落ちていたのだ。

「話が違う！」

甲府城をあきらめた近藤が、家来を集めて状況を説明。予定変更を説明したとたんに、ほとんどが食い物目当ての烏合の衆だから、脱走が相次いだ。半減したというから、その後の武器弾薬、食料……荷物の半分を捨てたという。

とりあえず甲府盆地の東、勝沼宿《かつぬましゅく》で休憩。

横たわる現実にめまいを覚えるが、まだ騙されていることに気付いていないのか、援軍要請しか思いつかなかった。動いたのは土方だった。早駕籠《はやかご》に飛び乗り、江戸に急行、責任者の勝海舟を探した。

「話が、ぜんぜん違うではないか」

と問い詰めようとした。ふざけたことをぬかせば、叩っ斬るつもりでもあった。が、しかし、雲隠れして見当たらず、やむなく他の旧幕軍の神奈川守備隊をつかまえて助《すけ》っ人《と》を嘆願。ただこちらもやる気がなく、ただボーッと佇《たたず》んでいるだけ。埒《らち》があかず、がっくりと肩を落として、その日のうちにUターンとあいなる。

逃げて来た近藤と八王子付近でバッタリのハチ合せ。話を聞くと、勝沼宿で休んだ翌朝の8時、土佐の大軍が、狙いを定めたように突撃してきたという。

こっちは大砲の撃ち方さえ知らない雑魚《ざこ》ばかりで「退《ひ》く者は斬る！」と脅しても、逆方向に疾走し、退却、敗走、逃亡の三位一体《さんみいったい》。命からがら八王子まで逃げてきたと語った。

「局長、勝海舟と板垣は通じています」

「そんなことは、もう分かっておるわ！」

海舟に捨てられた近藤勇

官軍の動き、幕府側の動き、情報はバラバラの状態であるものの、手の内で一つにする。点と点をつなぎ合わせられたのは、たった4人の男だけである。アーネスト、パークス、西郷隆盛、そして海舟だ。情報を共有する4人。日本中、暗記脳、無思考脳が昔の肩書でウロウロ動き回っているだけで、そんなものは目ではない。なにせ幕府幹部は、みな寝返っているのだから。

しかし新撰組敗走の連絡を受けたパフォーマー海舟は、焦っていた。自分の作品は「徳川温存」ではない。「自分を高く売る」ことだ。独立愚連隊の新撰組が抗争状態を長引かせ、奮闘すればするほど、この事態を収められるのは海舟しかない！　値が上がる。このテクニックこそがアートだ。だからこそ、「新撰組」にはぜひともうちょっと甲府城に立てこもってひと暴れして欲しかったのだ。抵抗して、抵抗して頃合いを見計らってパフォーマー海舟が登場する。あの第二次長州征討の和解交渉のようにだ。そして、江戸城無血開城大舞台のようにだ。

「これでオレは、大スターだ」

頭に描いていたのは単身、さっそうと甲府城に乗り込み、立てこもる近藤勇と命懸けの直談判《じかだんぱん》を演じる名場面だ。

「おまえさんたちは実によくやった。幕府を重んじるのは、忠義という観点から正しい。しかし近藤君、時代は変わるのだよ。あんたの気持ちは分かるが、古くさい忠義は争いの原因でね。今となっては、信念など邪魔ってえもんさ。おいらが間に立って、お互いにウイン、ウィン、幸せもカネも手に入る線で、ここはひとつ収めようじゃあないか」

とかなんとか言って、鋭意努力の末、新政府と幕府、10対1くらいで吸収合併させる肚《はら》

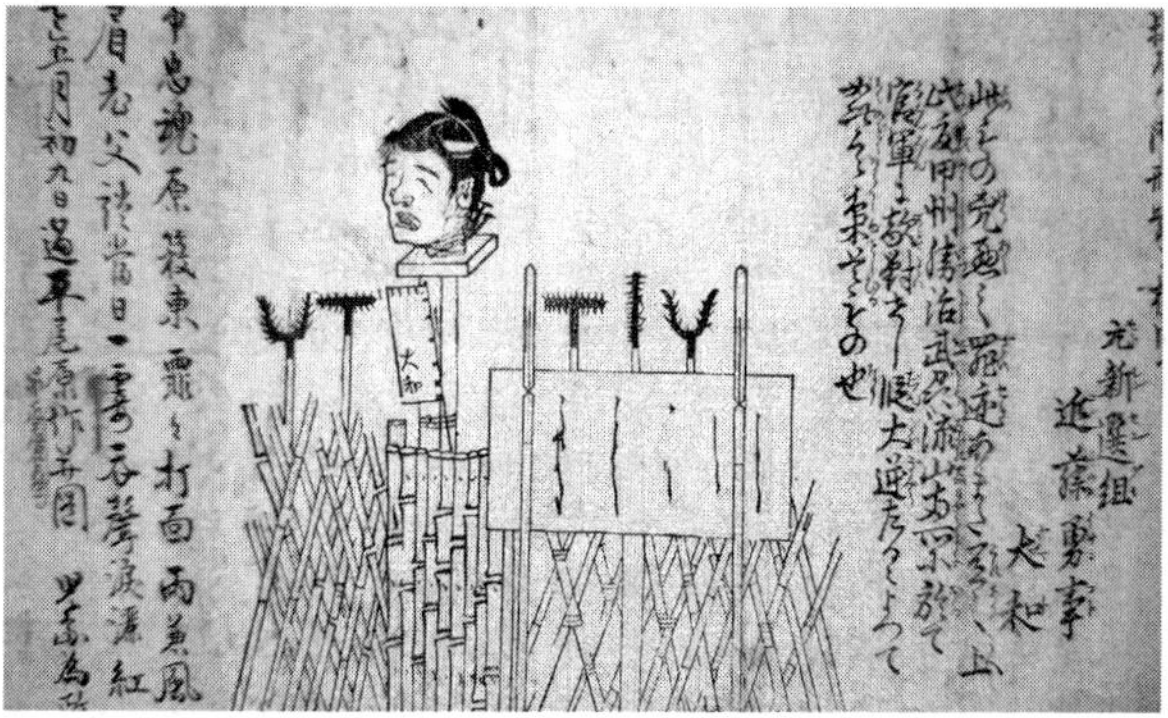

近藤勇さらし首
罪状は官軍に抵抗した大逆罪。とんでもない「天皇すり替え」を直前に知り、勝海舟のワナにはまってこうなった。

だった。

そうなれば不屈の功労者、海舟の利益は莫大だ。新政府の高ポジションは思いのまま、「鬼の新撰組を黙らせた男」「江戸城、無血開城」として歴史にも名が残る。

ところがうまくいかなかった。

「あんたはもう10万石の城主も同じだ。途中の宿に芸者を用意しておいたから、景気付けに一発、前祝いをやってから行くといいやね」

5000両を渡したのがマズかった。バラ色の夢に舞い上がり、芸者総揚げのドンチャン騒ぎ。あの一晩の遅れで、すべてはオジャン。つまり、土佐に先を越され城を固められてしまったのだ。

こうあっさりやられるとは思わなかった海舟。

いまさら新撰組に助っ人を出せば、「なにするんじゃ、おまえ。ひょっとして事態をこじらせ、和解金をつり上げようというんじゃないのか、コラ」と、新政府の小僧に肚を探られる。もうやってられない。新撰組はおいらにはあまりにも小ッチャすぎる。小ッチャすぎてツンツルテンだ。切り捨てる。

一方、いったん江戸に戻った近藤は、監視が続いているとも知らず、今の足立区綾瀬《あやせ》で態勢を整えていた。不況の折、失業して餓死寸前の旧幕府武士などを加えて227人が集まった。4月23日、流山《ながれやま》（千葉県流山市）に着陣。

ここまで書いて気付いたのだが、近藤勇の組織は「新撰組」しかり、「甲府城攻撃部隊」しかり、ここでもしかり、大きくてもせいぜい200〜300人規模。器なのだろうか、どうもそれが限界のようである。

2日後、東山道軍総督府大軍監香川敬三《かがわけいぞう》（1839〜1915「陸援隊」副長、水戸藩士）率いる新政府軍が包囲、あっさりと近藤を捕捉した。

どんなふうに捕まったのか？

投降説が有力だが、近藤の性格上、想像できない。かといって戦闘の末の捕虜もない。最後まで抵抗する男だ。闘えば戦死か、死ななくとも重傷くらいは負うはずで、無傷で捕まったということは、撃ち合い、斬り合いがなかった証拠だ。

考えられるのは、包囲軍がなんらかの話し合いを持ち掛け、本人は降参ではなく、話し合いのはずだった。で、のこのこ出てきたのを捕《とら》えられたというのが真相だろう。情報が混乱しているから、キタナい手はいくらでも可能だ。

たとえばこうである。

「同じ日本人だから両軍一和で陸軍総裁勝海舟殿と話がまとまった。これからは共に建国、汗を流そうではないか」

この伝令《でんれい》一発でこと足りる。流山着陣からわずか2日目のことである。

土方だけは流山を脱出し、翌日海舟を捜し出して面会。資料によれば、土方は捕虜になった近藤救済を訴えている。

これは重大な暴露だ。近藤は敵、薩長の捕虜だ。しかし土方は海舟が助けられるだけの影響力を持っている、と睨んでいるのだ。なにゆえそう思ったのか？　正体を見破っているからだ。官軍捕虜を釈放させるなどツーカーでなければできない芸当。海舟は薩長と通じている。いつの時点なのかは分からないが、それを知っていたからこそ土方が懇願したのである。

「おいらも救ってやりてえが、新政府のやることに、口出しはできねえよ」

とそっけない。土方は鋭い侮蔑の視線を投げつけ、絶望的な次の戦を求めて駆け出す。

同じ日、近藤は板橋に護送。そこに駆けつけてきたのが「陸援隊」顧問、谷干城である。江戸城無血開城は、翌日の5月3日だ。

即刻斬首をモーレッツにアピール。相手はあの新撰組局長、旗本であるからして下っ端の薩摩勢は、我々のレベルでは判断できないので新政府の取り調べが先だ、と反対に回る。が、谷干城が執拗に闘志を燃やして押し切った。

近藤の処刑。

気付いたかもしれないが、近藤の動きは横浜に上陸し、幕府をたよった瞬間に監視スイッチが作動している。丸の内の屯所、甲州、江戸、流山……と2カ月半の間、徹底的にマークされ、動かされていたのである。

甲府城で近藤を捕まえようと待っていたのが薩土密約のメンバー、板垣である。最後の近藤捕捉作戦は「陸援隊」の副長、香川。近藤の首を斬ったのは、やはり薩土密約のメンバー、土佐の谷干城だ。

今は亡き、土佐犬中岡の「陸援隊」武力討幕グループが新撰組を担当、追い込んだのである。

エイリアン海舟と土佐の陸援隊はつながっていた。そう、つまりずっと以前に海舟は、龍馬を見限り、土佐犬中岡グループと気脈を通じていたのである。

なぜ土佐の谷が、シャカリキになって近藤処刑を主張したのか？

何度もいうが、あのアーネストが日記に書き残した「下手人は3人」のうちの1人だからだ。龍馬暗殺後すぐに新撰組犯人説をでっちあげ、証拠だといって刀の鞘を出し、犯行をなすりつけたのはぜんぶ谷。もし、近藤が生き残れば、一番厄介な立場に陥るのは、谷とそのグループ、実行犯の「陸援隊」だ。近藤以下新撰組抹殺は谷が責任者となってケリをつけたのである。

無罪の申し立てなどできない場所で葬らなければならない。その時が静かにやってくる。

5月17日、口封じの斬首。

首はわざわざ京都まで運ばれ、5月29日から11日間、残酷と忠義にあふれた「新撰組」隊長、近藤勇が三条河原に晒された。

享年35歳、龍馬の2つ年上である。

静岡藩などなかった

「天皇すり替え」まっしぐら。大舞台の主役は薩摩の西郷でも、エイリアン海舟でも、ドモナラン岩倉でもなく、実は二心殿、慶喜だ。

芝居には、高度な演技力が必要だ。

戦うようで、戦わない。やるようで、やらない家来の生殺し。

尊大なる能無しはタチが悪い。今ならTVのワイドショーや週刊誌でつるし上げられ、あっという間に権威が地に堕ちるが、そんなものはない時代だから怖いのはテロ。命知らずの武骨な家来たちに正体を見破られれば一巻の終わりだ。

二心殿をどうするか？　海舟は、どこかの藩への預け入れを考えた。キリストは全人類の罪を背負って十字架にかかったが、二心殿も全幕臣の罰を一身にかぶる将軍を演じ、来る日も来る日もひたすら謝罪と懺悔《ざんげ》のフリ。どこかの城の片すみに蟄居というのはどうだろうか。しかし、どこの藩にも刀を持ったサムライがいるので、そこは慎重にいきたい。

はてさて、舞台はどこがいいか？　考えに考え抜き、選びに選んだ先が、静岡だった。

さすがは海舟、よく思いついたものである。

静岡藩。もっともらしい藩名だが、実はそんな藩は存在しなかった。250年ほど前まで、あるにはあったが取り潰しとなり、それ以降は幽霊古城。で、突然の廃物利用、この時はじめて作った藩なのである。

映画セットのごときにガランどうだ。なぜ静岡藩をゾンビのようによみがえらせたのか？　そう、武士もいないし、伝統もない。ゼロからスタート、そうでなければ怖いのである。

しかしそんな急ごしらえの藩に、殿様としてストンと収まれば、「どこから来たんだよ」となるからいくらなんでもやりすぎではないか。

そこで連れてきたのが、徳川御三家、田安徳川の家達《いえさと》（1863～1940）。江戸城内、田安屋敷で生まれた田安家の三男である。なんとまだよちよち歩きの6歳。名ばかり初代藩主にデッチ上げたのである。

父親は徳川慶頼《よしより》（1828～76）。和宮と二人で、「涙の恭順」をさかんにアピールした朝廷大好き男。一応、徳川なので旧幕臣を抑える役割をはたした功労者だ。

それなのに、新政府にはぜんぜん相手にしてもらえず、ふてくされて北海道十勝に渡って開拓をやってみた。しょせんはボンボン。体力と根性がなく、冬の厳しさに1年で音を上げ、東京で所在なげにぶらぶらして41歳で他界した。

一方の二心殿、6歳の藩主などないに等しい。空き家だった駿府《すんぷ》城を酒と女の殿堂にしての贅沢三昧。なにせ新政府からもらったご褒美は、な、なんと、薩摩藩と同じ70万石である。

静岡藩をデッチ上げ、二心殿はそこにポコリンと移っての、70万石。70万石といやぁ今の金額で70億円から200億円。これじゃ人間、反省だろうが懺悔だろうがなんでもやれる。

いやはや戊辰戦争の最中、この男だけがいい思いをしながら屈指の大富豪に成りあがっているわけで、流した家臣の血に報《むく》いて、切腹することもなく、最後まで自分のことだけしか考えず、結果巨万の富どころか、最高位の貴族公爵となり、貴族院議員、ついでに勲一等旭日大綬章、旭日桐花大綬章……書くのもいやになるくらいのご褒美を手にしちゃったのである。これでもデキレースでないという人がいるならば、脳のどこかに欠陥があるとしか思えない。龍馬、近藤勇はじめ、将軍のためにと散っていった多くの人々の尊い命はいったいなんだったのか？

新撰組をおさらいする

整理してざっと振り返ってみる。

幕末の四賢侯の一人福井藩主松平春嶽のキモ入りで、清河八郎は討幕の傭兵を集めた。が、幕府（保守派）は、それを危険分子を吸い寄せるホイホイ幽霊船に利用。つまり、同床異夢を乗せて出発したのが「浪士組」である。

売りは「尊皇攘夷」と「刑罰の赦免」。そのためにテロリストはじめゴミ箱で暮らしているような浮浪者、文字の読めないヤクザまでが集まった。

入京するとたちまち正体を現わし、清河一派は官軍となって兵をあげるべく江戸に戻った。残った近藤特務機関は結束を固め、討幕の志士、長州と三条白マメと通じる芹沢鴨はじめ、怪しげな輩をバッサバッサと粛清の嵐。その機能は保持しつつ、会津の貢《みつ》ぎ番犬をこなす。

龍馬が半分男の家老永井、土佐藩家老後藤象二郎と「大政奉還」を成功させ、平和革命へ乗り出そうとした矢先、陸援隊隊長中岡慎太郎に斬られる。ガードを頼まれた近藤は「新撰組」から分裂した「御陵衛士」を壊滅させたが、鳥羽伏見の戦いに敗《やぶ》れる。最後は夢の幕臣となるも、曖昧なキャラを演じ続けたエイリアン海舟のパフォーマンスにすっかりやられ、反官軍殺人集団というレッテルを貼られて歴史の闇の中に捨てられたのである。

新撰組証言録を読んだ。

生き残りの平隊員たちの証言だが、若かったこともあって、世の中、なにが起こっているのか、まるで分かっていなかった。いや証言時の明治の末でさえも、理解はしていない。

伝わってくるのは、白いオマンマが喰いたい、悪いやつはやっつける、どうしたら生き延びられるか？　この3つにすがり、おっかない上から命じられるままに一緒について回っていただけ、というのが実際の話である。

メディアがなく、情報といえば数人の噂話だけ。みんな、この国になにが起き、なにが行われているのかよく分かっていない時代だったのだ。フェイクニュースが飛びかう現代もたいした変わりはないのだが、英米がバックについた薩・長・土が勝ち、英米に見離された古い幕府は負けた。

で、まがりなりにも議会制による統一国家が歩き出したのである。

それまでの支配者の価値も富だったが、新しき支配者の価値は、それを桁違いに上まわる富への偏重。それでも見よう見まねで「議会」「選挙」「平等」「自由」へ、そろりと動き出したわけで、進歩であることには違いない。

新政府の要人や幹部に収まったのは、英米人と知り合いだという偶然に恵まれていた輩が多い。

一つだけ欠けていたものがある。キリストの説いた真実の「愛」である。「愛」のない「議会」、「愛」のない「選挙」、「愛」のない「平等」、「愛」のない「自由」などしょせん「モドキ」にすぎず、「少しの嘘」と「ほとんど嘘」と「真っ赤な嘘」を使いわけて、自分たちがそうであると思わせたい、見せたい「仮想世界」を作ってしまったのである。

「天皇すり替え」という大事件ですら痕跡を残さなかった。この事実は新政府の極限られた人間しか知らず、文献も少ない時代だから、簡単な作業で破棄、消去、偽造、改竄《かいざん》は半年でほぼ完了した。

対立すれば、みせしめに、やってもいない罪まで認めなきゃならないほど、悪い証拠を仕込む。消されるか、さもなくば一切を忘れて、協力するかの二つしか、道はなかった。「大政奉還」の心臓は龍馬だった。龍馬が死んだ瞬間に、「大政奉還」は終わってしまったのである。

二心殿、慶喜の変わり身は早かった。

まさかあざむかれているとは知らない幕臣たちは、将軍が新政府によって幽閉、監禁の刑に処せられているとすっかり思い込まされていた。身ぐるみをはがされてもなお、自分たち幕臣をかばってくれているのだと、故郷に戻って百姓のまねごとをしながら歯を食いしばって、再起のその時まで耐え抜こうという者までいた。

しかし本人はとっくに、寝返っている。いまさら家臣、忠臣などと言われてぞろぞろついてこられても迷惑なだけで、「武士道」は重圧、「忠義」は針のムシロである。で、いかにも将軍ぶった物腰で無言をつらぬく。それしかない。それが幕臣の目にはありがたく、忍びがたきを忍び、耐えがたきを耐えているふうに見えたかもしれないが、そういう会話のない「忖度《そんたく》」を基調とする武士道精神こそが、まがいものをのさばらせてしまった要因なのだ。

負けたのは幕藩体制と呼ばれた社会であって、二心殿慶喜とエイリアン海舟は次の時代をなに不自由なくどころか、豪華絢爛《けんらん》の中に過ごしたのである。

海舟は最後まで慶喜を敬った。

なぜか？　能無しに従ってきたという屈辱を跳ね返すためだ。最後まで偉大にしておかなければ、自分に納得がいかない。偉大な人物に最後まで仕えたと自己暗示にかければ、胸を張れるというものである。

どうにもならない伴侶を持ち、ずっと我慢してきたのに、死んで一人になってから、急に夫はすばらしい人だった、と思い込もうとする奥方の心理だ。チンケなボケナスと生涯一緒だったなどと言えば、自分の人生が虚しいだけである。

かくして大衆をダマシた巨悪は野放しのまま。かすり傷も負わず、代を重ね、遺産をゆうゆうと引きついでいるのだ。

晩年、海舟は息子の嫁、米国人のクララに涙を浮かべ、ザンゲをしたという。正直に生きていれば、人間そうはならない。偽《いつわ》りの過去に生涯苦しめられていたのだと思う。

安全な書斎にいる私のようなものが、戦争さなかのことを人道主義的視点でとやかく言うのはフェアではないが、真実だけが人を解放し、自由にするのである。

死の間際「これで、おしまい」と言ったそうだが、「みんなウソピー」と言えよ、海舟。

明治になり、なにもかにもが許せず、世捨て人となったあの忠義に生きた寸止め男、小笠原長行の辞世の句は、虚しい。

夢よ夢
　夢てふ夢は　夢の夢
　　浮世は夢の　夢ならぬ夢

歴史という芸術は、終わりなき「仮想世界」である。

おわりに

戊辰戦争（1868〜69）の少し前、アメリカでは「南北戦争」（1861〜65）が起こっている。

向こうでは南北戦争とは言わない。民主主義国家らしく「Civil War」つまり「市民戦争」と呼ぶ。「アメリカ合衆国」に敵対したのは合衆国を脱退した11州。こちらは「アメリカ連合国」を名乗った。

合衆国＝北部工業地帯

VS

連合国＝南部農業地帯

戦争の原因はなにか？

学校で私たちは、リンカーンの奴隷解放政策と南部の地主との激突だ、と習った。頭に残っているのは「人道主義者の北部VS人種差別者の南部」という構図。

しかしこれは南部から見ると真っ赤な嘘。第三者が判断してもフェアじゃない。ここでも戦争のルール、すなわち勝者の正義を盛り、敗者の悪者ぶりが強調されている。調べれば分かるが、リンカーンは奴隷制度反対！　など一言も言わずに大統領になっている。

実際自分でも奴隷を所有していたくらいだ。

「奴隷解放！」のキャッチコピーは、戦後、徹底的に浸透させたもので、この宣伝により、「北部」＝「正義の味方」が広まったのである。

戦争の本質は、やっぱりカネだ。つまり、北部が目をつけたのは南部の富。実り多き穀倉地帯。加えて輸出品の大黒柱、綿が南部を潤していた。アメリカ政府ができるずっと以前から自由貿易をいとなみ、富を築いていたのである。

で、北部工業地帯がアメリカ合衆国という国を創った。ところが、定番の財政逼迫《ひっぱく》。これが発端だった。政府は裕福な南に目を付け、手を伸ばす。新しい税を課しての厳しい税の取り立て。南部にしてみればこれまで自由にやってきたのに、北の方で、勝手にアメリカ合衆国中央政府なるものを作ったかと思ったら、急にみかじめ料を要求してきたという感覚だ。

南部は連合国政府を作って自由貿易で、対抗した。

納税を拒否すると、海軍、陸軍を持っている「合衆国」は海上封鎖。連合国政府は急ごしらえだから、戦力はなかった。

力尽くでカネを盗ろうという北部。連合軍をつくって対抗する南部。岡目八目《おかめはちもく》で見れば南部の動きは不当なものではない。

税金の他に、北部がかねてから目をつけていたものがある。

南部の黒人労働者、奴隷だ。産業革命が進む北部では、工場労働者がえらく不足していたのである。

なんのことはない、奴隷解放というのは名ばかりで、実は南部から農業奴隷を奪い、北部の工場奴隷に押し込んだだけである。それを「奴隷解放」という美名《びめい》に置き換え、広めた。

その証拠に、南北戦争が終わって100年近く、黒人差別は国の政策として堂々と行われており、リンカーン自身お手伝いさんと呼ぼうが、庭師と呼ぼうが、その後も奴隷のような待遇の黒人を雇っている。戦争の原因など古今東西、つきるところカネである。

戊辰戦争も同じだ。

古い封建社会をぶち壊し、近代国家に近づいたというのは事実だが、その裏側を覗けばどす黒いカネの奪い合いで、血に飢えた歴史がまったりと横たわっているのだ。ドロボウは個人から盗むが、戦争はよその地域、国から略奪する。

列強国が日本に刺さり込んできたきっかけはカネ儲けだし、それに連合した外様大名しかり、開明派しかり、幕府、朝廷……つきるところ目当てはみなカネであった。

さて最後の本題に入る。戊辰戦争はデキレースだったというのが加治の主張だ。証拠は戦死者の数だ。ざっと1万人。

それに引き換え南北戦争の戦死者は80万人以上で、１００万人は超えていたと主張する学者もいる。当時の人口は日米共に３０００万人。1万人の戦死者と１００万人の戦死者。この差をどう考えるか？　ちなみにフランス革命の死者は約５００万人だった。

そして幕府側で処刑された藩主を知らない。「武士道とは、死ぬことと見つけたり」という侍が、口ほどでもなく小競り合いに終始しているように見えるのは私だけであろうか？

つまりこれは、明治革命はいかにデキレースであったかというエビデンスであろう。

逆に言えばアメリカにも千両役者、海舟がいれば犠牲者は1万人で済んでいたかもしれないと思うと複雑な気持ちになる。「武勇」と「愚か」とは紙一重だ。しかし勇敢な言論は、社会を育てる肥料となる。

（本書は平成二十九年七月、水王舎から四六判で刊行されたものに著者が大幅に加筆、修正したものです）

一〇〇字書評

龍馬を守った新撰組

切り取り線

購買動機（新聞、雑誌名を記入するか、あるいは○をつけてください）

□（　　　　　　　　　　　　）の広告を見て
□（　　　　　　　　　　　　）の書評を見て
□ 知人のすすめで　　□ タイトルに惹かれて
□ カバーが良かったから　　□ 内容が面白そうだから
□ 好きな作家だから　　□ 好きな分野の本だから

・最近、最も感銘を受けた作品名をお書き下さい

・あなたのお好きな作家名をお書き下さい

・その他、ご要望がありましたらお書き下さい

住所	〒				
氏名		職業		年齢	
Eメール	※携帯には配信できません	新刊情報等のメール配信を 希望する・しない			

この本の感想を、編集部までお寄せいただけたらありがたく存じます。今後の企画の参考にさせていただきます。Eメールでも結構です。

いただいた「一〇〇字書評」は、新聞・雑誌等に紹介させていただくことがあります。その場合はお礼として特製図書カードを差し上げます。

前ページの原稿用紙に書評をお書きの上、切り取り、左記までお送り下さい。宛先の住所は不要です。

なお、ご記入いただいたお名前、ご住所等は、書評紹介の事前了解、謝礼のお届けのためだけに利用し、そのほかの目的のために利用することはありません。

〒一〇一－八七〇一
祥伝社文庫編集長　清水寿明
電話　〇三（三二六五）二〇八〇

祥伝社ホームページの「ブックレビュー」からも、書き込めます。
www.shodensha.co.jp/bookreview

祥伝社文庫

龍馬《りょうま》を守《まも》った新撰組《しんせんぐみ》　禁断《きんだん》の幕末《ばくまつ》維新史《いしんし》

令和 4 年 11 月 20 日　初版第 1 刷発行

著　者　加治将一《かじまさかず》

発行者　辻　浩明

発行所　祥伝社《しょうでんしゃ》

東京都千代田区神田神保町 3-3

〒 101-8701

電話　03（3265）2081（販売部）

電話　03（3265）2080（編集部）

電話　03（3265）3622（業務部）

www.shodensha.co.jp

印刷所　堀内印刷

製本所　積信堂

ISBN978-4-396-34854-0 C0193

祥伝社文庫　今月の新刊

小野寺史宜
まち
人を守れる人間になれ──祖父の言葉に背中を押され、上京した瞬一。誰ひとり知り合いのいない街は、瞬一を受け入れてくれるのか？

加治将一
龍馬を守った新撰組
禁断の幕末維新史
近藤勇は、坂本龍馬の同志だった！　二人の志を歪曲した歴史の意図とは？『龍馬の黒幕』の著者が描く、知られざる幕末維新秘史。

内田　健
涼音とあずさのおつまみごはん
涼音三十歳、あずさ三十一歳、共働きの仲良し夫婦は、節約＆かんたん晩酌がお好き！　平和な日常がこよなく愛おしい新感覚グルメ小説。

柏木伸介
ミートイーター　警部補　剣崎恭弥
被疑者を完璧に自白させる取調室のエースが消えた。拉致か、失踪か。恭弥は〝無罪請負人〟と共闘し、謎に包まれた同期の行方を追うが……。